Karl Obermayr

Adobe Photoshop Lightroom 2

Karl Obermayr

Adobe Photoshop
Lightroom 2

Mit 421 Abbildungen

FRANZIS

Bibliografische Information der Deutschen Bibliothek

Die Deutsche Bibliothek verzeichnet diese Publikation in der Deutschen Nationalbibliografie;
detaillierte Daten sind im Internet über http://dnb.ddb.de abrufbar.

Lektorat: Markus Bauer
Satz & Layout: Phoenix publishing services GmbH
art & design: www.ideehoch2.de
Druck: Himmer AG, Augsburg
Printed in Germany

ISBN 978-3-7723-**6659-8**

Lightroom, RAW – und dieses Buch

Was dieses Buch dem Fotografen bringt

RAW-Fotografen versuchen, das Optimum aus ihrer hochwertigen Kamera, den ebenso hochwertigen Objektiven und insbesondere ihrem kreativen Potenzial herauszuholen.

Dieses Buch soll Mut dazu machen und zeigen, wie leicht es ist, mit Adobe Photoshop Lightroom 2 RAW-Bilder aufzuwerten.

Der interessierte Fotograf wird an die Hand genommen und die Schwelle in die RAW-Fotografie und zu Adobe Photoshop Lightroom 2 Schritt für Schritt geebnet, indem wichtige Anwendungen, Techniken und Abläufe vorgestellt und in praktischen Beispielen nachvollzogen werden.

Nur mit dem RAW-Format kann der Fotograf seine kreative Eigenwilligkeit so ausdrücken, wie er es sich beim Blick durch den Sucher vorgestellt hatte. Arbeitet der Fotograf im RAW-Format, werden die Bildinformationen direkt und unverändert vom Sensor abgegriffen und als RAW-Datei abgelegt.

Lässt sich der Fotograf von der Kamera JPEGs liefern, überführt die Kamera gleich selbst, nach einer gefälligen Voreinstellung, die Lichtinformationen des Sensors in die JPEG-Datei. Noch in der Kamera werden dabei die rohen Sensordaten automatisch und unmittelbar weiterverarbeitet, ein kaum beeinflussbarer RAW-Konvertierungsprozess wird durchlaufen, an dessen Ende fertige JPG-Dateien stehen. Diese genügen den meisten Ansprüchen bereits ganz gut und sind in vielen Fällen ausreichend – das letzte Quäntchen Qualität ist aus dem Ausgangsmaterial allerdings nicht herausgeholt worden.

JPG-Dateien sind nicht dafür geeignet, weiterverarbeitet zu werden. JPGs sind fertiges und abgeschlossenes Bildmaterial, das eine Weiterverarbeitung in Bildprogrammen nur unter weiteren Qualitätseinbußen hinnimmt. Selbst die subtile Korrektur eines Farbstichs, der Helligkeit oder eines Ausschnitts führt zu einer technischen Verschlechterung des Bildes. JPG-Bilder haben keine Reserven.

Leider lassen sich RAW-Dateien nicht direkt nutzen. Vor Präsentation, Druck oder Internet steht immer die Hürde der RAW-Konvertierung. Jede RAW-Datei wandert zuerst in den RAW-Konverter, der für den RAW-Fotografen zum wichtigsten Arbeitswerkzeug neben Kamera und Objektiven wird.

Der RAW-Konverter sollte

- schnell und direkt bedienbar sein – der Fotograf will sofortige Ergebnisse ohne langes und lästiges Fummeln an unübersichtlichen Einstellungen.

- umfangreich steuerbar sein – der Fotograf will möglichst viele Bildparameter beeinflussen können.

Was wie ein Widerspruch aussieht, kann nur durch die Integration der Funktionen in eine ansprechende, mächtige und dennoch einfach zu bedienende Benutzeroberfläche gelöst werden – mit Adobe Photoshop Lightroom 2 ist diese Anforderung erfolgreich umgesetzt.

Es macht Spaß, seine RAW-Bilder in Adobe Photoshop Lightroom 2 zu sichten, zu bewerten, zu bearbeiten, zu beschneiden und zu optimieren, zu präsentieren, zu drucken und ins Internet zu stellen.

Dieses Buch will in die Nutzung von Adobe Photoshop Lightroom 2 für die Verarbeitung von RAW-Bildern einführen. Dabei wird

- die Grundlage der digitalen Aufnahmetechnik erklärt, soweit dies wichtig ist, um den Prozess der RAW-Entwicklung besser verstehen zu können

- eine Benennungs- und Ablagestrategie für die Flut des digitalen Bildmaterials vorgestellt

- ein schneller Überblick über Adobe Photoshop Lightroom 2 und seine einzelnen Funktionen und Module gegeben

- die Nutzung von Adobe Photoshop Lightroom 2 zur Organisation, Sichtung, Bewertung, Katalogisierung und Verschlagwortung des Bildmaterials detailliert beschrieben

- die Nutzung von Adobe Photoshop Lightroom 2 zur Optimierung des RAW-Bildmaterials detailliert beschrieben

- die Nutzung von Adobe Photoshop Lightroom 2 für Präsentation, Druck und Web beschrieben

- viel Hilfsinformation zur effektiven Arbeit mit Adobe Photoshop Lightroom 2 bereitgestellt

Auch bei der fotografischen Arbeit mit RAW-Daten gilt natürlich die älteste Weisheit der Fotografie: Eine gute, technisch saubere Aufnahme ist durch nichts zu ersetzen. Auch wenn sich RAW-Daten vorzüglich dazu eignen, die Grundlage eigener Kreativität nach der Aufnahme zu bilden, dürfen die großartigen Möglich-

keiten des RAW-Prozesses nicht als Freibrief für schlechte Aufnahmetechnik missbraucht werden.

Und – jedes Ändern eines Reglers und jede Verschiebung eines
Parameters in der Software ist in erster Linie keine Annäherung
an die Wirklichkeit, sondern immer eine subjektive Interpretation
derselben. Das objektive Foto im Hinblick auf Ausschnitt und Inhalt, Farbe und Helligkeit gibt es nicht – weil das Auge nie die
Realität wahrnimmt, sondern immer nur deren Interpretation.

Mithilfe von Adobe Photoshop Lightroom 2 und diesem Buch
wird der Fotograf seine Interpretation des Bildes, seine Wirklichkeit sowie seine kreative Intention optimal umsetzen.

Grafing, September 2008, Karl Obermayr

Adobe Lightroom 2

INHALTSVERZEICHNIS

ADOBE LIGHTROOM 2

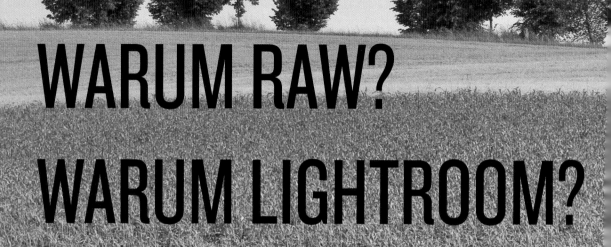

WARUM RAW?
WARUM LIGHTROOM?

Warum Raw? Warum Lightroom?

Warum RAW? Warum Lightroom?

In diesem Kapitel sind die wichtigsten Vorteile und grundlegenden Informationen zur RAW-Fotografie und Weiterverarbeitung in Adobe Photoshop Lightroom 2 zusammengestellt und es wird ein Überblick über andere RAW-Konverter gegeben. Details zu den genannten Themen – und natürlich zu Adobe Photoshop Lightroom 2 – folgen in späteren Kapiteln.

Einer der wesentlichen Gründe, warum qualitätsbewusste Fotografen das RAW-Format verwenden, sind die Einschränkungen, die die übliche Alternative, das JPG-Format, mit sich bringt.

Das JPG-Format

Das JPG-Format ist ein finales, abgeschlossenes Format, das sich als nahezu ideales Austauschformat bewährt hat. JPG-Dateien können überall und auf allen Systemen angezeigt werden, sie werden auch von Webbrowsern angezeigt und sind daher das ideale Internetformat. Außerdem haben sie den Vorteil, relativ klein zu sein.

Um dies zu erreichen, wird bei der Erzeugung alles aus den JPG-Dateien entfernt, was nicht (mehr) wichtig ist – ohne dass die für den Verwendungszweck optimale Bildqualität darunter leidet. Dabei wird in erster Linie:

- die Farbtiefe reduziert:

  Mit der Reduzierung der Farbtiefe auf 8 Bit und damit 256 Farben pro Bildpunkt wird die Darstellungsqualität in einem gegebenen Umfeld (Web, Abzug) nicht unbedingt beeinträchtigt – eine weitere Bearbeitung mit Veränderung von Belichtung, Weißabgleich und Farben ist aber nicht mehr möglich.

- die Datei komprimiert:

  Die Komprimierung sorgt dafür, dass die Datei sehr klein wird, sie muss allerdings für jede Verwendung (Anzeige, Druck, Bearbeitung) wieder vorübergehend dekomprimiert werden. Bei JPG wird ein hocheffizientes Komprimierungsprinzip eingesetzt, das jedoch keine vollkommen verlustfreie Dekomprimierung mehr zulässt. Beim einmaligen, temporären Dekomprimieren ist diese verlustbehaftete Komprimierung mit einkalkuliert und völlig problemlos; wird diese JPG-Datei dann jedoch erneut abgespeichert, werden mit jedem Öffnen und Speichern die Verluste größer und schließlich deutlich sichtbar.

JPG ist daher bestens geeignet, Bilder im Internet zu zeigen und noch gut geeignet, sie, fertig bearbeitet, zu einem Fotodienstleister für Abzüge zu schicken oder auf der Festplatte des Computers zu speichern. Allerdings nicht mehr optimal geeignet ist das Format für hochwertige Drucke und ungeeignet ist JPG für die weitere Verarbeitung in einem Bildbearbeitungsprogramm. Gerade bei der Weiterverarbeitung und dem damit verbundenen (mehrfachen) Speichern und Öffnen treten allzu leicht sog. JPG-Artefakte auf, die sich durch „Treppchen" an diagonal verlaufenden Kontrastkanten oder feinen Strukturen und durch „Klötzchen" in feinen Farb- und Helligkeitsverläufen zeigen.

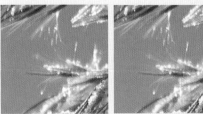

Originalbild und dessen mehrfach gespeicherte Versionen:
Links: 1. Generation, Mitte: 5. Generation, rechts: 10. Generation

JPG ist gut

Wer sicher sein kann, dass seine Bilder in Weißabgleich, Belichtung und Farbgebung optimal sind, nicht (oder nur minimal) weiterbearbeitet werden, nicht in Großformaten mit hoher Auflösung gedruckt werden und es auch noch schnell gehen sollte – also typische Reportagefotografien –, für den ist JPG das ideale Dateiformat und es gibt kaum einen Grund, an diesem Workflow etwas umzustellen.

Das RAW-Format

RAW-Daten sind die unveränderten Messdaten, die am Sensor einer Digitalkamera abgenommen werden – Bildpunkt für Bildpunkt. Diese Daten werden unverändert der Kamera entnommen und in einem externen Anwendungsprogramm, einem RAW-Konverter, in nutzbare Bilddaten überführt.

Selbst wenn eine Digitalkamera JPG ausgibt – wie es bei allen Kompaktkameras der Fall ist –, entsteht zunächst das RAW-Format, das dann gleich in der Kamera zu JPG weiterverarbeitet wird; mit den genannten Vorteilen und Einschränkungen.

RAW ist damit das andere Ende im Prozess der Entstehung eines Bildes aus den vom Sensor gemessenen Helligkeitswerten. Bei der Arbeit mit den RAW-Daten und der Nutzung eines externen RAW-Konverters hat der Fotograf unendlich mehr Spielraum und Möglichkeiten – und damit aber auch mehr Aufwand und Möglichkeiten, Fehler zu machen.

Einige grundlegende Fakten zum RAW-Format:

- Es gibt nicht ein RAW-Format, sondern sehr viele.
  Jeder Kamerahersteller verwendet für jede Kamera (für jeden Sensor) ein eigenes, unterschiedliches RAW-Format. Bei Nikon heißt es NEF und auch dieses unterscheidet sich von Kamera zu Kamera, bei Canon heißt dies CRW oder CR2 und ist ebenfalls von Kamera zu Kamera unterschiedlich. Genau genommen gibt es also eine „D300-RAW-Datei" oder eine „450D-RAW-Datei". Ein externer RAW-Konverter muss daher ca. 250 unterschiedliche, kameraspezifische RAW-Formate lesen können.

- RAW-Dateien können nicht verändert werden. RAW-Dateien werden immer nur von der Kamerasoftware erzeugt. Externe RAW-Konverter wie Adobe Photoshop Lightroom 2 können RAW-Dateien nicht speichern, sondern zeichnen alle Änderungen an der Datei in einer Zusatzdatei auf und rechnen diese Änderungen erst beim Export in ein Zielformat (TIFF oder JPG) in die Datei ein; RAW-Dateien verbleiben daher immer im Ausgangszustand bzw. können einfach in diesen zurückversetzt werden. Editieren in RAW-Dateien erfolgt damit (zwangsweise) immer nondestruktiv.

- Bei RAW-Fotografie sind einige Kameraeinstellungen unwichtig, weil sie nur die RAW-zu-JPG-Konvertierung in der Kamera steuern, nicht aber die RAW-Datei selbst: Farbmodell (sRGB, AdobeRGB), Weißabgleich, Farbsättigung etc.) Ein externer RAW-Konverter wie Adobe Photoshop Lightroom 2 nimmt diese Daten jedoch als Vorschlag oder Ausgangswert.

RAW ist besser

Mit RAW-Dateien hat der engagierte Fotograf alle Möglichkeiten der Bildoptimierung in der Hand und, weil er auf die unmittelbaren Sensordaten zugreift, einen enormen Spielraum, diese in seinem Sinne und nach seiner Intention zu manipulieren.

- Die Belichtung kann in einem Spielraum von bis zu 3 Blendenwerten nachjustiert werden.

- Der Weißabgleich wird erst im RAW-Konverter festgelegt – dabei wird allerdings häufig auf den Kamerawert zurückgegriffen.

- Lichter und Tiefen können getrennt justiert und damit Schatten noch Strukturen und Lichtern noch Zeichnung hinzugefügt werden.

- Farbabweichungen lassen sich detailliert ausgleichen.

- Bildrauschen und Bildschärfe können individuell eingestellt werden.

- Die Ausgabe erfolgt nach Bedarf in JPG oder TIFF oder in anderen Formaten.

RAW-Fotografie – nur mit Konverter

RAW-Daten aus der Kamera können typischerweise kaum angezeigt noch in irgendeiner Form verarbeitet werden, sondern erfordern dazu eine spezielle Anwendung – einen RAW-Konverter. Übliche Dateibetrachter versagen daher meist, wenn ein Ordner RAW-Dateien enthält, bzw. werden bei der Anzeige sehr langsam und liefern nur bescheidene Qualität.

Zur Anzeige von RAW-Dateien nutzen Standardprogramme wie das beliebte InfranView, XnView oder auch Adobe Bridge und der Windows Explorer ein kleines Vorschaubild, das automatisch von der Kamera in jedes RAW-Bild gepackt wird. Dieses Vorschaubild liegt meist in JPG vor und enthält nur eine grob aufgelöste und kaum farbrelevante Schnellversion des Bildes.

Die meisten dieser Bildanzeigeprogramme können die eigentliche RAW-Datei also weder interpretieren noch anzeigen, sondern zeigen nur das in dieser Datei enthaltene JPG-Vorschaubild an – wird die Anzeige dieses kleinen Bildchens dann auch noch vergrößert, kann schnell der Eindruck entstehen, es handle sich um miserable Bildqualität des eigentlichen RAW-Bildes.

Einen Schritt weiter geht die Windows-Bildergalerie unter Windows Vista: Dieses Programm, das Bestandteil von Windows Vista ist, kann RAW-Dateien auch interpretieren und zeigt daher nicht nur die integrierten

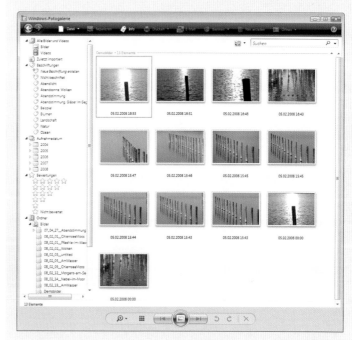

Die Windows-Fotogalerie unter Windows Vista kann RAW-Bilder tatsächlich interpretieren und nicht nur, wie die meisten anderen Bildbetrachtungsprogramme, das in jeder RAW-Datei enthaltene Vorschaubild anzeigen. Damit wird auch eine Detaildarstellung und somit Qualitätsbeurteilung des Bildes möglich.

Vorschaubilder, sondern die gesamte Qualität des RAW-Bildes an. Darüber hinaus bietet das Programm sogar noch einfache Verwaltungs- und Klassifizierungsfunktionen an.

Überblick RAW-Konverter

Für die Arbeit mit RAW-Dateien benötigt der Fotograf zwingend ein Konvertierungsprogramm auf seinem Computer – er will sich ja gerade nicht von seiner Kamera und dem darin eingebauten RAW-Konverter die Arbeit aus der Hand nehmen lassen, sondern diese selbst machen.

Der Softwaremarkt bietet ca. 20 Anwendungen, die als RAW-Konverter eingesetzt werden können; bei genauerer Betrachtung und Überprüfung auf Eignung im Hinblick auf Bildqualität, allgemeine Leistungsfähigkeit,

Benutzeroberfläche, Geschwindigkeit und Wartungsintervalle (Updates) bleiben noch fünf bis acht Programme, die in die engere Wahl kommen können.

Wir haben uns weitverbreitete RAW-Konverter angesehen und zentral wichtige Bereiche herausgepickt, in denen jeder RAW-Konverter zeigen muss, was er kann – und wie er es kann.

Adobe Photoshop Lightroom 2

Relativ neu, aber bereits der Platzhirsch unter den RAW-Konvertern. Umfassende Suite mit Bilderdatenbank mit nettem Bedienkonzept in fünf Modulen, bei der die RAW-Konvertierung nur einen Teilbereich darstellt. Wer nur einen RAW-Konverter oder nur eine Bilderdatenbank sucht, muss nicht unbedingt zu Lightroom greifen – wer viele Bilder, insbesondere als RAW-Daten, komfortabel verwalten will, ist mit Lightroom sehr gut beraten.

Adobe Camera Raw 4.x

Plug-in in Adobe Photoshop CS3, aber auch in den Filemanager Adobe Bridge und das feine Adobe Photoshop Elements. RAW-Konvertierung funktional und im Ergebnis identisch mit dem Entwicklungsmodul aus Adobe Lightroom. In Kombination mit Adobe Bridge und ohne Einschaltung von Photoshop (CS3) ergibt sich ein schneller, feiner konzentrierter RAW-Konverter.

SILKYPIX Developer Studio 3.0

Schlanker, fixer RAW-Konverter mit ausgewogener Balance zwischen sehr vielen Parametrisierungsmöglichkeiten und zügiger Übersichtlichkeit. Mächtiges Parametermanagement und hilfreiche Zusatzfunktionen wie Perspektivkorrektur. Auf dem deutschen Markt erst seit Kurzem wahrgenommen, dennoch schon in Version 3 und ausgereift.

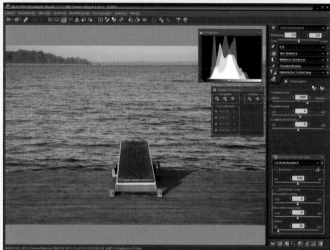

DxO Optics Pro

Nicht wirklich als schlanke Anwendung geraten, nimmt DxO Optics Pro für sich in Anspruch, alles um die Aufnahmenachsorge noch etwas sorgfältiger zu betrachten. Das in der vorliegenden Version 5.2 gänzlich neu entwickelte Herz eines jeden RAW-Konverters, der Demosaicing- und Antialias-Algorithmus, soll nicht nur unmittelbar benachbarte Pixel für die Berechnung der Farbinformation heranziehen, sondern auch noch das weitere Umfeld berücksichtigen. Zudem installiert DxO Optics Pro eigene Profile für weit verbreitete Kameras und Objektive. Das hat seinen Preis, nicht nur in Euro, sondern auch in gewünschter Systemausstattung, Bedienkomfort und – ärgerlich – aufwendiger Installation.

Capture One 4

CaptureOne stammt vom Hersteller digitaler Kamerarückteile für Mittelformatkameras, mit Sensorgrößen von 54 x 40 mm und 60.5

Nikon Capture NX2

Herstellergebundener RAW-Konverter (nur Nikon-Kameras), der sich mit der Version NX2 von seinem Image, etwas träge, dröge und nicht immer auf der Höhe der Zeit zu sein, erfreulich frei machen konnte. Capture NX2 ist eine umfangreiche und kompetente Suite zur Bearbeitung von Nikon-RAW-Dateien geworden, die intelligent und mit modernen Features, wenngleich immer noch nicht zügig, ans Werk geht. Da Nikon leider einige Informationen seines RAW-Formats in den Bilddateien nur verschlüsselt ablegt, kann der Fotograf sich nur bei Nikon Capture NX2 sicher sein, diese Informationen korrekt auszulesen. Es handelt sich hierbei nicht um Bildinformationen, sondern um Zusatzinformationen wie Kamera -Weißabgleich oder Belichtungsdetails, die verlustfrei in allen anderen RAW-Konvertern nachjustiert werden können.

Megapixel – und was für diese Sensor-Boliden gut ist, ist es sicher auch für Standard-Spiegelreflexkameras. Herausgekommen ist ein schnelles, schnörkelloses und direkt bedienbares Programm, das alles, was ein RAW-Konverter können muss, sehr gut beherrscht.

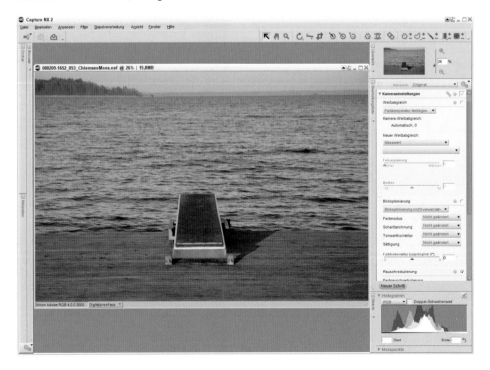

Dieses Buch befasst sich mit Adobe Photoshop Lightroom 2.

Adobe Photoshop Lightroom 2 versteht sich als viel mehr als nur ein für sich genommen schon sehr umfangreicher und leistungsfähiger RAW-Konverter – und wird immer nur dann umständlich und kompliziert, wenn es nur in einer seiner Teilfunktionen, etwa als Bildverwaltung und -Datenbank oder als RAW-Konverter, genutzt werden soll.

Adobe Photoshop Lightroom 2 versteht sich als Herzstück und Zentrum aller bildbezogenen Tätigkeiten, die unter Windows oder Mac anfallen – sei es nun Verwaltung und Ablage oder Kreation und schöpferische Leistung.

Dabei ist Adobe Photoshop Lightroom 2 auch keineswegs nur auf RAW-Dateien beschränkt, sondern arbeitet mit allen gängigen Bildformaten: RAW-Daten aller Digitalkameras, Digital Negative (DNG), TIFF, JPEG und (mit Einschränkungen) dem nativen Photoshop-Format PSD.

Dafür stehen fünf Module zur Verfügung:

Bibliothek

Alle Funktionen im Umfeld Bildverwaltung, vom Einlesen von der Kamera über Umbenennen, Ablegen, Auswählen/Verwerfen, Klassifizieren, Selektieren und Exportieren.

Entwickeln

Alle Funktionen im Umfeld der kreativen Leistung: RAW-Konvertierung, Anpassung von Belichtung, Farben, Schärfe, Ausschnitt und Detailmanipulation – nicht nur von RAW-Dateien, sondern auch von allen anderen unterstützten Bildformaten.

Diashow

Vielfältig konfigurierbare Präsentation einer Bilderkollektion vom Computer aus am (Zweit-)Monitor oder Beamer.

Drucken

Ausdruck von Einzelbildern oder Bilderkollektionen am Standarddrucker oder FineArt-Printer.

Web

Vielfältig konfigurierbare Zusammenstellung einer Webpräsentation der Bilder als HTML- oder Flash-Präsentation bis hin zum Hochladen der fertigen Webanwendung ins Internet.

Diese Teilbereiche greifen, obwohl in der Bedienung getrennt, gleitend und sanft ineinander und bieten damit die Möglichkeit, alle Phasen eines Bildes – Einlesen von der Speicherkarte, Auswählen und Zusammenstellen über das Optimieren bis hin zum Präsentieren an Bildschirm, Drucker oder Web – in einer Anwendung und unter einer Benutzeroberfläche zu erledigen.

2

EIN SCHNELLER
ÜBERBLICK

2

Ein schneller Überblick

Ein schneller Überblick

In diesem Kapitel wird ein schneller Überblick über Adobe Photoshop Lightroom 2 gegeben – ohne zu sehr ins Detail zu gehen, dennoch ausreichend, um sich bereits ein wenig zurechtzufinden.

Adobe Lightroom versteht sich als Rundum-Wohlfühl-Werkzeug des Digitalfotografen. Dieses Werkzeug kann alles, macht alles – besser, schöner, cooler. Lightroom präsentiert sich auf der Anwendungsoberfläche in zeitgemäßer Designerprodukterotik. Schwarzer Anzug, dunkelgraues Hemd mit schwarzer Krawatte und etwas verspielt wirkenden Details. Vieles geschieht da bereits ohne Mausklick.

Beim Darüberfahren mit der Maus werden zum Beispiel Vorschaubilder hervorgehoben oder gleich angezeigt; Arbeitsbereiche und Aktionsfelder können einfach bei der Annäherung mit der Maus auf- und zugeklappt werden.

In der Tat geht Adobe Lightroom gerade auch an der Benutzeroberfläche mit vielen neuen, erfrischenden, durchdachten und eleganten Lösungen an die Aufgabe heran, Bilder zu verwalten, wiederzufinden, zu optimieren und zu präsentieren. Viele der Kleinigkeiten – etwa der Bildervergleich im Bibliotheksmodus oder die Vorher-/Nachherdarstellung am gleichen Bild im Entwicklungsmodus – suchen ihresgleichen.

Die wichtigsten Eigenschaften von Adobe Photoshop Lightroom 2:

- **Katalogbasiert**

  Die Besonderheit: Lightroom arbeitet, anders als viele RAW-Konverter und Bildmanipulationsanwendungen, nicht dateisystemgesteuert, sondern auf Basis einer sog. *Bibliothek*, auch als *Katalog* oder, im engl. Original, *Library* bezeichnet. Lightroom sieht und erkennt Bilddateien erst, wenn sie explizit oder semiautomatisch in die Bibliothek aufgenommen wurden – für den Lightroom-Neuling zunächst eher eine Hürde; die Vorteile dieses Konzepts zeigen sich aber nach einiger Zeit der Nutzung.

- **Integrierte und in sich weitgehend abgeschlossene Komplett-Suite von der Sichtung über die Bearbeitung zur Ausgabe.**

  Lightroom versteht sich als der zentrale Dreh- und Angelpunkt jeglicher Arbeit mit Bildmaterial am Computer. Der Fotograf soll Lightroom so gut wie nicht mehr verlassen müssen und nahezu alles, was

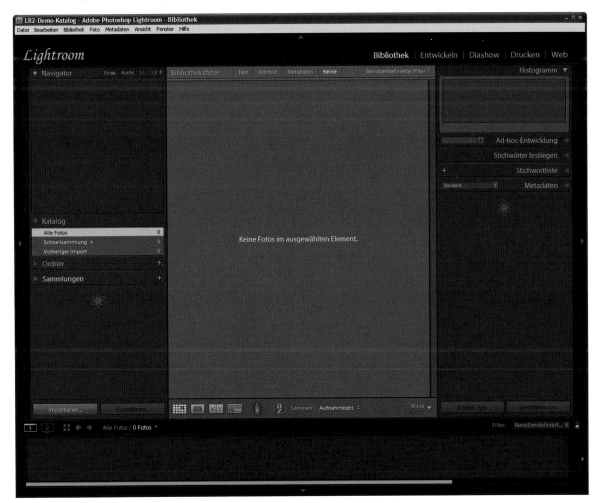

Adobe Photoshop Lightroom 2 unmittelbar nach dem ersten Start – noch leer und ohne Bilder.

mit Bildern zu tun hat, in Lightroom und aus Lightroom heraus erledigen können – und dafür ist auch eine hochwertige, ausgereifte und den Kreativprozess stützende Benutzeroberfläche erforderlich.

- **Neuartige Bedienoberfläche und Bedienkonzept**
  Lightroom stellt sowohl in kleinen Dingen als auch in großen Konzepten viele neue Ideen und Bedienmethoden bereit, die zunächst überraschend sind (Beispiel Spraydose zum Auftragen von Eigenschaften, Vergleichs- und Überprüfungsansichten, Direkt-Editor, Zielkorrektur), dann aber schnell als hocheffizientes Arbeitsmittel erkannt werden.

- **Originaldatei wird nicht geändert**
  Sämtliche Änderungen, die in Lightroom an Bildmaterial vorgenommen werden, werden im Katalog (bzw. in einer neben dem Bild stehenden XMP-Datei) aufgezeichnet – die Originaldatei wird nicht verändert und kann daher jederzeit wieder in den Ausgangszustand zurückgesetzt werden. Erst bei einem explizit angestoßenen Export werden die vorgenommenen Bildänderungen tatsächlich in das Bild eingerechnet und dabei wird immer ein neues Bild erzeugt.

Die Bedienoberfläche

Lightroom zeigt schon die typische Bildschirmaufteilung.

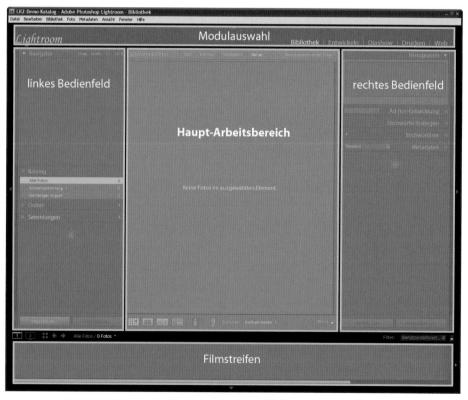

Der (kaum veränderliche) Standard-Bildschirmaufbau von Adobe Photoshop Lightroom 2.

- Das linke Bedienfeld enthält navigationsorientierte Aktionsfelder zur Auswahl von Bildern und zur Verwaltung von Voreinstellungen.

- Das rechte Bedienfeld bietet bild- oder aufgabenorientierte Aktionsfelder. Hier befindet sich der Bereich der Parameter und Detaileinstellungen.

- Der Hauptarbeitsbereich liegt in der Mitte. Hier werden Bildübersichten und Einzelbilder angezeigt, beurteilt, verglichen, justiert und optimiert.

- Der Filmstreifen unten bleibt immer und in jedem Modul sichtbar und zeigt die aktuell bearbeitete Auswahl der Bilder.

Alle diese Bedienbereiche können einzeln, auch automatisch, ein- und ausgeblendet werden, um damit den für die Hauptanzeige verfügbaren Platz auf dem Bildschirm zu optimieren. Ein Auslagern der Bedienfelder an einen zweiten Bildschirm ist nicht möglich.

Philosophie – oder Workflow

Adobe Lightroom wird häufig als besonders gelungener RAW-Konverter mit ein paar Zusatzfeatures gesehen. Diese Ansicht beschreibt die Anwendung nur unzureichend: Wer in Lightroom nur einen RAW-Konverter sieht und dieses Programm auch so nutzt, wird mit Photoshop CS3 besser bedient sein. Adobe Photoshop CS3 verwendet den gleichen RAW-Konverter, bietet aber nach der Konvertierung ungleich mehr Bildbearbeitungsfunktionen.

Adobe Lightroom hat andere Schwerpunkte: Es ist ein Bildverwaltungsprogramm mit integriertem RAW-Konverter und ein paar weiteren schönen Modulen. Lightroom versteht sich als Rundum-Programm und will alles selbst in die Hand nehmen – von der Bildverwaltung über die Optimierung bis zur Präsentation.

Seine große Stärke zeigt Lightroom in der mächtigen Bildverwaltung, *Bibliothek* oder *Katalog* genannt, sowie in dem integrierten RAW-Konverter *Entwickeln,* hinter dem sich nichts anderes als das bereits aus Photoshop bekannte Adobe Camera Raw (ACR) verbirgt. Lightroom ermöglicht es dem Fotografen damit, sich auf ein Dateiformat – im Idealfall das RAW-Format – zu beschränken und andere Formate (etwa JPG oder TIFF) nur bei Bedarf temporär daraus zu erzeugen. Dennoch kann Lightroom auch JPG und TIFF verwalten und weiter optimieren. Für Druck, Präsentation und Webseiten kann direkt aus Lightroom exportiert werden.

Damit bedient sich Adobe Lightroom einer gänzlich andere Philosophie als viele andere RAW-Konverter: In reinen RAW-Konvertern geht man normalerweise den Weg, RAW-Dateien im Programm zu öffnen, zu optimieren und gleich wieder als TIFF oder JPG zu exportieren, meist in ein Unterverzeichnis der RAW-Dateien.

In Lightroom steht immer und in allen Modulen das Bild im RAW-Format im Vordergrund. Ein Export zu TIFF, JPG oder anderen

RAW BLEIBT RAW

In Adobe Lightroom bleiben die Bilder im RAW-*Format,* werden als RAW verwaltet, optimiert und ausgegeben. Export ist die Ausnahme, nicht die Regel.

Formaten ist natürlich möglich, steht aber nicht im Vordergrund als Ziel des Workflows. Das Bild wird in Lightroom im Modul *Entwickeln* optimiert, angepasst, beschnitten, und nach Bedarf und Gutdünken des Fotografen verarbeitet – aber dann eben im typischen Fall nicht exportiert, sondern in seinem optimierten Zustand in Lightroom vorgehalten. Dies ist auch deswegen möglich, weil Lightroom viele Hilfsprogramme schon in hochwertiger Form integriert hat, für die sonst weitere Tools nötig wären (etwa Präsentation am Bildschirm oder Beamer, Ausgabe als Webseiten oder hochwertiger Druck).

Einzig für den Fall, dass Bilder in externen Programmen weiterverarbeitet werden müssen, ist ein Export (im Idealfall TIFF) vorgesehen – etwa für Montagen in Photoshop, Panoramen oder DRI-Fotografie.

Eine Ausgabe in CMYK-TIFF, wie es in der Druckvorstufe benötigt wird, beherrscht Adobe Photoshop Lightroom 2 leider nicht. Dies kann nur auf dem Weg über Photoshop aus den RGB-TIFFs erzeugt werden.

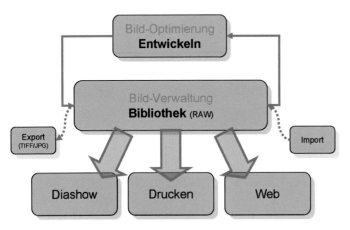

Lightroom versteht sich als weitgehend abgeschlossene Suite, in der der Anwender alle bildbezogenen Aufgaben erledigen kann, ohne das Programm verlassen zu müssen.

Fünf in einem – die fünf Module

Zwar bleiben die beschriebenen Hauptbereiche der Bedienoberfläche prinzipiell immer gleich, wenn auch rechts und links mit anderen Inhalten, dennoch besteht Adobe Photoshop Lightroom 2 aus fünf weitgehend getrennten Modulen, die fast schon mit fünf unterschiedlichen Anwendungen verglichen werden könnten.

Bibliothek

Das Modul beinhaltet alle Funktionen im Umfeld Bildverwaltung. Vom Einlesen von der Kamera über Umbenennen, Ablegen, Auswählen/Verwerfen, Klassifizieren, Selektieren und Exportieren.

Entwickeln

Dieses Modul enthält alle Funktionen im Umfeld der kreativen Leistung: RAW-Konvertierung, Anpassung von Belichtung, Farben, Schärfe, Ausschnitt und Detailmanipulation – nicht nur mit RAW-Dateien, sondern auch für alle anderen unterstützten Bildformate.

Diashow

Vielfältig konfigurierbare Präsentation einer Bilderkollektion vom Computer aus am (Zweit-)Monitor oder Beamer.

Drucken

Ausdruck von Einzelbildern oder Bild-Kollektionen am Standarddrucker sowie am Fine-Art-Printer.

Web

Vielfältig konfigurierbare Zusammenstellung einer Webpräsentation der Bilder als HTML- oder Flash-Präsentation bis hin zum Hochladen der fertigen Webanwendung ins Internet.

Das Modul Bibliothek

Über das Modul *Bibliothek* erhält der Anwender Zugang zu allen anderen Modulen – es ist der Dreh- und Angelpunkt, zu dem immer wieder zurückgekehrt wird (Taste [G]) und von dem alle Arbeiten in Lightroom ausgehen.

- Über das Bibliotheksmodul werden die Bilder zunächst von unterschiedlichen Quellen in Lightroom eingelesen und dabei

Das Modul **Bibliothek** *dient der Sichtung, Klassifizierung, Verschlagwortung und Auswahl der Bilder.*

Tastenkürzel zur Bibliothek	
Bibliothek in *Rasteransicht* einblenden	G
Marke *Abgelehnt* setzen	X
Marke *Markiert* setzen	P
Markiert setzen/entfernen	#
Marke entfernen	U
Klassifizieren (1–5 Sterne)	(Taste [1]) bis (Taste [5])
Farbbeschriftung setzen	(Taste [6]) bis (Taste [9])
zur *Schnellkollektion* hinzufügen	B
aktuelles Bild im Entwicklungsmodul öffnen	D
ausgewählte Bilder exportieren	Strg+Umschalt E

ggf. automatisch umbenannt und kopiert. Da Lightroom ausschließlich auf Katalogbasis arbeitet (genau genommen eine Datenbank ist), müssen Bilder erst in diesen Katalog importiert werden. Ein rein dateisystemorientierter Zugang zu den Bilddateien ist in Lightroom nicht möglich, nach dem Import stehen die Bilder jedoch auch über ihre Ordnernamen zur Verfügung. Am einfachsten funktioniert der Import von Bildern (die bereits auf der Festplatte liegen), indem der jeweilige Ordner nur auf das Lightroom-Bibliotheksmodul geschoben wird.

- Es folgt eine erste Sichtung des Materials, verbunden mit einem KO-Durchgang, in dem alle Bilder unterhalb einer bestimmten, selbst definierten Qualitätsgrenze rigoros entfernt werden. Für diesen Durchgang wird mit *Markierungen* (Flags) gearbeitet. Dabei werden die Bilder der Reihe nach in der Vorschau betrachtet, schnell entschieden, was Ausschuss ist, und mit der Marke *Abgelehnt* (Taste [X]) markiert. Was bereits in diesem Durchgang als besonderes Bild auffällt, kann mit der Marke *Markiert* (Taste [P]) ausgezeichnet werden. Eine Markierung wird durch *Unmarkiert* (Taste [U]) aufgehoben.

Anschließend lassen sich alle als *Abgelehnt* markierten Bilder über *Foto* → *Abgelehnte Fotos löschen ...* (Taste [Strg+Rück]).

- Bilder werden klassifiziert, wofür *Markierungen* (Flags), *Farbbeschriftung* und *Bewertung* (1–5 Sterne) zur Verfügung stehen.

- Bilder werden mit Schlagworten ausgezeichnet.
  Die Vergabe von Schlagworten ist zwar der aufwendigste Teil der Bildverwaltung, gerade bei einer größeren, professionellen Menge von Bildern, aber auch der wichtigste Vorgang. Nur nach sauberer und kontinuierlicher Verschlagwortung eines Bildbestandes können geeignete Bilder schnell wieder gefunden werden.

- Bilder können auf Knopfdruck (Taste [B]) einer Schnellkollektion zugeordnet werden.
  In einer Schnellkollektion lassen sich sehr schön alle Bilder zusammenstellen, mit denen anschließend etwas geschehen soll – sei es, sie im Entwicklungsmodul zu verbessern oder in einem der anderen Module weiterzuverarbeiten.
  Aus einer Schnellkollektion kann anschließend sehr einfach eine jederzeit erweiterbar benannte Kollektion werden.

- Ausgewählte Bilder werden den anderen integrierten Anwendungen (Entwickeln, Diashow, Drucken, Web) übergeben.

- Das Bibliotheksmodul bietet eine *Ad-hoc-Entwicklung*, die jedoch nur einen geringen Funktionsumfang und wenig präzise Steuerungsmöglichkeiten bietet. Daher ist es viel sinnvoller, das Bild gleich in das Entwicklungsmodul zu laden. Per Rechts-

Klick kann die Ad-hoc-Entwicklung ganz abgeschaltet werden – sie gehört dort definitiv nicht hin.

- Bilder werden in externe Formate wie TIFF oder JPG exportiert; bei RAW-Dateien ist dieser Vorgang erforderlich, um die Bilder überhaupt mit anderen Anwendungen betrachten und verarbeiten zu können; bei TIFF oder JPG werden erst durch den

Export die Änderungen am Bild tatsächlich integriert.

Das Modul Entwickeln

Im Modul *Entwickeln* werden die im Bibliotheksmodul ausgewählten Bilder entsprechend der eigenen Vorstellungen und kreativen Intention korrigiert und optimiert. Die

Das Modul **Entwickeln** *dient der Optimierung eines Bildes im Hinblick auf Weißabgleich, Belichtung, Farbgebung, Beschnitt, Kontrast, Schärfe u.v.m.*

Bearbeitung muss sich dabei nicht nur auf das Gesamtbild beziehen, sondern durch Selektivbearbeitung können sogar einzelne Bildbereiche besonders optimiert werden.

Am einfachsten werden dazu die zur Entwicklung vorgesehenen Bilder nach einer der beschriebenen Methoden ausgewählt und das Modul *Entwicklung* gewählt; mit der Maus in der Modulauswahl-Leiste oder dem Menü, noch einfacher aber über [Strg+Alt 2] oder [D].

Die gewählten Bilder erscheinen dann in der unten liegenden *Filmstreifen*-Leiste und das erste Bild vergrößert im Hauptbearbeitungsbereich in der Mitte. Die beiden Bedienfelder links und rechts haben ihre Inhalte gewechselt – im Entwicklungsmodul ist insbesondere die rechts liegende Bedienfeldleiste von Bedeutung, die linke kann aus- und nur bei Bedarf wieder eingeblendet werden.

- Rechts oben am Bildschirm findet sich wieder das Histogramm – und das sollte auch immer eingeblendet werden. Anders als im Bibliotheksmodul gibt es im Entwicklungsmodul die Möglichkeit, die wichtigsten Belichtungsparameter direkt im Histogramm mit der Maus zu verstellen. Zu dunkle oder zu helle Bereiche im Bild, bei denen jede Detailzeichnung verloren gegangen ist, können über Schaltflächen im Histogramm mit einer Signalfarbe markiert werden.

- Der wichtigste Einstellbereich ist mit *Grundeinstellungen* überschrieben.
  Hier wird die Belichtung präzise nachjustiert – viel genauer, als die Kamera dies bei der Aufnahme konnte. Per Regler ist ein Umfang von +- 4 Blendenstufen (EV-Werte) möglich, mehr, als je sinnvoll genutzt werden kann. Darüber hinaus kann mit *Wiederherstellung* der Lichter-

Bereich abgesenkt und mit *Aufhelllicht* der Tiefen-Bereich angehoben werden. Insbesondere *Aufhelllicht* ist oft eine wirkungsvolle Methode, kaum durchzeichneten Tiefen etwas mehr Struktur zu geben; übertrieben eingesetzt (Werte > 50) können den gelegentlich gewollten, populären HDR-Effekt hervorrufen.

Ebenso von zentraler Bedeutung ist die Festlegung der Farbtemperatur, d. h. die Bereinigung von Farbstichen durch Neutralisieren der Lichtfarbe. Hier können allerdings häufig die voreingestellten Werte übernommen werden. Hierzu steht auch ein Pipettenwerkzeug zur Verfügung, mit dem ein Punkt im Bild angewählt werden kann, der farbtonneutral (in Weiß oder Grau) erscheinen soll.

Die Leiste mit Werkzeugen zur selektiven Bearbeitung.

- Unscheinbar zwischen Histogramm und Grundeinstellungen platziert ist die kleine, aber höchst mächtige Werkzeugleiste zur selektiven Bearbeitung:
  Wohl am häufigsten benötigt und Standard in allen vergleichbaren Anwendungen ist das Werkzeug zum Zuschneiden und gerade Ausrichten – gewöhnungsbedürftig ist nur, dass bei Lightroom bei markiertem Beschnittrahmen das Gesamtbild unter dem Rahmen und nicht wie üblich der Rahmen über dem Gesamtbild verschoben wird.
  Elegant und schnell ist die Bereichsreparatur, die den Mauszeiger zu einem kreisförmigen Stempel macht, mit dem Flecken im Bild und insbesondere Hautunreinheiten bei Personenaufnahmen einfach durch Anklicken verschwinden. Verlaufsfilter und Korrekturpinsel können

die wichtigsten Elemente der Bildoptimierung (Belichtung, Helligkeit, Kontrast, Sättigung, Klarheit, Schärfe und sogar Farbe) auf beliebige kreisförmige oder flächenverlaufende Bereiche des Bildes anwenden.

Fängt der Anwender einmal mit diesen Werkzeugen an, wird er schnell zu dem Glauben gedrängt, jedes seiner Bilder bedürfe umfangreicher Korrektur und Restoptimierung insbesondere mit dem Korrekturpinsel. Nur das äußerst zähflüssige Verhalten dieser Werkzeuge bremst allzu massiven Einsatz.

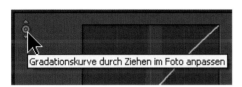

Eine Direktkorrektur kann Werte direkt im Bild verändern.

- Sehr anwenderfreundlich gelöst, aber dank der ausgefeilten Lichter/Tiefen-Korrektur (Aufhelllicht/Wiederherstellen) der Grundeinstellungen gar nicht so häufig erforderlich, ist die Gradationskurve. Diese kann direkt mit der Maus zurechtgebogen, die einzelnen Bereiche können auch per Regler oder numerischer Eingabe justiert werden. Besonders intuitiv ist aber die Direktkorrektur geraten, die durch ein kleines Zielscheiben-Symbol eingeschaltet wird und dann ein Absenken oder Anheben von Werten durch Schieben oder Ziehen direkt im Bild möglich macht.

Es sollte nicht der Fehler begangen werden, an jedem Rädchen, Schräubchen und Regler zu drehen, jeden Wert zu verändern, nur weil sich das machen lässt – vielfach wird damit mehr Schaden angerichtet als Nutzen erreicht. Bei den allermeisten Bildern reicht die moderate Anpassung sehr weniger Werte schon aus, um das Bild in einen nicht weiter verbesserbaren Zustand zu versetzen.

Tastenkürzel zum Modul Entwickeln	
zum Modul *Entwickeln* wechseln	D (develop)
Ausschnitt-Begrenzung einblenden	R
Bereichsreparatur (Flecken entfernen)	N
Verlaufsfilter	M
Korrekturpinsel	K
Grundeinstellungen: nächstes	.
Grundeinstellungen: vorheriges	,
Grundeinstellungen: Wert anheben/absenken	+ / -

Ausgabe-Module

Neben den zentralen Modulen *Bibliothek* und *Entwickeln* bietet Lightroom drei ausgabeorientierte Module, die auf die Präsentation ausgewählter Bilder am Bildschirm bzw. Beamer, am Drucker und im Internet ausgerichtet sind. Allen Modulen gemeinsam ist ihre umfangreiche detaillierte und dennoch übersichtliche Konfigurierbarkeit, aber auch, da die Bilder z. T. immer wieder aus dem Ausgangsmaterial neu generiert werden müssen, ihr Schneckentempo.

Das Modul Diashow

Das Modul *Diashow* ermöglicht die Zusammenstellung von selbstablaufenden Präsentationen einer Bilderauswahl, wobei die Präsentation direkt aus Lightroom heraus an einem zweiten Bildschirm oder Beamer, als eine Serie von JPG-Dateien oder – am günstigsten – als PDF-Präsentation erfolgen kann.

Die PDF-Präsentation bietet den Vorteil, dass sie im Vollbild dargestellt und mit Überblendung ablaufen kann, da eine einzelne Datei

einfacher in einer anderen Umgebung wiedergegeben werden kann.

Für die Präsentation herangezogen werden
Bilder, die im Bibliotheksmodul nach einer der
vielfältigen Möglichkeiten der Bildauswahl
zusammengestellt wurden.

Mit Adobe Photoshop Lightroom 2 werden
bereits eine Reihe von sehr hochwertigen
Präsentationsvorlagen geliefert (im linken
Bedienfeld), die zudem einfach abgeändert

werden können (im rechten Bedienfeld). Von
der *Bildgröße*, einer *Bildrahmenfarbe* und
Beschriftung bis hin zu *Hintergrundbild* oder
-farbe kann die Präsentation detailliert und
intuitiv konfiguriert werden. Die eigene, individuelle Einrichtung einer Präsentation kann
unter den Benutzervorlagen abgelegt werden
und steht dann für weitere Präsentationen zur
Verfügung.

Das Modul **Diashow** *dient zur Zusammenstellung von Präsentationen der Bilder am Bildschirm oder Beamer, die direkt aus Lightroom,
JPG-Dateien oder einer PDF-Datei erfolgen kann.*

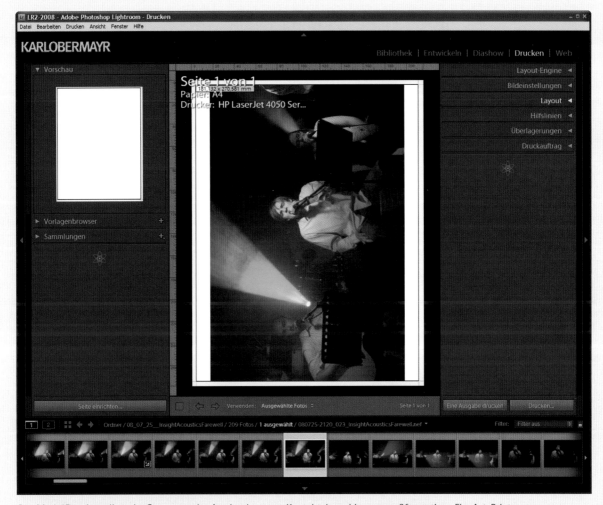

*Das Modul **Drucken** dient der Steuerung des Ausdrucks – vom Kontaktabzug bis zum großformatigen FineArt-Print.*

Drucken

Das Modul *Drucken* erfüllt zwei Funktionen:

- Anordnung mehrerer (gleicher oder unterschiedlicher) Bilder auf der Seite zur optimierten Nutzung des Fotopapiers.

- Ansteuerung des Ausgabedruckers einschließlich Ausgabeschärfung und Farbmanagement.

Zunächst muss dabei die *Layout-Engine* ausgewählt werden, die dafür zuständig ist, ob pro Seite nur ein Bild (ggf. mehrfach wiederholt, auch in unterschiedlichen Größen) wiedergegeben wird (Bildpaket) – oder unterschiedliche Bilder in jeweils gleichen Größen (Kontaktabzug/Raster). Es ist in weiten Grenzen frei wählbar, wie viele Bilder pro Seite ausgegeben werden.

Auch in die Druckbögen kann die Erkennungstafel eingeblendet werden.

1/90 Sek. bei ƒ / 4,5

KARLOBERMAYR

1/100 Sek. bei ƒ / 4,5

*Ein Ausdruck in eine JPG-Datei kann direkt aus dem **Druckmodul** erzeugt werden.*

Statt eines Druckers kann zur Ausgabe auch *JPG-Datei* angegeben werden, sodass eine JPG-Datei entsteht, die alle durch das Druck-layout eingefügten Elemente trägt und etwa zu einem Druckdienstleister geschickt werden kann. Eine PDF-Ausgabe kann nicht direkt aus dem Druckmodul, aber dennoch relativ ein-fach über einen PDF-Printer erzeugt werden.

Web

Sehr umfangreich konfigurierbar, aber auch mit sehr brauchbaren Vorlagen ausgestattet ist das Modul *Web*, das die Zusammenstellung von Bildpräsentationen im Internet ermöglicht.

Neben Standard-HTML-Galerien kann Adobe Photoshop Lightroom 2 auch Flash-Galerien generieren. Flash-Galerien ermöglichen sehr viel mehr Darstellungeffekte und Navigationselemente, wirken aber schnell etwas verspielt. Zudem werden Flash-Galerien, bei gleichem Bildbestand etwa um den Faktor 10 größer als HTML-Galerien.

Die Bilder lassen sich direkt aus Lightroom auf eine Webpräsenz des Benutzers laden, wofür ein einfacher FTP-Transfer in Lightroom integriert ist. Ein Werkzeug zum direkten Hochladen auf spezialisierte Bilder-Webseiten wie Picasa, Flickr oder eigene Web-Galeriesysteme ist nicht integriert, kann aber über Zusatzmodule (Plug-ins) erzielt werden (siehe Kapitel 9 *Lightroom erweitern*).

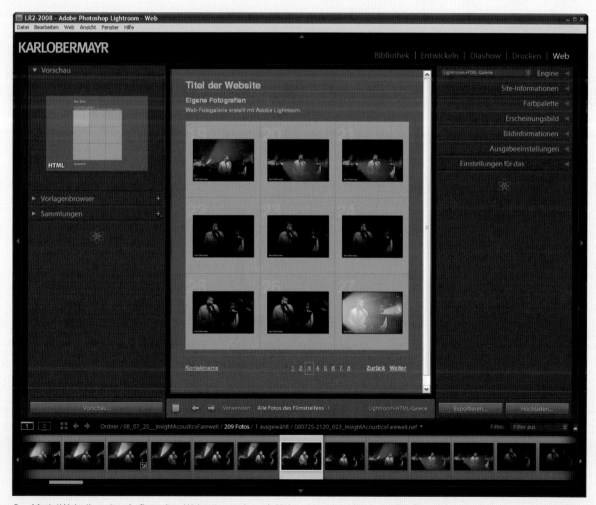

Das Modul **Web** *dient dem Aufbau einer Webpräsentation mit kleinen Vorschaubildern, großen Einzelbildern und Navigationselementen.*

3

VOM SENSOR

ZUM BILD

3

Vom Sensor zum Bild

Vom Sensor zum Bild

Alle Digitalkameras produzieren RAW-Daten – nur manche geben sie nicht aus, sondern verarbeiten sie gleich selbst zu JPG. Höherwertige Kameras stellen dem Fotografen auch die unverarbeiteten Sensordaten, die RAW-Daten, zur Verfügung. Dieses Kapitel beschreibt den Weg vom Auftreffen des Lichts auf die Sensorzellen bis zu dem daraus abgeleiteten Bild.

RAW-Daten sind die rohen Sensordaten, direkt von der Lichterfassung kommend, ohne Interpretation oder Veränderung durch zwischengeschaltete Software. RAW-Daten enthalten daher ohne weitere Interpretation die Lichtinformation, wie der Sensor sie aufgenommen hat – verfälscht einzig durch das Bayer-Mosaik, das noch vor dem Sensor liegt (siehe unten).

RAW-Prozess und JPG-Prozess

Auf dem Weg von der Aufnahme zum finalen Bild sind immer und in jeder Art von Digitalkamera die gleichen Schritte und Prozesse nötig – die Sensordaten müssen interpretiert, in Farbe umgerechnet, optimiert, geschärft und nach JPG ausgegeben werden.

Im Einzelnen fallen – in jeder Digitalkamera oder im externen RAW-Konverter – auf dem

Weg von den reinen Sensordaten (RAW-Daten) zur fertigen JPG-Datei die folgenden Schritte an:

- **Bayer-Mosaic-Auflösung (Demosaicing) und Farbinterpolation**
  Sensorzellen können nur Helligkeitswerte, also keine Farben, sondern nur Graustufen erkennen. Mithilfe eines Bayer-Filtermusters vor den Sensorzellen wird eine Farbgebung des Bildes durch Interpolation der gefilterten Messwerte möglich.

- **Weißabgleich**
  Festlegung, wie Farbe im Bild zu gewichten ist bzw. welche Farbe im Bild als neutral (Weiß oder Grau) zu gelten hat.

- **Belichtungsoptimierung**
  Nachjustieren der optimalen Belichtung eines Bildes durch gleiches Anheben oder Absenken der Lichtausbeute jeder Sensorzelle.

- **Tonwert-Justierung**
  Tonwerte werden in Teilbereichen (Lichter, Schatten) angehoben oder abgesenkt.

- **Farbkorrektur**
  Gezielte Änderung (Anhebung oder Absenkung) einzelner Farbbereiche.

- **Sättigung**
  Verstärkung (oder Abschwächung) aller Farben.

- **Rauschabschwächung**
  Bei zu starker Anhebung der Lichtausbeute einzelner Sensorzellen (dunkle Bereiche oder Aufnahmen mit hoher Empfindlichkeitseinstellung) oder bei gegenseitiger Beeinflussung der Sensorzellen durch zu hohe Packungsdichte können Bildfehler

in Form von Rauschen entstehen. Durch leichte lokale Unschärfen wird dieses Rauschen entfernt.

- **Schärfung**
  Durch das Bayer-Mosaik und damit verbundene Prozesse werden leichte Unschärfen in das Bild gebracht, die in einem abschließenden Schritt eines jeden RAW-Prozesses durch Schärfen überdeckt werden müssen.

Liefert gleich die Kamera die fertigen JPG-Dateien, so läuft dieser Prozess komplett in der Kamera ab – die Kamera fungiert als RAW-Konverter.

Liefert die Kamera nur RAW-Daten, also die unmittelbaren und unverfälschten Sensordaten, so läuft der komplette Konvertierungsprozess außerhalb ab – mit viel mehr Möglichkeiten der individuellen Beeinflussung und detaillierten Optimierung des Bildmaterials

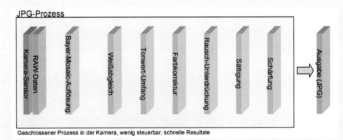

Bei einem JPG-Prozess läuft der komplette Prozess bis zur Ausgabe des JPG-Bildes vollautomatisiert in der Kamera ab.

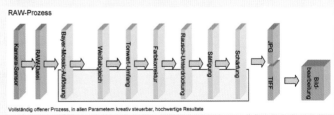

Bei einem RAW-Prozess werden alle Prozessschritte außerhalb der Kamera im RAW-Konverter kontrolliert durchlaufen.

RAW INTERN

Kameraeinstellungen wie *Farbmodell* (*AdobeRGB* oder *sRGB*), *Weißabgleich*, *Schärfung* oder *Sättigung* sind für den kameraexternen RAW-Prozess, wie er in einem RAW-Konverter wie Adobe Photoshop Lightroom 2 durchlaufen wird, irrelevant. Diese Einstellungen beeinflussen nur den kcamerainternen RAW-Konverter und damit das von der Kamera generierte JPG.

Nach der Datengewinnung werden die RAW-Daten normalerweise zunächst in einer Datei abgelegt, wobei dieses Dateiformat ebenfalls roh und insbesondere auch in keiner Weise normiert ist. RAW-Daten sind daher nicht nur von Sensortyp zu Sensortyp, sondern auch von Kameratyp zu Kameratyp unterschiedlich. Es gibt etwa so viele RAW-Dateiformate, wie es digitale Kameratypen gibt, und eine Lösung der Problematik zeichnet sich – in Form der DNG-Initiative (Digital Negative) von Adobe – erst sehr langsam ab.

Sensor, Sensorfläche, Auflösung

Der Sensor ist eine Ansammlung einzelner lichtempfindlicher Zellen, auch Pixel genannt. Jedes dieser Pixel liefert einen Wert für die von ihm gemessene Helligkeit oder Lichtmenge. Die Auflösung und damit auch die Qualität einer digitalen Kamera nur mit der Anzahl der Pixel gleichzusetzen – wie es insbesondere von der Werbung und demzufolge auch von eine Reihe gutgläubiger Käufer getan wird –, ist jedoch falsch, wenngleich die Pixelzahl natürlich einen deutlichen Hinweis auf die technische Bildqualität liefern kann.

Fast ebenso wichtig wie die bloße Anzahl der Sensorzellen ist deren Packungsdichte. Sind sehr viele Sensorzellen auf einer relativ kleinen Sensorfläche angeordnet, wie es bei sogenannten Kompaktkameras mit teilweise fantastisch klingenden Megapixelzahlen der Fall ist, können die einzelnen Zellen kaum mehr isoliert arbeiten und beeinflussen sich massiv gegenseitig. Dabei können die Messwerte einer Zelle die Nachbarzelle stören, d. h. auf diese überspringen, und der ge-

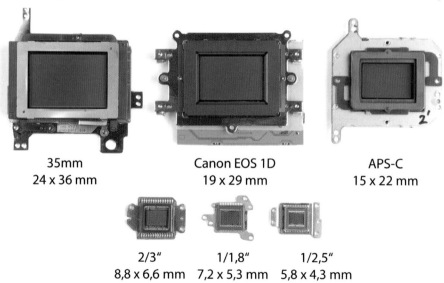

35mm	Canon EOS 1D	APS-C
24 x 36 mm	19 x 29 mm	15 x 22 mm

2/3"	1/1,8"	1/2,5"
8,8 x 6,6 mm	7,2 x 5,3 mm	5,8 x 4,3 mm

Sensoren in unterschiedlichen Größen aus verbreiteten Digitalkameras (Abbildung: 6mpixel.org).

samte Sensor heizt sich dadurch übermäßig auf, was deutlich erhöhtes Rauschen zur Folge hat. Dicht gepackte Pixel wirken daher schon wieder kontraproduktiv und lassen sich dann nur noch für Marketingzwecke sinnvoll einsetzen.

Digitale Spiegelreflexkameras besitzen einen deutlich größeren Sensor als Kompaktkameras und sind daher wesentlich unempfindlicher gegen Störungen der einzelnen Zellen untereinander, somit rauschfreier und schärfer.

Werden nun also auf einem Sensor der Größe 8,8 x 6,6 mm, wie sie im Bereich der Kompaktkameras üblich ist, 12 Megapixel untergebracht, müssen diese viel enger gepackt werden – und beeinflussen sich daher massiv gegenseitig – als bei einem APS-C-Format

von 22 x 15 mm oder gar vollem Kleinbildformat von 24 x 36 mm.

Die am weitesten verbreiteten Sensorgrößen	
Format	Größe
Vollformatige Kleinbildgröße	36 x 24 mm
APS-C Typische Größe vieler digitaler Spiegelreflexkameras	22 x 15 mm
Four-Thirds Bei einigen digitalen Spiegelreflexkameras verbreitet	18 x 13,5 mm
Digitale Kompaktkamera (2/3)	8,8 x 6,6 mm
1/1,8	7,2 x 5,3 mm
1/2,5	5,8 x 4,3 mm

Quelle: 6mpixel.org

Die Größen der unterschiedlichen Sensoren in ihren Flächenverhältnissen zeigen deutlich, um wie viel größer die üblichen Sensoren digitaler Spiegelreflexkameras (Blautöne in der Abbildung) im Vergleich zu Sensoren digitaler Kompaktkameras (Rottöne im Bild) sind. Auf größeren Sensoren muss eine hohe Anzahl von Bildzellen auch weniger dicht gepackt werden, was die elektrische und optische Störanfälligkeit deutlich reduziert.

Der Strahlengang in einer Nikon D3: vom Objektiv über den (teildurchlässigen) Spiegel nach oben in das Sucherprisma und gleichzeitig nach unten in die Scharfstelleinheit. Der Sensor (ganz hinten blaugrün schimmernd) sieht das Bild erst im Moment der Auslösung, wenn der Spiegel hochklappt und die Verschlusslamellen sich öffnen.

Verschlusssache: Sensor und Belichtung

Welch komplexer Prozess bei der Belichtung des Sensors im Gehäuse einer Spiegelreflex-kamera abläuft, zeigt sehr schön eine Hoch-geschwindigkeitsaufnahme eines solchen Prozesses. Hier die wichtigsten Phasen:

Die Bilder wurden von Marianne Oelund mithilfe von zwei Nikon D3-Kameras aufgenom-men und werden von Jeffrey Friedl unter http://regex.info/blog/2008-09-04/925 gezeigt.

Blick von der Objektivseite auf die Öffnung einer Spiegelreflexkamera (Nikon D3) im Ruhezustand – vor einer Aufnahme.

Der Auslöser der Kamera wurde gedrückt, der Spiegel beginnt gera-de hochzuklappen.

Der Spiegel ist vollständig hochgeklappt, der Verschluss (1. Vorhang) ist noch geschlossen.

Der Verschluss (1. Vorhang) beginnt sich zu öffnen (nach unten).

Belichtung!
Der Verschluss ist komplett offen; Licht kann auf den Sensor fallen.

Der Verschluss (2. Vorhang) beginnt sich zu schließen (nach unten).

Der Verschluss (2. Vorhang) ist vollständig geschlossen.

Der Spiegel ist dabei, wieder herunterzuklappen.

Der Spiegel ist wieder vollständig heruntergeklappt.

Auflösung messen

Die Auflösung einer Kamera und damit genau genommen die Kombination von Sensor und Objektiv lässt sich sehr gut auch selbst austesten – eine Übung, die für jeden interessierten Fotografen beachtliche Ergebnisse bieten kann. Sehr gut bewährt und auch in Messlabors üblich ist die Verwendung eines sog. Siemenssterns – eine einfache, kreisförmige Grafik mit keilförmig nach innen verlaufenden weißen und schwarzen Tortenstücken (Sektoren), deren Abstand sich nach außen hin vergrößert.

Zur Mitte hin, wo die schwarzen und weißen Elemente immer enger aneinander liegen, entsteht zwangsläufig irgendwann ein Bereich der Unschärfe, ein Bereich, den das optische System aus Sensor und Objektiv nicht mehr auflösen kann. Dieser Bereich wird Grauring genannt. Je kleiner dieser Grauring, umso besser löst das System auf; je größer, desto schlechter.

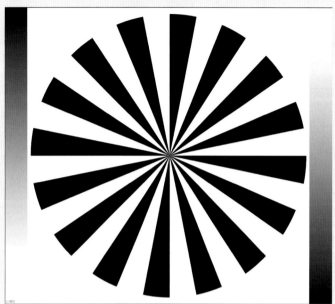

Ein sog. Siemensstern zur Messung und zum Vergleich der Auflösung eines optischen Systems aus Objektiv und Sensor.

Licht auf dem Sensor – wo die Farbe herkommt

Ein Sensor ist, obwohl neben dem Objektiv der wohl wichtigste Bestandteil einer Digitalkamera, zunächst einmal ein ziemlich dummes Bauteil. Seine lichtempfindlichen Zellen können nämlich noch nicht einmal Farben sehen, sondern eigentlich nur Helligkeitswerte wahrnehmen und aufzeichnen.

Die Farben einer heutigen typischen Digitalkamera sind, vereinfacht ausgedrückt, geschätzt – interpoliert, wie dies fachsprachlich genannt wird. Die Farbgebung ist bereits nicht mehr eine Leistung des Sensors (und damit auch nur indirekt in der RAW-Datei enthalten), sondern eine Leistung der nachgeschalteten Software. Bei einem JPEG-Prozess erfolgt diese Farbgebung in der Kamera. Bei einem RAW-Prozess übernimmt der RAW-Konverter die Aufgabe, Farbe ins Bild zu rechnen. Da die Berechnungsmuster hinter dieser Interpolation ziemlich ausgefeilt und aufwendig sind, funktioniert dieses Farbe-ins-Bildrechnen heute sehr gut und kommt dem, was das menschliche Auge für wirkliche, natürliche Farbe hält, sehr nahe.

Der rechenintensive Farbinterpolationsprozess läuft bei einer JPEG-Ausgabe in der Kamera ab, wo, bedingt durch den Kameraprozessor und die erwünschte Geschwindigkeit, Abstriche gemacht werden müssen. Findet die Farbinterpolation wie bei der RAW-Fotografie außerhalb der Kamera statt, kann auf die hohe Rechenleistung eines vollwertigen PCs zugegriffen werden, und schon allein aus diesem Grund lassen sich wesentlich hochwertigere Ergebnisse erzielen.

Auch ein Vorteil einer externen RAW-Verarbeitung ist hier erkennbar. Während im JPEG-Prozess die Ausgangsinformation nach der Farbinterpolation verloren ist, setzt ein

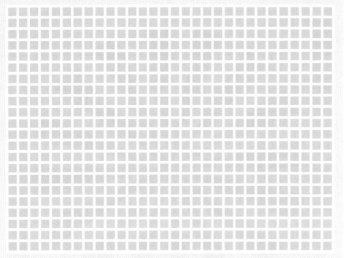

Die Ebene der Sensorzellen einer digitalen Kamera.

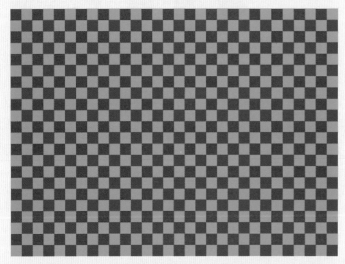

Ein Bayer-Mosaik mit regelmäßiger Anordnung von Rot-, Grün- und Blaufiltern. Bei genauer Betrachtung fällt auf, dass doppelt so viele Grünzellen wie Rot- oder Blauzellen vorhanden sind – damit wird der höheren Grünempfindlichkeit des menschlichen Auges Rechnung getragen.

Die einfachen Sensorzellen können, wie erwähnt, nur Helligkeitsunterschiede erkennen und aufzeichnen. Damit aus diesen Helligkeitsunterschieden Farbe werden kann, sind Anhaltspunkte für das Hineinrechnen von Farbe erforderlich. Diese Anhaltspunkte erhalten die Sensoren von Farbfiltern, die vor die Sensoren gelegt werden. Vor jede lichtempfindliche Zelle des Sensors wird genau ein Farbfilter in einer der Grundfarben Rot, Grün oder Blau gelegt. Die Sensoren wissen damit nicht nur, wie hell sie beleuchtet wurden, sondern diese Lichtmenge ist zusätzlich mit der Information darüber versehen, welche der drei Grundfarben diese Lichtmenge erzeugt hat.

Bayer-Interpolation

Ein Sensor einer Digitalkamera besteht daher (in nahezu allen Fällen) nicht nur aus einer Ansammlung von lichtempfindlichen Zellen, sondern zusätzlich auch noch aus einer Schicht mit Farbfiltern, die vor der Sensorebene liegt. Diese Farbfilterschicht ist mosaikartig aufgebaut und zeigt ein regelmäßiges Muster aus den drei RGB-Grundfarben. Damit wird das Lichtaufnahmeverhalten der Sensorzellen in geeigneter Weise beeinflusst, und so sind Rückschlüsse auf eingestrahlte Farben möglich.

Das hier geschilderte Verfahren, das in nahezu allen Digitalkameras (von einfachen Kompaktkameras bis hin zu hochwertigen DSLRs oder sogar Mittelformat-Backends) eingesetzt wird, wurde von Bruce Bayer bereits 1975 bei Eastman Kodak entwickelt. Man spricht in diesem Zusammenhang auch von Bayer-Interpolation, Bayer-Matrix, Bayer-Filter, Bayer-Mosaik sowie von Farbinterpolation oder einem Demosaik-Prozess.

Ein Bayer-Filtermosaik ähnlich der Abbildung enthält regelmäßig angeordnete Filterflächen in den Farben Rot, Grün und Blau: eine Zeile, in der sich rote und grüne Filterelemente ab-

RAW-Prozess immer wieder ganz am Anfang bei den rohen Lichtdaten auf. Werden bessere Interpolationsalgorithmen entwickelt, etwa in neuen Versionen der heute eingesetzten RAW-Konverter, können vorhandene RAW-Dateien damit erneut entwickelt und die Ergebnisse gegebenenfalls noch weiter verbessert werden.

wechseln, darauf eine Zeile, in der sich grüne und blaue Filterzellen abwechseln, insgesamt so viele Filter, wie der Sensor lichtempfindliche Zellen aufweist.

Es ergibt sich eine Filterfläche, in der Grün die Hälfte der Gesamtfläche einnimmt (doppelt so viele Grünfilter wie Rotfilter oder Blaufilter), die andere Hälfte teilen sich Rot und Blau. Von der Gesamtfilterfläche sind also 50 % grün, 25 % blau und 25 % rot.

Dies imitiert die Natur des menschlichen Sehens, in der die Netzhaut des Auges für Grün deutlich empfindlicher ist, mehr Rezeptoren für Grün enthält und damit auch ein breites Spektrum an Grüntönen unterscheiden kann.

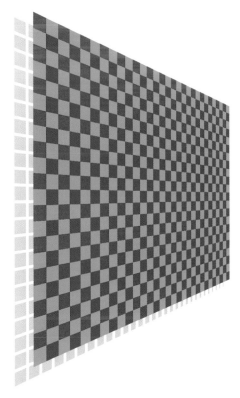

Die Informationen über die Helligkeit, wie sie die Sensorzelle direkt messen kann, und die Farbe, in der diese Helligkeit vorliegt, wie sie durch den jeweiligen Farbfilter vor der Zelle eingestreut wird, reichen nun aus, um ein Farbbild zu errechnen.

Der direkte Weg zur Farbe

Da jede Filterfläche vor einer Sensorzelle platziert ist, könnte man auch (vereinfachend) von roten, gelben und grünen Sensormesswerten ausgehen. Ein Rotfilter vor einer Zelle erzeugt einen eindeutigen Messwert nur für Rot, ein Grünfilter nur für Grün, ein Blaufilter nur für Blau.

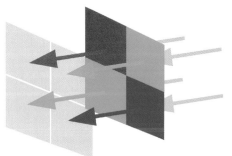

Würde, wie in der Abbildung, jede Farbfläche direkt einen Bildpunkt belichten, wäre eine sehr hochwertige Farbinformation das Ergebnis – die Auflösung aber nur mehr ein Viertel der Pixelzahl.

Das Ergebnis wären drei Datenreihen, eine mit allen – unterschiedlich hellen – Rotwerten, eine mit allen Grünwerten und eine mit allen Blauwerten, wobei die Grünreihe doppelt so viele Messwerte enthielte wie die Rot- oder die Blaudatei. Diese drei Datenreihen müssten mit geeigneter, aber relativ einfacher Software nur noch übereinandergelegt werden, und es würde eine Farbdatei mit präzisen Farben direkt aus der Messung und ohne Interpolation entstehen.

In einer solchen Bilddatei setzt sich dann jeder Bildpunkt im fertigen Bild aus der Helligkeits- und Farbinformation von vier Sensorpunkten zusammen – Rot, Grün1, Grün2 und Blau.

Da jede Sensorzelle eine Farbinformation im Umfang von 12 Bit liefert und jeweils vier Sensorzellen die Farb- und Helligkeitsinformation eines Bildpunkts liefern, erhält man im Resultat für jeden Bildpunkt eine Informationstiefe von 48 Bit – an Präzision in Farbe und Helligkeit kaum zu überbieten.

Gravierender Nachteil dieses Verfahrens ist jedoch, dass, weil jeweils die Farb- und Helligkeitsinformation von vier Zellen zusammengenommen wird, die Gesamtausbeute der für die Bildinformation nutzbaren Zellen nur noch ein Viertel beträgt, was nichts anderes bedeutet, als dass die Auflösung des Bildes nur noch ein Viertel beträgt.

Derartige Verfahren werden in der Tat eingesetzt, jedoch nicht in den derzeit üblichen Digitalkameras der Kompakt- oder Spiegelreflexklasse.

Konzentrat aus Farbpräzision und höchster Auflösung

Man möchte doch lieber jede Sensorzelle nutzen und damit die volle Sensorauflösung zur Verfügung haben – und benötigt dafür auch die vollständige RGB-Farbinformation für jeden Messwert, für jede Sensorzelle und für jeden Bildpunkt. Da diese Information zunächst nicht da ist und auch messtechnisch nicht erfasst werden kann, muss sie anderweitig ermittelt werden.

Heute eingesetzt wird daher ein Verfahren, das durch Interpolation das Beste aus den sich widersprechenden Anforderungen höchste Farbpräzision und höchste Auflösung zu ermitteln versucht.

Interpolation bedeutet dabei, auf Basis bestimmter Grundannahmen und mithilfe eines mathematischen Algorithmus Informationen zu errechnen, die ursprünglich nicht vorhanden sind. Es handelt sich dabei um eine Schätzung oder Hochrechnung – man spricht bei diesem Verfahren von Bayer-Interpolation.

Zu den Grundannahmen gehört unter anderem, dass sich zwei benachbarte Pixel, auch wenn sie durch die vorgeschaltete Filterebene einmal Rot und einmal Blau beleuchtet werden, in der Farbe sehr wahrscheinlich nur ge-

ringfügig unterscheiden, also immer auch ein gewisser Anteil der Nachbarfarbe auftritt.

Auch die Farben des Nachbarn müssen herhalten

Zudem muss die Software natürlich dennoch Farbwechsel, insbesondere harte und abrupte Wechsel an Kanten, erkennen und verhindern, dass das Bild vermatscht, weil Nachbarfarben zu große Bedeutung beigemessen wird. Dazu muss über mehr als ein Pixel in die Nachbarschaft geblickt werden, und der Berechnungsalgorithmus muss entsprechend aufwendig sein.

Bei der Bayer-Interpolation liegen also Farben nie als klare Messwerte vor, sondern es werden immer auch die Nachbarpixel über einen mehr oder weniger weiten Bereich mit herangezogen.

Kantenglättung – Anti-Aliasing

Dieses Streuen auf benachbarte Sensorzellen wird nicht nur ausschließlich durch die Software des RAW-Konverters (intern oder extern) ausgeführt, sondern vor der Sensorebene sitzt zusätzlich eine weitere Filterebene, ein Anti-Aliasing-Filter (auch als Tiefpassfilter bezeichnet), der das eintreffende Licht geringfügig streut. Würden die Sensorinformationen ohne diese künstliche Streuung ausgewertet, wäre die Gefahr groß, Farbsäume oder Moiré-muster in das Bild zu bekommen. Mit dieser Streuung wird andererseits jedoch eine leichte Unschärfe erzeugt.

Dies ist der Grund dafür, dass Digitalfotos in jedem Fall leicht nachgeschärft werden müssen – was im JPEG-Prozess, der ja nichts anderes als ein in der Kamera ablaufender RAW-Prozess ist, immer gleich direkt in der Kamera geschieht und was im externen RAW-Prozess manuell gesteuert durch den RAW-Konverter auszuführen ist. Die Notwendigkeit zum Nachschärfen einer Digitalaufnahme rührt daher nicht aus der minderwertigen Qualität von Fotograf, Objektiv oder Kamera, sondern ist systembedingt.

Zur Kunst der Kamera- bzw. Sensorhersteller gehört es, diesen Anti-Aliasing-Filter so zu dimensionieren, dass der gewünschte Effekt (Verhinderung von Bildartefakten wie Moiré oder Farbsäumen) zwar eintritt, aber noch nicht zu einer zu starken Unschärfe führt.

Empfindlichkeiten – ISO, ASA, DIN

Eine Sensorzelle reagiert mit der Messung und Registrierung eines bestimmten Helligkeitswerts auf das Eintreffen einer bestimmten Menge Licht. Die Ausgangsempfindlichkeit eines Sensors, meist auch gleichzeitig niedrigste Empfindlichkeit, ist dabei so ausgelegt, dass übliche, durchschnittliche Motive von den Sensorzellen sauber verarbeitet werden können, also weder zu wenig Signal (Untersättigung) noch einen zu hohen Signalpegel (Übersättigung) erzeugen.

Die Lichtmenge, die auf den Sensor trifft und von diesem registriert wird, wird, wie immer schon und bei jeder Kamera, durch Blende und Belichtungszeit gesteuert.

Bei einer bestimmten Helligkeit und einer bestimmten Lichtmenge muss die korrekte Lichtmenge durch eine Abstimmung von Blende und Zeit erfolgen, wobei beide Parameter auch Auswirkung auf andere, bildgestalterische Aspekte haben. Die Blende beeinflusst u. a. die Schärfentiefe, die Belichtungszeit sowie das Verwackeln durch Kamera- und Objektbewegung.

Digitalkameras – und nicht nur Spiegelreflexkameras – bieten die Möglichkeit, die Empfindlichkeit dynamisch und von Bild zu Bild zu verändern, manuell oder automatisch. Die Automatikfunktion sollte allerdings nicht genutzt werden, da sie zu eher unglücklichen, unvorhersehbaren Ergebnissen führen kann.

Rauschen

Eine Veränderung der Empfindlichkeit ist jedoch nichts anderes als eine Verstärkung der Messwerte jeder Sensorzelle und damit auch eine Verstärkung aller ungewollten Daten. Diese ungewollten Daten rühren aus Pixelfehlern des Sensors oder einfachen Messfehlern. Eine höhere Temperatur des Sensors kann zu gehäuftem Auftreten solcher Messfehler führen – man nennt dies Rauschen.

Eine Erhöhung der Empfindlichkeit ist also nichts anderes als eine Verstärkung der Messwerte. Der Fotograf muss sich darüber im Klaren sein, dass er damit zwar mehr Möglichkeiten hat, die richtige Lichtmenge aufs Bild zu bekommen, aber dafür Qualitätseinbußen, insbesondere Rauschen, einkalkulieren muss.

NORMBELICHTUNG UND OBERE SÄTTIGUNGSGRENZE

Der Spielraum zwischen dem Durchschnittswert der Normbelichtung und der oberen Sättigungsgrenze (Lichtmenge, die eine Sensorzelle aufnehmen kann) liegt bei knapp 3 Blendenstufen (EV-Werten). Der Abstand zur unteren Empfindlichkeitsgrenze (Lichtmenge, die eine Sensorzelle nicht mehr sieht) liegt bei mindestens 2,5 EV-Werten. Die Untergrenze ist kaum präzise spezifizierbar, da an dieser Grenze der Abstand des Signals zu gering wird. Bei mehr als 2,5 Blenden Spielraum nach unten erhält man fast nur noch Rauschen.

FARBGEBUNG – DAS WICHTIGSTE IN KÜRZE:

- RAW-Dateien sind (zunächst) Graustufendateien mit Aneinanderreihungen von Messwerten der einzelnen Sensorzellen.
- Eine Erhöhung der Empfindlichkeit (ISO-Zahl) entspricht einer gleichmäßigen Erhöhung aller Messwerte bzw. einer Verstärkung der gemessenen Signale – und der Messfehler (Rauschen).
- Farbinformation wird durch ein Filtermosaik in den Farben Rot, Grün, Blau, Grün ermittelt, wobei vor jeder Sensorzelle eine Filterfarbe platziert wird.
- Präzise Farbmessung erfordert vier Sensorzellen und würde damit zu einer Viertelung der Sensorauflösung führen.
- Volle Nutzung der Sensorauflösung erfordert komplette Rot-Grün-Grün-Blau-Farbinformation auf jeder Sensorzelle.
- Da nur eine dieser Farben direkt gemessen werden kann, muss die volle Farbinformation mathematisch geschätzt (interpoliert) werden.
- Zur Farbinterpolation wird die Farbinformation der Nachbarzellen herangezogen.
- Ein Anti-Aliasing-Filter ist zur Streuung der Lichtinformation einer Filterzelle erforderlich, schafft aber leichte Unschärfen, die nachgeschaltet behoben werden müssen.
- Im RAW-Konverter, der in der Kamera oder außerhalb im Computer ausgeführt werden kann, wird diese Information bei Veränderbarkeit einer Vielzahl von Parametern zu einem finalen Farbbild verarbeitet.

Und wie sieht das jetzt aus?

Der folgende Abschnitt spielt den grundlegenden RAW-Prozess, also den Weg der rohen Sensordaten zum ersten Farbbild, an praktischen (Bild-)Beispielen durch.

RAW im Detail – Beispiel 1

Beispiel 1 ist ein abstraktes Motiv und gleichzeitig, nach Eigenaussage des Herstellers, das weltweit meistfotografierte Objekt: die GretagMacbeth-Farbreferenzkarte. Diese Farbreferenzkarte bietet messbar definierte Farben, mit deren Hilfe typische fotografische Farbverfahren, also auch die Konvertierung eines RAW-Fotos, präzise justiert werden können, alles im Hinblick auf Farbqualität

und Präzision, Druckverfahren und Farbträger hochoptimiert.

Die Abbildung rechts zeigt das Referenzmotiv in einer nicht weiter optimierten Aufnahme, wie sie der RAW-Konverter ohne Parameter-Änderung erzeugt und als TIFF-Bild ausgibt. (Die zweite Abbildung zeigt eine in Adobe Photoshop Lightroom 2 optimierte Version).

Auch hier haben jedoch schon, ohne weitere Aktionen des Anwenders, einige grundlegende Verrechnungsprozesse stattgefunden:

- Aus den RAW-Daten, wie sie vom Sensor als reine Graustufen erfasst wurden, wurden bereits Farbinformationen errechnet. Dafür verwertet der RAW-Konverter grundlegende Informationen über den Aufbau des Sensors, insbesondere über die vor der Sensorfläche liegende Ebene des Bayer-Mosaiks.

- Der Weißabgleich wurde mit den Werten voreingestellt, wie sie die Automatik der Kamera ermittelt hat.

- Eine leichte Nachschärfung hat stattgefunden, um die durch das Bayer-Anti-Aliasing verloren gegangene Bildschärfe zu kompensieren.

Diese Erstinterpretation wird von jedem verbreiteten RAW-Konverter beim Öffnen der Dateien ausgeführt, um dem Anwender einen

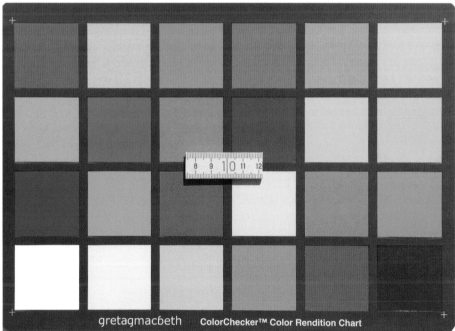

Die GretagMacbeth-Farbreferenzkarte Color-Checker. Unbearbeitete Version und optimierte bzw. in Adobe Photoshop Lightroom 2 konvertierte Version. (Die Größenreferenz in der Mitte des Motivs gehört nicht zur Farbreferenzkarte, sondern wurde nachträglich aufgeklebt.)

ersten Eindruck des Bildes zu präsentieren. Auch wenn der RAW-Konverter im direkten Modus (*As Shot*, *Wie Aufnahme*) und ohne Parameterveränderung betrieben wird, sind die Daten, wie sie vom Sensor kommen, bereits einer ersten Interpretation unterworfen.

Keiner der populären RAW-Konverter bietet eine Möglichkeit, ein RAW-Bild in einer direkten Version, noch vor der Farbinterpolation, anzuzeigen. Regelt man in einem RAW-Konverter den Wert für Sättigung auf null, resultiert daraus zwar ein Graustufenbild, dies zeigt jedoch ebenfalls die einzelnen Pixel nach dem Stadium der Farbinterpolation.

Außer für Demonstrations- und Analysezwecke ist es aber normalerweise auch gar nicht nötig, ein RAW-Bild in der Stufe vor der Farbinterpolation am Bildschirm anzuzeigen, da alle die Farbinterpolation beeinflussenden Parameter in jedem Fall justierbar sind.

Back to the roots mit DCraw

Abhilfe schafft hier ein Spezialprogramm, das RAW-Dateien einlesen und sie – ohne die Bayer-(Farb-)Interpolation und damit noch fast roh – als TIFF wieder ausgeben kann. DCraw (*www.insflug.org/raw/*) ist ein Kommandozeilenprogramm ohne grafische Oberfläche, das für die schnelle Massenverarbeitung von RAW-Dateien ohne Benutzerinteraktion ganz gut geeignet ist.

Das Schöne an DCraw als Kommandozeilenprogramm ist seine enorme Schnelligkeit und Flexibilität. So kann es beispielsweise sehr einfach in automatisierte Arbeitsabläufe eingebunden werden, etwa um gleich beim Auslesen der Speicherkarte eine Erstkonvertierung vorzunehmen. Die Ergebnisse von DCraw sind erstaunlich gut, bedenkt man, dass eine grafische Oberfläche mit interaktiver Parameterkontrolle fehlt. Mithilfe einer Vielzahl von Kommandozeilenparametern können die Ergebnisse von DCraw noch weiter aufgewertet und individualisiert werden.

DCraw verfügt über einen speziellen Kommandozeilenparameter (*Option –D*), mit dem ein sogenannter **document mode** aktiviert werden kann. In diesem Modus wird die RAW-Datei ohne Farbinterpolation in eine sehr rohe Ausgabedatei überführt.

Das Kommando *dcraw –D Farbkarte.nef* liefert das unten abgebildete TIFF-Bild.

Wie die oben abgebildete Farbkonvertierung ist auch diese DCraw-Konvertierung in keiner Weise nachbearbeitet. Bereits in dieser Vergrößerungsstufe wirkt das Bild schärfer. Keine Überraschung, es ist ja auch keine Interpolation und kein Anti-Aliasing involviert, sondern es werden die reinen Pixel-Helligkeitswerte ohne Verrechnung abgebildet.

Durch das fehlende Anti-Aliasing werden die einzelnen Pixel wesentlich deutlicher sichtbar als in einem final bearbeiteten Bild – auch wesentlich deutlicher als in der unbearbeiteten Farbversion oben. Sichtbar wird dieser Effekt allerdings erst bei stärkerer Vergrößerung.

Ein 4 cm breiter Ausschnitt aus der Mitte des Motivs. Bereits hier ist die Kästchenstruktur der rohen Pixel deutlich erkennbar.

Ein 1 cm breiter Ausschnitt. Die Pixelstruktur tritt deutlich hervor, auch in eigentlich einfarbigen Flächen.

Ein weiterer Vergrößerungsschritt zeigt die Pixelzusammensetzung und die Wirkung der davor liegenden Farbfilterflächen nun sehr deutlich.

Da das Motiv nur monochrome Flächen mit wenigen Farbübergängen enthält, ist die Wirkung des Bayer-Filters besonders gut erkennbar. Auch die einfarbigen Flächen, die ohne den Bayer-Filter eigentlich bei allen betreffenden Sensorzellen gleiche Helligkeitswerte hervorrufen würden, erhalten durch das Muster der Filter eine deutlich sichtbare Rasterung. Diese Rasterung aus unterschiedlichen Helligkeitswerten wird erst im RAW-Konverter in Farbe umgerechnet.

Extrahiert man nun auch aus der farbinterpolierten Version der Aufnahme den gleichen Ausschnitt und vergrößert diesen ebenso stark, wird die Leistung des Prinzips Bayer-Filter und Farbinterpolation sichtbar. Mit dem Wissen über den Farbgehalt der über unterschiedliche Filterfarben beleuchteten Sensorzellen errechnet der RAW-Konverter die resultierende Farbe. Die Mosaikrasterung verschwindet – Farbe erscheint.

Der gleiche Ausschnitt aus dem farbinterpolierten, aber noch nicht weiter bearbeiteten Bild: Die Mosaikrasterung ist in Farbinformation umgerechnet. Insbesondere an den rein monochromen Flächen (besonders gut am Gelb in der unteren Bildhälfte) ist zu erkennen, wie aus der Kästchenstruktur unterschiedlicher Helligkeitswerte (wie sie durch den Bayer-Filter vor der Sensorfläche bedingt sind) flächige Farbinformationen geworden sind.

Erst wenn man aus dem farbinterpolierten Bild den gleichen Ausschnitt vergrößert, erkennt man die Leistung der Farbinterpolation und des Anti-Aliasings.

RAW im Detail – Beispiel 2

Optisch ansprechender und näher an der Realität ist mit Beispiel 2 ein praktisches Bild aus dem Fotografenalltag – ein Mädchen-Portrait.

Zunehmende Vergrößerungsstufen der gleichen Ausschnitte des identischen Bildes (siehe nächste Seite), links farbinterpoliert im RAW-Konverter, rechts noch ohne Farbinterpolation und daher mit zunehmend deutlich sichtbarer Kästchenstruktur der Mosaikrasterung des Bayer-Filters, zeigen hier besonders deutlich, wie Farbe ins Bild kommt.

Das Farbbild, eine im Studio entstandene RAW-Aufnahme, geringfügig im RAW-Konverter bearbeitet und beschnitten.

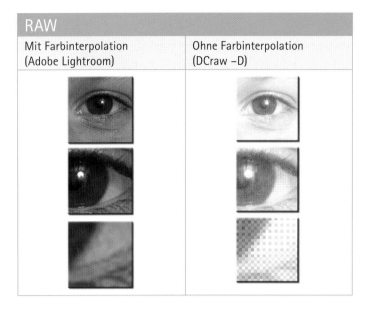

RAW	
Mit Farbinterpolation (Adobe Lightroom)	Ohne Farbinterpolation (DCraw –D)

gen übereinander gelegt und am Sensorraster ausgerichtet.

Das resultierende Bild lässt die spätere Farbgebung korrekt erahnen, da der Verrechnungs-, Interpolations- und Anti-Alias-Algorithmus eines RAW-Konverters jedoch hier nicht zum Einsatz kam, bleiben scharf umgrenzte Mosaikrasterflächen. Nur aus größerer Entfernung betrachtet ist die korrekte Farbgebung zu erkennen, etwa, dass in dem abgebildeten Auge die Iris tatsächlich blau ist.

Der Blick hinter die Kulissen eines RAW-Prozesses ist wichtig, um die Komplexität des Prozesses zu verstehen und damit die Leistung eines RAW-Konverters, sei er in die Kamera integriert oder extern auf dem PC des Bearbeiters, steuern zu können.

Auf der Benutzeroberfläche des RAW-Konverters setzt die Bearbeitung typischerweise erst nach einer ersten Farbinterpolation an, sodass der Benutzer den Prozess der Umrechnung von Helligkeitswerten in Farbe nicht sieht.

Dennoch wird im RAW-Konverter natürlich genau diese Umrechnung auf vielfältige Weise – sei es durch Weißabgleich, Kontrast, Sättigung oder Schärfung – gesteuert.

Der Prozess der Zusammensetzung des reinen Rasterbildes und eines Bayer-Mosaiks zu einem Farbbild kann in einem Bildbearbeitungsprogramm wie Adobe Photoshop zumindest nachempfunden werden, wenngleich auch mit einem nur für Demonstrationszwecke geeigneten Resultat.

In der anschließenden Bildfolge wurden das reine Rasterbild, wie oben bereits abgebildet, und ein Bayer-Mosaik ähnlich dem obi-

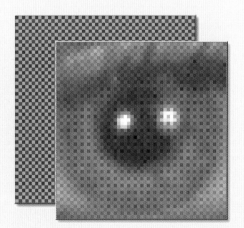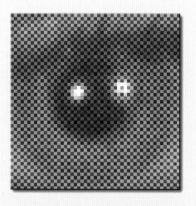

Die Überlagerung des reinen Sensorbildes mit einem Bayer-Mosaik ermöglicht die Interpolation des späteren Farbbildes.

Mehr Farbe, mehr Möglichkeiten

RAW-Dateien enthalten während des gesamten Verarbeitungsprozesses viel mehr Farbe als eine JPEG-Datei als Endprodukt. Viel mehr Farbe heißt:

- mehr Möglichkeiten der Veränderung

- mehr Möglichkeiten, einen Farbstich oder Farbfehler auszugleichen

- mehr Möglichkeiten, dunklen Flächen (Tiefen) Inhalt zu geben

- mehr Möglichkeiten, weiße Flächen zu strukturieren

Und woher kommt das Mehr an Farbe?

Das Mehr an Farbe, das RAW-Dateien im Verarbeitungsprozess verfügbar haben, hängt mit der unterschiedlichen Bittiefe zusammen, die in RAW-Dateien im Unterschied zu JPEG-Dateien möglich ist.

Farbumfang

JPEG-Dateien sind als abgeschlossene Formate und in Hinblick auf optimale Dateigröße auf eine Bittiefe von 8 Bit limitiert. Jedes Pixel einer JPEG-Datei kann damit 256 Helligkeitsstufen (2^8) einer Grundfarbe speichern. Für einen Farbwert sind aber immer drei Grundfarben nötig, womit 16.777.216 Farbwerte (256^3) möglich werden.

Mit diesem Farbumfang können recht ansprechende finale Bilder erzeugt werden, deren geringer Farbumfang kein Mangel ist – alle üblichen Anzeigemedien für digitale Bilder (Papier/Drucker, Web, Bildschirm, Beamer) können ohnehin keinen höheren Farbumfang darstellen.

Der wichtige Punkt ist aber der Farbumfang, wie er während der Verarbeitung von den reinen Sensordaten bis hin zum abgeschlossenen Bild zur Verfügung steht.

Bei der Arbeit im RAW-Format verfügt der Fotograf über 12 Bit statt 8 Bit. Das ergibt 2^{12} Abstufungen in den Grundfarben und damit schon 4.096 Stufen pro Pixel. Bei drei Farben stehen 4.096^3, also 68.719.476.736 Farbwerte zur Verfügung, mit denen gearbeitet werden kann.

| JPEG: 8 Bit | 256 Helligkeitsstufen | 16.777.216 möglich Farbwerte |
| RAW: 12 Bit | 4096 Helligkeitsstufen | 68.719.476.736 mögliche Farbwerte |

Dies ist eine enorme Reserve, auf die verzichtet wird, wenn die RAW-Verarbeitung direkt der Kamerasoftware überlassen und das fertige 8-Bit-JPG entgegengenommen wird.

- Die Bittiefe sollte während des gesamten Verarbeitungsprozesses so lange wie möglich so hoch wie möglich gehalten werden.

- Ist eine Ablage als JPEG erforderlich, sollte diese erst tatsächlich ganz am Ende einer Verarbeitungskette stehen.

- Soll ein Bild nach der RAW-Konvertierung in einer Bildbearbeitung wie Photoshop weiterverarbeitet werden, sollte die Übergabe an Photoshop in voller Bitbreite erfolgen.

- Günstigstes Format für Ablage und Austausch mit Photoshop, weil in hoher Bittiefe (16 Bit) und ohne Komprimierungsverluste ablegbar, ist TIFF. Sämtliche Zwischenstufen während eines Verarbeitungsprozesses sollten TIFF sein, erst aus TIFF sollte ein finales JPEG generiert werden.

Allzu viel RAW

Ein RAW-Format existiert nicht – es gibt viele RAW-Formate

RAW-Dateien sind, wie schon erwähnt, nicht nur von Sensortyp zu Sensortyp, sondern auch von Kameratyp zu Kameratyp unterschiedlich. Es gibt also etwa so viele RAW-Dateiformate, wie es auch digitale Kameratypen gibt. Auch wenn alle RAW-Dateien, die von DSLR-Kameras der Firma Nikon erzeugt werden, die Endung *NEF* (Nikon Electronic Format) haben, sind es dennoch, auch innerhalb der Nikon-Familie, unterschiedlich aufgebaute Dateien. Nicht anders bei Canon, wo die RAW-Dateien auf CR2 (Canon RAW 2 Format), CRW oder CIFF (Canon RAW Camera Image File Format) enden. Auch diese Dateiformate sind von Kameratyp zu Kameratyp unterschiedlich. Bei anderen Herstellern ist die Vielfalt, oder sollte man es Wildwuchs nennen, ähnlich.

Für jeden RAW-Konverter und jede Art von Software, die RAW-Dateien zu lesen imstande sind, werden permanente Updates erforderlich, um mit neueren Entwicklungen am Kameramarkt konform zu gehen und die RAW-Formate neuerer Kameras verarbeiten zu können. Bringt ein Kamerahersteller ein neues Modell auf den Markt, müssen die Hersteller der RAW-Konverter nachziehen und ihre Software auch an das Dateiformat und die in der Datei kodierten Informationen des Sensors anpassen.

Eine noch größere Dimension erhält das Problem im Hinblick auf die Langzeitarchivierung von RAW-Dateien. Auch für zukünftige Betriebssysteme ist dann Software erforderlich, die genau auf alle Details möglicherweise längst vergangener RAW-Formate abgestimmt ist, um diese überhaupt lesen zu können.

Übersicht der RAW-Formate

Eine sehr gute Übersicht über unterschiedliche RAW-Formate bietet Phil Harvey, Autor des bekannten ExifTool, auf seiner Website unter *www.sno.phy.queensu.ca/~phil/exiftool/#supported*.

Um diese Probleme zu entschärfen, gibt es seit geraumer Zeit Bemühungen, ein definiertes und herstellerneutrales RAW-Format einzuführen, das natürlich den gesamten Informationsumfang eines generischen RAW-Formats verlustfrei enthalten sollte. Bereits in der Kamera – und damit gesteuert vom Kamerahersteller – sollten die rohen Sensordaten zusammen mit allen Metadaten in diesem neutralen RAW-Format abgelegt werden.

Damit ist nicht, wie dies etwa bei einem kamerainternen JPEG-Prozess der Fall ist, eine Interpretation oder Verarbeitung der Daten das Ziel, sondern nichts weiter als eine hardware- und herstellerübergreifend neutrale Darstellung der Rohdaten.

Heute und künftig würden RAW-Konverter dadurch von der Notwendigkeit befreit, immer neue Sensorformate lesen und verstehen zu können, sondern könnten auf einem einzigen, normierten Datenformat aufsetzen.

DNG-Format

Die bekannteste Initiative in diesem Bereich ist das von Adobe offen spezifizierte und propagierte DNG-Format. DNG steht dabei für Digital Negative (www.adobe.com/dng). Ein

Digital Negativ ist demnach die Obermenge aller RAW-Formate mit dem Bestreben, auch tatsächlich alle Informationen, die in sensorspezifischen RAW-Formaten enthalten sind, wiederzugeben.

Sensor- und Kamerahersteller sind demnach gehalten, bereits ihre Kamerasoftware so auszustatten, dass sie nicht mehr – unnormiert – die rohen Sensordaten als RAW-File liefert, sondern diese rohen Sensordaten zusammen mit allen Aufnahme- und Kamera-Metadaten – normiert – im Dateiformat eines Digital Negativ abliefert. Die komplette Spezifikation von Digital Negativ ist offengelegt und für jeden frei verfügbar.

Adobe erntet bis jetzt leider noch zu wenig Zuspruch für diese Initiative, daher liegt eine breite Durchdringung des Marktes eher fern. Zwar kann es sich bereits heute kaum eine bildbearbeitende Software leisten, auf DNG zu verzichten, und natürlich unterstützen alle entsprechenden Adobe-Anwendungen (Adobe Camera Raw, Adobe Photoshop, Adobe Photoshop Lightroom 2 u. a.) dieses Format, die Unterstützung vonseiten der großen Kamerahersteller wie Nikon und Canon ist jedoch noch viel zu gering, um einen Durchbruch auch nur absehen zu können.

Zurzeit können nur Hasselblad H2D, Leica Digital-Modul-R, Ricoh GR Digital und Samsung Pro 815 direkt in der Kamera DNG produzieren.

Um zumindest dem Ziel, ein einheitliches Ablageformat von RAW-Dateien für Archivzwecke, nahe zu kommen, bietet Adobe kostenlos einen DNG-Converter für Windows und Mac zum Download an. Dieser steht zwar, wie jeder heute verfügbare RAW-Konverter, vor der Herausforderung, alle herstellerspezifischen RAW-Formate lesen zu können. Das soll durch das DNG-Format ja gerade überflüssig werden, kann aber immerhin aus all diesen Formaten neutrale DNG-Dateien erzeugen, die

hoffentlich archivfähig und damit auch in späteren Jahren noch lesbar sein sollten.

Dem DNG-Format käme dadurch im Bereich der RAW-Dateien die Rolle des TIFF-Formats im Bereich der Bitmap-Formate zu: universell und verlustfrei verarbeitbar, obwohl aus unterschiedlichsten Anwendungen stammend.

Alle wichtigen Informationen zum DNG-Format finden sich auf der Adobe-Website unter *www.adobe.com/dng*.

OpenRAW

Mit einer ähnlichen Zielsetzung ist auch die OpenRAW-Initiative (www.openraw.org) angetreten und legt mit ihrem Slogan „Digital Image Preservation Through Open Documentation" den Schwerpunkt, in bewusstem Kontrast zu Adobe, auf die Offenheit der Spezifikation. Für die OpenRAW-Initiative ist insbesondere die Herstellergebundenheit des DNG-Formats an Adobe ein Problem, auch wenn Adobe seine Spezifikation bewusst und sehr gezielt als offen verfügbar und herstellerübergreifend darstellt.

Die OpenRAW-Initiative ist aber insbesondere auch angetreten, um dagegen vorzugehen, dass Kamerahersteller zunehmend dazu übergehen, ihre RAW-Dateien und -Formate nicht mehr oder nicht mehr vollständig zu dokumentieren. Insbesondere Nikon hat sich hier eher unrühmlich hervorgetan. Sind RAW-Formate nicht vollständig und öffentlich verfügbar dokumentiert, müssen Anbieter von RAW-Konvertern auf diese Formate entweder verzichten oder höchst aufwendig deren Aufbau analysieren.

Für Fotografen und Bildbearbeiter – meist in Personalunion – bleibt zu hoffen, dass sich der derzeitige Wildwuchs im Bereich der RAW-Formate kanalisieren lässt und künftig zu einfach wartbaren RAW-Formaten mit vollem Informationsgehalt wird; DNG scheint der richtige Ansatz dazu zu sein.

4

BILDDATEIEN
VERWALTEN

4

Bilddateien verwalten

Bilddateien verwalten

Dieses Kapitel beschreibt praktische Möglichkeiten, Bilddateien sinnvoll zu benennen und so abzulegen, dass sie schnell wieder gefunden werden können und auch in unterschiedlichen Zusammenstellungen eindeutig wiedererkennbar sind. Adobe Photoshop Lightroom 2 bietet hierfür ausgereifte Möglichkeiten, lässt jedoch auch Details vermissen; daher werden hier auch Alternativen beschrieben.

Da sitzt er nun, unser Fotograf, umspült von Dateien mit Namen wie *_DSC8355.nef* oder *IMG_2015.jpg*. Und es werden mehr und mehr. Aber mit zunehmender Anzahl der Bilder nimmt auch der Ärger zu. Mit einigen wenigen Aufnahmereihen, wie sie gelegentlich entstehen, mag das noch angehen: Schnell mal kopiert in einen Ordner, der das Aufnahmeereignis im Namen trägt. Die Fotos werden mal angesehen, dann vergessen und kaum mehr wiedergefunden – der digitale Nachfolger von Großvaters Fotoschublade oder Vaters Schuhkartonarchiv.

Dateinamen

Keinem Digitalbild sollte unter seinem Originalnamen, wie er von der Kamera bei der Aufnahme vergeben wurde, ein langes Leben außerhalb der Kamera beschieden sein. Der Originalname, etwa _DSC8355.nef, mag zwar noch für Eindeutigkeit sorgen, solange die Bilder einer Aufnahmesitzung mit nur einer Kamera aufgenommen werden, Aussagekraft oder gar Bestand in unterschiedlichen Zusammenstellungen hat er nicht. Liegt die Datei _DSC8355.nef im Ordner *Hochzeit_Uwe,* so mag der Ordnung gerade noch Genüge geleistet sein; wird sie dann jedoch in ein Verzeichnis *Best-of-2008* kopiert, sind Überblick und Reihenfolge schnell verloren, insbesondere, wenn dort auch noch Dateien anderer Quellen und Kameras liegen.

Das Bild sollte beim oder nach Verlassen der Kamera so schnell wie möglich umbenannt werden – hierzu gibt es eine Reihe von praktikablen, automatischen Möglichkeiten und Tools.

Wenn also nicht _DSC8355.nef, wie dann? Was macht einen guten Bild-Dateinamen aus?

Grundlegende Anforderungen für ein eigenes Benennungsschema

- So lang wie nötig, so kurz wie möglich. Ist der Dateiname zu kurz, können wichtige Informationen nicht untergebracht werden. Ist er zu lang, wird er oft nicht mehr ganz dargestellt und von einigen Anwendungen nicht sauber verarbeitet. Ist er viel zu lang (über 255 Zeichen), wird er vom System abgeschnitten. So hat sich ein Dateiname zwischen 30 und 50 Zeichen als sehr praktikabel erwiesen, wie z. B. *080816-1455_032_Flugtag-Antersberg* mit 33 Zeichen.

- Länge des Dateinamens (Windows XP, Mac, Linux)
Windows (NTFS): 255 Zeichen, alle Zeichen (Unicode)
Mac OS-X (HFS+): 255 Zeichen, alle Zeichen (Unicode)
Linux (ext): 255 Zeichen, alle Zeichen (Unicode)

- Eindeutig! Der gleiche Dateiname sollte in keinem Fall öfter auftreten. Was innerhalb eines Verzeichnisses funktioniert, wird bei einer Umsortierung schnell zum Problem.

- Bilder sollen auch dann, wenn sie anders zusammengestellt werden (also etwa die besten Bilder eines Jahres), auf allen Datenträgern, auch auf einer CD oder in einem anderen Betriebssystem, in sinnvoller bzw. bevorzugter Reihenfolge erscheinen.

- Der Bildinhalt sollte aus dem Namen wenigstens grob zu erschließen und zumindest für den Fotografen selbst wiedererkennbar sein.

- Keine Umlaute, Leerzeichen oder Sonderzeichen, die in anderen Arbeitsumgebungen oder Betriebssystemen Probleme bereiten könnten. In der Theorie sollten mittlerweile alle neueren Betriebssysteme und Anwendungen mit sehr langen Dateinamen umgehen können, die auch Leerzeichen oder Umlaute enthalten dürfen; in der Praxis gibt es dennoch immer wieder Probleme, etwa mit sehr alten oder schlampig programmierten Anwendungen. Also: keine Leerzeichen und keine Umlaute in Dateinamen! Leerzeichen, die der Strukturierung des Dateinamens dienen, können gut durch Unterstriche (_) ersetzt werden. Verzichtet werden sollte in jedem Fall auf die folgenden Sonderzeichen: \ / & * ` ´ ' ? ( ) { } [ ]

Benennungs- und Ablage-strategien

Automatische Sortierung hilft nicht immer. In allen Betriebssystemen, Auswahlfenstern und Anwendungen werden Dateien automatisch zunächst einmal alphabetisch sortiert – so ziemlich das Letzte, was in einer Bildverwaltung sinnvoll ist, weil dann etwa *Agnes-Portrait_17.tif* und *Portrait-Agnes_23.tif* an völlig unterschiedlichen Stellen stehen.

Eine Sortierung nach Datum oder Dateityp ist auf Betriebssystemebene meist ebenso möglich, auch eine Sortierung nach Größe oder Kameratyp kann meist relativ einfach eingerichtet werden. Diese Sortierfolgen müssen aber eigentlich immer explizit eingestellt werden. Als Standard wird automatisch und immer wieder eine Sortierung alphabetisch nach Dateiname angeboten – bei der Wahl des Dateinamenschemas sollte das also mit einkalkuliert werden.

Was sich als Erstes anbietet und häufig gemacht wird, ist die Benennung der Aufnahmesitzung mit einem kurzen thematischen Hinweis und der Durchnummerierung aller Aufnahmen des Ereignisses; beispielsweise werden in einem Ordner *Oldtimerfest* alle Bilder dieses Ereignisses nummeriert gesammelt.

Oldtimerfest_1.nef
Oldtimerfest_2.nef

Funktioniert schon ziemlich gut, wenn es nicht mehr als neun Aufnahmen sind – die Bilder ab der Nummer 10 werden dabei nämlich nach der 1 eingereiht.

Oldtimerfest_1.nef
Oldtimerfest_10.nef
Oldtimerfest_11.nef
Oldtimerfest_2.nef

Die Lösung hierfür ist, mit zwei- oder dreistelligen Nummern zu arbeiten, gegebenenfalls mit einer vorangesetzten *0*.

Oldtimerfest_01.nef
Oldtimerfest_02.nef
…
Oldtimerfest_10.nef
Oldtimerfest_11.nef

Für einfachere Archivierungsanforderungen reicht diese Ablage schon in etwa aus, erfüllt sie doch die Hauptanforderungen, die Aufnahmereihenfolge und eine kurze Motivbenennung im Dateinamen wiederzugeben.

Probleme mit auf diese Art benannten Dateinamen entstehen erst, wenn die Bilddateien in anderen Verzeichnissen und mit anderen Bildern zusammengestellt werden sollen, etwa um die besten Bilder eines Jahres zu sammeln oder eine Bildauswahl für ein Druckwerk zusammenzustellen. Dann schlägt plötzlich die alphabetische Sortierung nach den ersten Zeichen wieder durch – und die Reihenfolge ist anders als gewünscht:

AlteTraktoren_01.nef
Oldtimerfest_01.nef
Rennautos_01.nef
AlteTraktoren_02.nef
Oldtimerfest_02.nef
Rennautos_02.nef
etc …

Auch ein Voranstellen der Nummer bringt die Sortierung hier nicht in eine günstigere Reihenfolge. Dann treffen plötzlich mehrere Dateinamen mit der *01_* am Anfang aufeinander und werden nach dem nächstfolgenden Unterscheidungskriterium, hier der Motivbezeichnung, einsortiert – und das führt zu Dateifolgen wie:

01_AlteTraktoren.nef
01_Oldtimerfest.nef
01_Rennautos.nef
02_AlteTraktoren.nef
02_Oldtimerfest.nef
02_Rennautos.nef
etc ...

Bei der Suche nach einem für alle Bilder eindeutigen und sortierfesten Kriterium fällt der Blick sehr schnell auf Aufnahmedatum und -uhrzeit.

Bei vielen Shootings ist das genaue Datum des Bildes zwar eigentlich völlig irrelevant, etwa bei Mode- oder Porträtsitzungen, Architekturaufnahmen oder Sachaufnahmen.

Aber nicht zuletzt, weil in nahezu jedem Fotoarchiv auch das Gedächtnis des Fotografen einen nicht zu vernachlässigenden Faktor bildet, und dieses nun einmal sehr stark vom Aufnahmedatum gestützt wird, ist das Aufnahmedatum als zentrales Kriterium bei der Vergabe der Dateinamen hilfreich.

Für eine verzeichnis- und anwendungsübergreifende konsistente Sortierung nach Datum ist es daher sinnvoll, das Datum als Teil des Dateinamens aufzunehmen.

⌞i⌝ ZEITEINSTELLUNG DER KAMERA

Wird bei einem Shooting mit mehreren Kameras oder auch bei einem größeren Anlass, z. B. einer Hochzeit, von mehreren Fotografen fotografiert, ist es sehr hilfreich, vorher Datum und Uhrzeit aller eingesetzten Kameras korrekt und gleichartig zu justieren. Auf diese Weise können anschließend sehr einfach alle Bilder von allen Kameras in eine chronologische Reihenfolge gebracht werden.

Eindeutige und chronologische Ablage

Zunächst, und wenn die Bilder aus der Kamera kommen und in einem Ordner liegen, ist die Sortierung nach der Datumsspalte perfekt. Aber Achtung: Datum ist nicht gleich Datum! Was, wenn dann das eine oder andere Bild in einem Bearbeitungsprogramm geändert und neu abgespeichert wird? Es erhält ein neues Datei-Datum und steht in der Sortierreihenfolge völlig falsch. Das Dateidatum, wie es jedes Betriebssystem als Dateiattribut verwaltet, ist also nicht die Information, die für die Sortierreihenfolge wichtig ist.

Am Aufnahmedatum orientieren

Besser ist es, sich am Aufnahmedatum zu orientieren. Dieses Datum ist kein vom Betriebssystem verwaltetes Attribut mehr, sondern ein Attribut, das in der Bilddatei selbst steckt, genauer: in den EXIF-Informationen der Bilddatei. Bei der Aufnahme wurde diese Information, neben vielen anderen, von der Kamera dort hinterlegt. Die Dateiverwaltungsprogramme der Betriebssysteme lesen normalerweise auch diesen Wert aus und können ihn in einer eigenen Spalte darstellen. Alle, selbst einfache und kostenlose Bildverwaltungsanwendungen, bieten einen Zugriff auf diesen Wert. Werden Datum und Uhrzeit sortierrelevanter Bestandteil des Dateinamens, bleibt dieser wichtige Wert auch über umfangreichere Bearbeitungen des Bildes hinweg unverändert. Aus der Bearbeitung entstandene Varianten des Bildes erhalten dann einfach am Ende des Dateinamens noch weitere Zusätze.

Es ist daher hilfreich, Datum und Uhrzeit der Aufnahme als sortierrelevanten Bestandteil und damit gleich am Anfang des Dateinamens einzutragen.

Aufnahmedatum als Teil des Dateinamens

Stellt man jedoch nun den 1. April 2008 als 1407 dar und baut damit einen Dateinamen wie

    1408_01_AlteTraktoren.nef
    1508_01_Oldtimerfest.nef
    2408_01_AlteTraktoren.nef

hat man schon mit der Aufnahme vom 2. April (2408) ein Problem – sie wird nämlich hinter der Aufnahme vom 1. Mai (1508) einsortiert.

Datumselemente prinzipiell zweistellig

Besser ist es daher, alle Datumselemente prinzipiell zweistellig darzustellen; also den ersten April als 010408, den 1. Mai als 010508.

    010408_01_AlteTraktoren.nef
    010508_01_Oldtimerfest.nef
    170408_01_Rennautos.nef

Dies kommt der Lösung des Problems schon ein wenig näher, nur wird jetzt der 17. April (170408) hinter dem 1. Mai (010508) einsortiert.

Bestes Schema: inverse Datumsdarstellung

Die beste Lösung führt zu einer Umkehrung der Reihenfolge, also zu Jahr – Monat – Tag, jeweils mit vorangestellter 0 bei einstelligen Elementen, und damit zur im deutschen Sprachraum ungewohnten inversen Datumsdarstellung, wie sie im Amerikanischen verbreitet ist.

Der einleitende, sortierrelevante Baustein des Dateinamens sollte daher immer die sechs Zeichen dieses inversen Datums sein.

    080501
    080417
    080402
    080401

Dieses Schema hilft nun schon sehr viel weiter, und man erhält Dateinamen wie:

    080501_01_Rennautos.nef
    080417_01_AlteTraktoren.nef
    080402_02_Oldtimerfest.nef
    080401_01_Oldtimerfest.nef

Derartig formatierte Dateinamen erfüllen alle Kriterien für eine eindeutige und chronologische Ablage. Die zeitlich korrekte Abfolge der Dateien bleibt auch erhalten, wenn Auswahlen aus den Dateien völlig anders zusammengestellt werden, sie enthalten die Reihenfolge innerhalb der Aufnahmesitzung durch die laufende Nummer, und für den Fotografen ist aus dem Klartext ersichtlich, um welches Thema es bei den Bildern geht. Damit sind fast alle Ablagebedürfnisse gedeckt.

Mögliche Erweiterungen der Dateinamen

Mögliche Erweiterungen des Dateinamens könnten noch die Uhrzeit, die Aufnahmedaten (Blende/Zeit) oder das Kameramodell sein. Erforderlich sind derartige Informationen im Dateinamen allerdings nicht. Da diese Informationen standardmäßig im EXIF-Infoblock jeder digitalen Aufnahme enthalten sind, können sie in höherwertigen Verwaltungssystemen und etwa auch in Adobe Photoshop Lightroom 2 problemlos ausgewertet werden, und es gibt daher wenig Grund, den Dateinamen damit zu überfrachten.

Ergänzt wird die Bilderbenennung durch eine geeignete Bezeichung des Ordners, in dem die Bilddateien jeweils einer Session oder eines Themas liegen. Auch hier ist eine chronologische Ablage der Ordner hilfreich, was auf Ordnerebene zu einer ganz ähnlichen Benennung wie auf Dateiebene führen kann – natürlich ohne die laufende Nummer.

Die Ordnernamen, die die Dateien mit den oben konstruierten Namen enthalten, würden dann in etwa so lauten:

    080501__Rennautos.nef
    080417__AlteTraktoren.nef
    080402__Oldtimerfest.nef

Will man die Namen noch etwas übersichtlicher gestalten, können Unterstriche (_) oder Bindestriche (-) zur weiteren Untergliederung herangezogen werden, etwa wie folgt:

08_05_01__Rennautos.nef
08_04_17__AlteTraktoren.nef
08_04_02__Oldtimerfest.nef

Keinesfalls sollten mal Unterstriche und mal Bindestriche verwendet werden. Diese Zeichen haben natürlich Einfluss auf die Sortierordnung und führen zu unerwünschten Ergebnissen.

Übergeordnet kann ein Ordner liegen, der nur die Jahreszahl der Aufnahme repräsentiert, und die Ordnung ist perfekt: nachvollziehbar, übersichtlich und flexibel.

Die Lösung: der ideale Dateiname

Den idealen Dateinamen einer Bilddatei gibt es nicht: Jede Archivierung, jede persönliche Vorliebe eines Fotografen wird andere Kriterien in den Vordergrund stellen (es gibt Fotografen, die verwenden den Kameratyp als Teil des Dateinamens; für andere wird es ausreichen, diese Information im EXIF-Tag des Bildes nachsehen zu können).

In der Praxis hat sich jedoch das hier gezeigte Dateinamensschema als ideal herausgestellt, erfüllt es doch alle oben skizzierten Anforderungen, z. T. sogar redundant:

Der Dateiname enthält zunächst das Datum in (für deutsche Gewohnheit) umgekehrter Reihenfolge, gefolgt von der vierstelligen Uhrzeit. Daran schließt sich eine dreistellige, laufende

Nummer an, die die Aufnahmen einer Sitzung durchzählt. Anschließend eine Klartextbezeichnung mit Hinweis auf den Bild- oder Sitzungsinhalt, um die Bildinhalte auch ohne Öffnen der Datei und ohne Vorschaubild einfacher erkennen zu können.

Dieses System bleibt stabil, auch wenn die Dateien in anderen Formaten und damit mit anderen Endungen abgelegt werden.

Werkzeuge, Hilfsmittel und Programme, mit denen der Fotograf den Kampf gegen das Chaos der Bilddateien und Dateinamen aufnimmt, sollten überprüft werden, ob sie dieses Wunschschema konfigurierbar und automatisiert umsetzen können – oder ob ein Schema, das das jeweilige Programm anbietet, nicht vielleicht auch den eigenen Wünschen genügen könnte.

Dateinamen automatisch vergeben

Sinnvoll mag er ja sein, der manuell konstruierte Dateiname – kompliziert ist er aber auch. Will man seine Bilddateien von Hand in das beschriebene Schema aus inversem Datum, laufender Nummer und Kurzbeschreibung pressen, ist man damit sehr, sehr lange beschäftigt, gibt es bald auf und landet dann doch wieder bei einfachen, ziemlich dummen und ungünstiger ablegbaren Namen.

Zum Glück gibt es eine große Menge von Hilfsprogrammen, die das Umbenennen und die flexible, konsistente Benennung von Bilddateien automatisieren und damit deutlich vereinfachen. Einige kleine Tools erledigen das

Ordner	Ordner	Datei
Jahreszahl	**Datum_Event**	**Datum_Uhrzeit_Nummer_Event**

Schema und Beispiel eines für die Bildverwaltung idealen Dateinamens

2008 \ 08_08_16__FlugtagAntersberg \ 080816-1456_035_FlugtagAntersberg.nef

Umbenennen sogar direkt beim Auslesen der Speicherkarte während des Kopierens auf die Festplatte – mit mehr oder weniger Flexibilität bei der Namensgebung oder Verzeichnisbenennung. Genannt werden solche Tools auch Downloader oder Importer.

Windows-Scanner- und Kamera-Assistent

Ein einfacher Download ist in Windows bereits direkt integriert und startet normalerweise, bei aktiviertem *AutoPlay* automatisch nach dem Einschieben der Speicherkarte in den Kartenleser.

Viele Konfigurationsoptionen und individuelle Einstellungsmöglichkeiten bietet dieses Hilfsprogramm nicht, es ermöglicht nur einfache Dateibenennungen, kann damit aber zumindest verhindern, im Chaos der Original-Kameradateinamen zu versinken.

Der *Windows-Scanner- und Kamera-Assistent* bietet die Möglichkeit, dem aktuellen Download und damit allen Dateien, die sich auf dem Chip befinden, *Bildergruppe* genannt, einen einheitlichen Namen zu geben. Unter diesem Namen wird dann ein Verzeichnis angelegt, und auch die Einzeldateien werden entsprechend benannt, zusätzlich versehen mit einer dreistelligen Nummerierungsfolge. Die automatische Aufnahme eines Datums, die Änderung der Position der Nummerierung oder weitere automatisch eingetragene Elemente im Dateinamen sind nicht möglich. Problematisch ist insbesondere das Leerzeichen im Dateinamen, das der Windows-Scanner- und Kamera-Assistent zwischen den Namen für die Bildergruppe und die Dateinummer einfügt. Dateinamen mit Leerzeichen können in bestimmten Kontexten, etwa in einigen Bildbearbeitungsprogrammen oder bei der Verwendung im Internet, gelegentlich zu Problemen führen und sollten daher vermieden werden.

... unter Windows Vista

Etwas mehr Flexibilität in der Benennung und Verwaltung der Dateinamen ist mit Windows Vista gegeben – es hilft, das größte Chaos mit Originaldateinamen zu vermeiden, ist von einem Wunschzustand allerdings immer noch weit entfernt. Löst der Fotograf den automatischen Import aus, wird vom System als Nächstes eine Bildbeschriftung erfragt. Dabei handelt es sich um den Klartextteil eines Dateinamens, also etwa nur *Sommerbilder*. Windows Vista sorgt dann für die Nummerierung der Bilder und deren Ablage in einem eigenen Ordner.

Interessanter – auch ein wenig flexibler – ist es allerdings, die zusätzlichen Optionen anzuwählen.

In diesem Dialog kann prinzipiell das Verhalten beim automatischen Import festgelegt werden; hier interessiert jedoch nur der Import von **Kamera**, *d. h. für den Bild-Import von einer Speicherkarte.*

Vista ermöglicht hier immerhin die Kontrolle einer dreistufigen Ablagehierarchie:

• die Vorgabe eines Haupt-Verzeichnisses, voreingestellt ist hier *Bilder* im Arbeitsverzeichnis des Benutzers.

- die Benennung eines Bilderordners für den aktuellen Import, dabei kann aus einer Reihe von Voreinstellungen gewählt werden. Besonders interessant im Hinblick auf das hier mehrfach vorgeschlagene Benennungsschema ist die Auswahl von *Aufnahmedatum + Beschriftung*. Man erhält einen Ordnernamen wie *2008-11-13 Abendsonne*, was der vorgeschlagenen Lösung schon sehr nahe kommt.

> Importdatum + Beschriftung
> **Aufnahmedatum + Beschriftung**
> Zeitraum des Aufnahmedatums + Beschriftung
> Beschriftung + Importdatum
> Beschriftung + Aufnahmedatum
> Beschriftung + Zeitraum des Aufnahmedatums
> Beschriftung

Die Auswahlmöglichkeiten zur automatischen Vergabe von Ordnernamen.

- eine Einstellung für den Dateinamen; hier sollte *Beschriftung* eingetragen und damit erzielt werden, dass ein Klartext-Name, mit dem eine Aufnahmesituation beschrieben wird – etwa Abendsonne – als Teil des Dateinamens eingetragen wird. Eine Nummerierung der einzelnen Bilder innerhalb einer Beschriftung nimmt der Importer von Windows Vista automatisch vor; steuerbar (etwa Anfangsnummer oder Anzahl der Stellen) ist sie nicht.

> **Beschriftung**
> Originaldateiname
> Ursprünglicher Dateiname (Ordner beibehalten)

Für den Dateinamen bietet der Windows-Importer die Varianten **Beschriftung**, **Originaldateiname** *und* **Ursprünglicher Dateiname (Ordner beibehalten)** *an; interessant im Sinne einer brauchbaren Ablage nach den oben beschriebenen Anforderungen ist hier nur* **Beschriftung.**

Ergebnis des Windows-Vista-Importers sind Bilddateien mit Namen wie:

Abendsonne 001.nef
Abendsonne 002.nef

die in einem Ordner liegen mit Namen:

2008-04-05 Abendsonne

Von den skizzierten idealen Dateinamen ist der Fotograf damit immer noch weit entfernt, dem Versinken im Chaos unsortierter Bilder ist er aber schon ein wenig entkommen.

Bilddateien organisieren mit der Windows-Fotogalerie

Nach dem Import mit Umbenennen der Bilddateien öffnet Windows Vista automatisch die *Windows Fotogalerie* – eine einfache, aber auch für RAW-Fotografen nicht ganz uninteressante Bilderverwaltung, die unter Windows Vista zum Lieferumfang gehört.

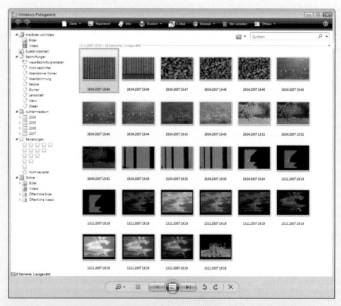

Die **Windows-Fotogalerie** *bietet nicht nur einfache Bildverwaltungsfunktionen, sondern sogar eine echte Interpretation von RAW-Dateien.*

Interessant ist die *Windows-Fotogalerie* einerseits, weil sich damit schon ganz brauchbar Fotos verwalten lassen. So kann das Programm Schlagworte vergeben (genannt *Beschriftungen*, wobei einige eher sehr generelle Schlagworte auch vorgegeben sind), es kann Bewertungen zwischen null und fünf Sternen vergeben, Bilder gezielt nach Aufnahmedatum und schließlich – natürlich – auch Bilder eines bestimmten Verzeichnisses anzeigen. Damit kommt der Hobbyfotograf schon ziemlich weit in seinem Kampf gegen die Bilderflut.

Interessant ist die *Windows-Fotogalerie* aber insbesondere auch, weil sie mit Bildern im RAW-Format umgehen kann. Das können viele andere, einfache Bildbetrachter wie etwa XnView zwar auch, diese lesen dabei aber immer nur das in jedem RAW-Bild eingebettete JPG-Übersichtsbild (Thumbnail) aus und stellen es

dar. Für die schnelle Übersicht über viele Bilder reicht das sicherlich aus, eine vergrößerte Darstellung eines einzelnen Bildes scheitert aber an der geringen Qualität und Auflösung des Übersichtsbildes. Besser macht das die Windows-Fotogalerie. Dieses Programm zeigt in einer ersten Übersicht zwar auch die eingebetteten Bildchen an, geht dann aber gleich an die richtige Interpretation der RAW-Daten – d. h., es wird nicht nur das Vorschaubild ausgelesen, sondern tatsächlich die RAW-Datei konvertiert.

Zur Konvertierung der RAW-Daten benötigt die Windows-Fotogalerie zwar, wie jeder andere RAW-Konverter auch, Daten über den Aufbau von Sensor und RAW-Datei, diese holt sich das Programm aber – falls sie nicht ohnehin schon auf dem System vorliegen – automatisch von einer voreingestellten Webseite aus dem Internet.

Lädt die Windows-Fotogalerie ein Bild in die Vollansicht, so wird das RAW-Bild interpretiert und in dieser Zeit der Hinweis **Ladevorgang** *eingeblendet. Leider können RAW-Bilder auf diese Weise nur betrachtet und analysiert, nicht aber in andere Formate abgespeichert werden.*

Zeigt die Windows-Fotogalerie ein Verzeichnis mit RAW-Daten an, so geht das aufgrund dieser Interpretation der RAW-Daten natürlich ein wenig langsamer – zunächst werden immer sehr schnell die eingebetteten Vorschaubilder angezeigt, erst dann werden diese Vorschaubilder der Reihe nach durch aktuell aus den RAW-Daten errechnete Bilder ersetzt – das Bild springt dabei ein wenig und ändert vielleicht auch seine Farbdarstellung. In nebenstehendem Bildschirmabzug sind die unteren beiden Reihen noch nicht ersetzt – zu erkennen an dem kleinen schwarzen Balken oben und unten.

Durch diese Interpretation von RAW-Daten kann die Windows-Fotogalerie nun auch RAW-Bilder vergrößert und detailliert darstellen – zur Beurteilung der Qualität allemal ausreichend. Eine Weiterverarbeitung, sei es nun eine Farbkorrektur oder ein Ausschnitt oder der Export in ein anderes Format wie JPG oder TIFF, ist mit der Windows-Fotogalerie nicht möglich. Hierzu kann das Programm aber immerhin ein externes Programm einbinden.

Weit weg von einem vollwertigen RAW-Konverter, aber ausgestattet mit Funktionen zur Bildverwaltung und zur originalen Interpretation von RAW-Bildern, bietet die Windows-Fotogalerie einen ersten Schritt in die Arbeit mit RAW-Bildern, indem sie diese zumindest originalgetreu darstellen kann.

Dateien umbenennen mit Adobe Lightroom

Idealer Ersatz für die unterschiedlichen Windows-Import-Funktionen ist die Import- und Umbenennungsfunktion, die in Adobe Photoshop Lightroom 2 enthalten ist. Hier soll ein kurzer Vorgriff auf speziell diese Funktion von Lightroom erfolgen – eine ausführliche Be-

schreibung des Imports kommt einige Seiten weiter.

Nach der Installation von Adobe Lightroom findet der Fotograf an seinem Computer ein kleines Zusatzprogramm, rechts unten in der Toolbar, den Adobe-Foto-Downloader.

Der Adobe Foto-Downloader wird bei der Installation von Adobe Lightroom automatisch mit installiert, sitzt dann aktiviert in der Windows Toolbar – und wartet auf das Einlegen einer Speicherkarte oder Anschließen einer Digitalkamera.

Wird eine Speicherkarte im Computer eingelegt oder eine Kamera angeschlossen, so starten automatisch der Dialog und die Funktion zum Import von Bilddateien in Adobe Lightroom. Möglicherweise startet gleichzeitig auch noch der oben schon gezeigte Windows-Vista-Importer – dieser braucht einfach nur beendet zu werden.

Das Programm wird die Bilder von der Speicherkarte an die gewünschte Stelle auf der

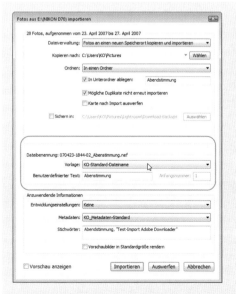

Der Import-Dialog von Adobe Foto-Downloader, mit dem die Import-Funktion in Adobe Lightroom umfangreich gesteuert werden kann.

Festplatte des Computers kopieren, sie dabei sehr flexibel nach einem frei zu vergebenden Muster umbenennen, ggf. in ein anderes Format (DNG) kopieren und in die Lightroom-Bibliothek importieren. Hier interessiert zunächst nur der im Bild markierte Teil: das Umbenennen der Datei.

Für die Dateibenennung kann der Benutzer von Adobe Lightroom aus einer Reihe von Vorlagen – vordefinierten Dateinamenmustern – auswählen.

Benutzerdefinierter Name (x von y)
Benutzerdefinierter Name - Originaldateinummer
Benutzerdefinierter Name - Sequenz
Benutzerdefinierter Name
Dateiname - Sequenz
Dateiname
Datum - Dateiname
Bearbeiten...

Die Vorlagen für die Umbenennung von Bilddateien.

Keine von diesen Vorlagen kommt jedoch dem gewünschten Dateinamen (JJMMTT-SS-MM_###_Klartexthinweis.end) auch nur nahe. Versteckt bietet Adobe Lightroom jedoch die sehr schön gelöste Möglichkeit, Dateinamenmuster in weitem Umfang selbst zu gestalten und auch noch als eigene Vorlage abzulegen.

Wählt man *Bearbeiten...* so bietet sich die Möglichkeit, den gewünschten Dateinamen detailliert aus einzelnen Bausteinen und Mustern zusammenzusetzen – ohne lange Suche, einfach durch Auswahl der Musterbausteine.

Mit der etwas kompliziert wirkenden Musterfolge

{Datum (JJ))» {Datum (MM)» {Datum (TT)»}-{Stunde»}{Minute»}-{Importnummer (01)»}__{Benutzerdefinierter Text}

muss sich dabei kein Anwender auseinandersetzen. Diese Bausteine werden automatisch eingesetzt, wenn der entsprechende Punkt in den angebotenen Auswahllisten der Bausteine angewählt wird.

Besonders schön ist, dass das aus Einzel-Bausteinen zusammengesetzte Dateinamenmuster dann auch gleich als Vorgabe – hier *K.o-Standard-Dateiname* – abgelegt werden kann und somit immer, wenn in Lightroom Dateien umbenannt werden sollen, zur Verfügung steht.

Der oben zusammengestellte Dateiname entspricht exakt dem vorgestellten idealen Dateinamen für Bilddateien – und auch viele andere, modifizierte Systeme für den Dateinamen sind einfach zu erzeugen.

Was fehlt, ist eine Möglichkeit, auch gleich noch ein Muster für einen Ordnernamen vorzugeben, in dem die so schön umbenannten Dateien zu liegen kommen. Der Ordnername muss – ohne jede Automatik – leider von Hand benannt werden.

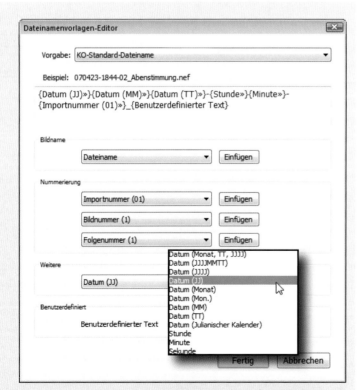

Bausteine des angestrebten Dateinamens können einfach ausgewählt und an der gewünschten Stelle eingefügt werden.

080816-1540_100_FlugtagAnter...
1/1250 Sek. bei f / 9,0, ISO 400
120 mm (80.0-200.0 mm f/2.8)

*Ein in Lightroom importiertes Bild mit eingeblendeter Lupeninformation (konfigurierbar, hier **Dateiname, Belichtungsinformationen, Objektiv**).*

Downloader Pro – der Spezialist

Will man einen auf diese Weise zusammengestellten Dateinamen, aber zudem auch noch einen aus ähnlichen Bausteinen automatisch erzeugten Ordnernamen erhalten, muss zu einem externen Werkzeug gegriffen werden. Das Tool der Wahl ist das Spezialprogramm *Downloader Pro* von Breeze Systems (*www.breezesys.com*). Ähnlich wie der *Windows-Importer* integriert sich Downloader Pro in die AutoPlay-Funktion von Windows und startet automatisch, wann immer eine Speicherkarte in den Leser eingelegt wird.

Ebenfalls ähnlich wie der Windows-Importer oder Adobe Lightroom legt Downloader Pro automatisch ein Verzeichnis an, kopiert die Bilddateien von der Speicherkarte in dieses Verzeichnis und benennt sie dabei um. Damit enden jedoch die Gemeinsamkeiten, denn Downloader Pro kann sehr viel mehr und sollte damit für jeden, der regelmäßig größere Mengen an digitalen Bildern produziert, zum Standardtool werden.

- Downloader Pro kann auf Knopfdruck nahezu beliebige und komplexe Ordner- und Dateinamen für Bilder während des Kopierens erzeugen.

- Downloader Pro kann die oben beispielhaft beschriebene Struktur erstellen.

Wie bei jedem komplexeren, umfangreich konfigurierbaren Werkzeug ist die Ersteinrichtung von Downloader Pro nicht ganz trivial, insbesondere die Einrichtung der Dateinamenmuster auf die persönlichen Vorlieben. Ist das Tool aber einmal individuell eingerichtet, muss fast keine Option mehr geändert werden, die Bilddateien wandern auf Knopfdruck vom Speichermedium (oder direkt von der Kamera) auf die Festplatte, individuell benannt und im individuellen Verzeichnis.

Eine Aufnahmesitzung oder auch nur eine Reihe von Bildern zum gleichen Thema wird in Downloader Pro in einem *Job Code* zusammengefasst; ein Job Code ist dabei nichts anderes als der Klartextanteil des späteren

Datei- oder Ordnernamens.

Aufwendiger in der Erstkonfiguration ist der Aufbau der weiteren variablen Teile des Dateinamens. Will man erreichen, dass sich Sommerbilder aus der letzten Aufnahmesitzung unter den Dateinamen

> 080702-1409_001_Sommerbilder.jpg
> 080702-1409_002_Sommerbilder.jpg
> 080702-1409_003_Sommerbilder.jpg

im Ordner

> \2008\07_07_02__Sommerbilder\

befinden, und dieser wiederum in

> Y:\KO-Bilder

steht, sich also der Pfadname

> Y:\KO-Bilder\2008\08_07_02__
> Sommerbilder\080702-1409_001_
> Sommerbilder.jpg

für jedes Bild ergibt, konfiguriert man den Dateinamen nach dem Muster

> {d}-{H}{M}_{seq#3}_{J}

und den Verzeichnisnamen nach dem Muster

> Y:\KO-Bilder\{Y}\{y}_{m}_{7}__{J}

Leicht erkennbar ist hier, dass Downloader Pro für den Aufbau des Dateinamens, wie viele ähnliche Programme auch, mit Platzhaltern arbeitet. Herausragend an Downloader Pro sind allerdings die Granularität und die umfangreiche Detailliertheit der Platzhalter.

Die Platzhalter, aus denen obiges Muster zusammengesetzt ist, bedeuten:

Downloader Pro bietet eine Vielzahl weiterer Bausteine zur höchstmöglichen Flexibilität in der Zusammenstellung von Datei- und Ordnernamen.

Der entsprechende Dialog in Downloader Pro, in dem der gewünschte und oben beschriebene Datei- und Ordnername festgelegt wird, sieht wie folgt aus:

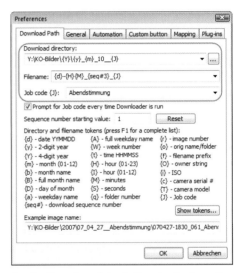

Der Konfigurationsdialog in Downloader Pro, mit dem detailliert eingestellt werden kann, wie Datei- und Ordnernamen aufgebaut sein sollen. Ist dieser Konfigurationsdialog einmal durchlaufen, werden künftig alle Bilddateien gleich bei der Übertragung vom Speichermedium richtig benannt und eingeordnet.

{d}	Datum, invers, zweistellig, ohne Trennzeichen	080702
{H}	Stunde (24h)	14
{M}	Minute	17
{seq#3}	Nummerierung in der aktuellen Bilderfolge, dreistellig, mit führenden Nullen	007
{J}	aktueller Job Code	Sommerbilder
{Y}	Jahr, vierstellig	2008
{y}	Jahr, zweistellig	08
{m}	Monat, zweistellig	07
{7}	Tag, zweistellig, abzüglich 3 Stunden (damit für Events, die über Mitternacht hinausgehen, nicht ein neuer Ordner angelegt wird)	02

Wie die Abbildung zeigt, sind den Wünschen bei der automatischen Datei- oder Ordnerbenennung kaum Grenzen gesetzt. In den Namen lassen sich auch beispielsweise der Kameratyp, die eingestellte Blende oder Belichtungszeit sowie der ISO-Wert aufnehmen, was aber sicherlich nicht unbedingt wichtig ist.

Sind die Einstellungen einmal vorgenommen, ist die weitere Arbeit mit Downloader Pro einfach, direkt und überaus nützlich. Beim Programmstart fragt Downloader Pro in einem kleinen Dialogfeld nur noch den aktuellen Job Code, also die Klartextbezeichnung der aktuellen Bildergruppe, ab (hier *Abendstimmung*) und trägt diese an der gewünschten Stelle in den Dateinamen ein.

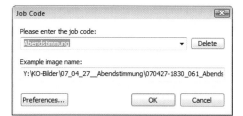

Beim Programmstart fragt Downloader Pro in einem kleinen Dialogfeld den aktuellen Job Code ab, also die Klartextbenennung der Bildergruppe aus einem Shooting. Aus dem Job Code und den bereits voreingestellten Parametern werden, nach Wunsch und Konfiguration, Ordner- und Dateinamen erstellt.

Neue Datei- und Ordnernamen werden zunächst zur Vorschau angeboten. Auf Knopfdruck wird der Download ausgeführt.

Optional können die Dateien gleichzeitig vom Speichermedium gelöscht (was nicht zu empfehlen ist – sicher ist sicher) oder während des Downloads auch noch an bis zu zwei weiteren Stellen gesichert werden. Darüber hinaus können zusätzliche Verzeichnisse angelegt, Bilddateien mit GPS-Tags versehen werden und vieles mehr.

Kaum ein Tool erweist sich bereits nach kurzem Test als so unverzichtbar wie Downloader Pro.

Backup – weil es irgendwann passiert

Je nach anfallender Menge an Bildern und potenziellem Schaden durch den Verlust dieses Materials kann auf der Basis dieses Benennungs- und Ordnersystems auch eine Backup-Strategie eingeführt werden.

Besonders Vorsichtige legen bereits unmittelbar beim Auslesen der Speicherkarte das erste Backup an, indem die Dateien einmal in ein Arbeitsverzeichnis und gleichzeitig auch noch in ein Backup-Verzeichnis kopiert werden.

Dieses Vorgehen führt zu einem erheblichen Mehrbedarf an Speicherplatz und Verwaltungsaufwand und ist auch im Profibereich nur dann sinnvoll, wenn mit hohem Aufwand eher wenige gestaltete Bilder produziert werden, etwa Landschaften- oder Architekturaufnahmen. Im Bereich Sport- oder Modefotografie, wenn der Finger oft sehr lange auf dem gedrückten Auslöser verbleibt, das produzierte Bildmaterial aber nur für eine relativ kurze Zeitspanne aktuell nutzbar ist, ist dies sicher übertrieben.

Shooting-orientiertes Backup

Als generelle Vorgehensweise auch für den Semiprofi empfiehlt sich das Sofort-Backup vor der Sichtung nur bei sehr wichtigen und unwiederbringlichen Motiven – etwa dem Shooting einer Hochzeit o. Ä. Ein derartiges Backup wird typischerweise auf eine andere interne oder externe Festplatte geschrieben und auch nicht langzeitarchiviert.

Ergänzt, in den meisten Fällen aber wohl ersetzt, wird dieses Sofort-Backup durch ein Backup nach dem ersten Durcharbeiten. Die Bilder sind dann korrekt benannt, katalogisiert, bewertet und eingeordnet. Schlechte Bilder sind gelöscht, RAW-Dateien konvertiert, Bilder wurden nachbearbeitet, eventuell auch Auswahlen (Best-of) zusammengestellt. Ein derartiges Backup wird auf einem externen Datenträger (externe Festplatte, CD oder DVD) angelegt und verbleibt dort dauerhaft. Nach Anlegen dieses Backups kann auch das eventuell angelegte Sofort-Backup gelöscht werden.

Dieses Shooting-orientierte Backup sollte für alle engagierten Fotografen, Semiprofis und Profis die Regel sein; die entsprechenden Backups werden langzeitarchiviert.

Fotografen, die prinzipiell im RAW-Format arbeiten, können sich unter Umständen eine Backup-Stufe sparen, sind sie doch vor versehentlichem Überschreiben des Bildmaterials sicher. Kein RAW-Konverter schreibt die Änderungen in die Originaldatei zurück, sondern exportiert immer in eines der Standardformate TIFF oder JPEG. Ein versehentliches Drücken der Tastenkombination [Strg]+[S] kann also im RAW-Prozess nie die Originaldaten zerstören.

Volumen- oder zeitorientiertes Standard-Backup

Neben diesen oder bei risikofreudigen Fotografen auch anstelle dieser oben geschilderten Backup-Strategien sollte zumindest das volumen- oder zeitorientierte Standard-Backup ausgeführt werden. Dabei wird entweder nach Erreichen einer bestimmten Volumengrenze, etwa der Kapazität einer CD-ROM oder DVD, oder einer bestimmten Zeitspanne (jeder Freitag, jeder Monatsletzte) ein Backup ausgeführt. Hier wird das neu entstandene Material auf externe Datenträger ausgelagert.

Im einfachen, aber häufig ausreichenden Fall werden jeweils vollständige Backups, d. h. alle für das Backup bestimmten Dateien, mit den einfachen Mitteln des Betriebssystems (der Dateiverwaltung) erzeugt. Dabei werden die zu sichernden Dateien und Ordner einfach auf den Zieldatenträger kopiert.

Nur für komplexe Backup-Szenarien empfiehlt sich ein eigenes Backup-Tool, das Backups verwaltet, nur geänderte Dateien sichert (inkrementelles Backup), bestimmte Dateien vom Backup ausschließen oder zeitgesteuert automatisierte Backups erstellen kann. Derartige Tools sind meist sehr teuer und aufwendig und bringen teilweise als Nachteil mit, dass Backups nur von der gleichen Anwendung wieder gelesen werden können. Für das Backup eines sehr strukturiert angelegten und wachsenden Bestands digitaler Bilder ist es daher normalerweise nicht erforderlich.

EINFACHES BACKUP BEI RAW-FOTOGRAFIE

RAW-Fotografen, speziell wenn sie sich die Besonderheiten eines Lightroom-Workflows zu eigen gemacht haben, werden ggf. sogar nur die RAW-Dateien (und die Lightroom-Bibliothek) sichern – daraus exportierte TIFFs oder JPGs nur in Ausnahmefällen. Diese sind jederzeit und mit unveränderten Einstellungen wieder aus Lightroom zu gewinnen.

Auswahl der Backup-Medien

Bei der Auswahl der Backup-Medien ist zu unterscheiden, zu welchem Zweck das Backup erstellt wird. Dient es der Sicherung vor versehentlichem Überschreiben oder Löschen, reicht es, das aktuelle Arbeitsverzeichnis an eine andere Position der Festplatte zu kopieren. Typischer Fall hierfür ist das Sofort-Backup unmittelbar nach dem Shooting, bei dem die Daten dupliziert werden: einmal für die weitere Bearbeitung, einmal als Sicherheitskopie, falls in den ersten Bearbeitungsschritten Fehler auftreten. Auch vor umfangreicheren Bearbeitungsaktionen sollte eine Sicherung in einen anderen Ordner der Festplatte stattfinden.

Dient das Backup hingegen der Archivierung, sind Offlinedatenträger das Medium der Wahl.

CD-ROM und DVD

Aufgrund der geringen speicherbaren Datenmenge wurde die CD-ROM (ca. 700 MB) mehr oder weniger von der DVD (ca. 4,7 GB) abgelöst. Die DVD ist derzeit als Single- oder Double-Layer-DVD (8,6 GB) verbreitet, neuere Computer werden nur noch mit Double-Layer-DVD ausgerüstet.

OFFLINE-BACKUP

Ein Backup auf Offlinedatenträger ist das klassische Backup, das immer dann gefertigt werden sollte, wenn ein Arbeitsprozess abgeschlossen, eine bestimmte Zeiteinheit seit dem letzten Backup verstrichen oder eine bestimmte Datenmenge seit dem letzten Backup neu entstanden ist.

Blu-ray-DVD

Im Kommen ist bereits die nächste Generation von Speichermedien im Formfaktor der CD-ROM – mit einem nochmals dramatisch vergrößerten Fassungsvolumen: Blu-ray-DVD (25 GB – Single Layer, 50 GB – Dual Layer).

Externe USB-Festplatten

Eine im Hinblick auf Fassungsvermögen und Kosten pro GB sehr interessante Alternative zu Offlinedatenträgern im CD-Formfaktor, aber auch eine Alternative zum schnellen Backup im getrennten Ordner, ist die externe Festplatte. Diese wird in der einfachen Form per USB, besser und flexibler aber noch über das Netzwerk, an den Rechner angeschlossen.

Speicherkapazität ist damit praktisch unbegrenzt vorhanden. Weitere Laufwerke können einfach angeschlossen werden, dennoch ist gleichzeitig auch der direkte Zugang ohne Medienwechsel möglich.

Festplattensysteme im Netzwerk

Gerade der Anschluss externer Festplatten über ein lokales Netzwerk (LAN) bietet die Möglichkeit, diese Festplatte auch abseits des Rechners zu platzieren, damit die Lärmbelästigung zu umgehen und den Inhalt der Festplatte auch anderen Nutzern des Netzwerks verfügbar zu machen. Man spricht dabei von NAS (Network Attached Storage).

Ein derartiges über Netzwerk angeschlossenes Festplattensystem kann so aufgebaut werden, dass dabei mehrere einfache und günstige Festplatten laufen, sich gegenseitig ergänzen und redundant halten. Bei dieser RAID genannten Betriebsform der externen Festplatten kann der verfügbare Plattenplatz einfach durch Anschließen einer weiteren Platte vergrößert werden; zudem können Festplatten sogar im laufenden Betrieb getauscht werden.

Diese Technik ist gerade dabei, sich auf breiterer Front durchzusetzen, bietet sie doch auch für Einzelanwender wie engagierten Fotografen, Semiprofis und Profis ideale Möglichkeiten der Dateiablage. Für sehr große Umgebungen setzen sich dedizierte Speichernetze immer stärker durch, die als SAN (Storage Area Network) bezeichnet werden, für Klein- und Einzelanwender jedoch überdimensioniert sind.

Mehr Backup!

Adobe Photoshop Lightroom 2 verwaltet nicht nur die Bilddateien, sondern alle Einstellungen, Änderungen und Optimierungen an den Bildern in einem Katalog. Geht dieser Katalog verloren, sind auch alle Bearbeitungen der Bilder, alle Voreinstellungen in Lightroom, verloren.

Dieser Lightroom-Katalog – es können mehrere angelegt und in Lightroom genutzt werden – liegt mit einigen weiteren Zubehördateien in einem eigenen Verzeichnis, das der Anwender beim Anlegen des Katalogs benannt hat, mit dem er jedoch normalerweise danach nichts mehr zu tun hat. Der Katalog trägt beim Anlegen den vom Anwender vergebenen Namen mit der Endung *.lrcat*.

Dieser Katalog kann mitunter relativ groß werden: Bei einem Umfang von ca. 3500 RAW-Bildern sind das beispielsweise schon gut über 100 MB.

Bei Verlust oder Beschädigung dieses Katalogs kann teilweise stundenlange kreative Fein-

BACKUP-PROGRAMM

Bewährt hat sich unter Windows das Tool Allway Sync (www.allwaysync.com), das in einer (limitierten) kostenlosen und einer (günstigen) kommerziellen Variante erhältlich ist und die Realisierung auch komplexerer Backup- und Synchronisations-Szenarien in andere Verzeichnisse, Festplatten oder externe Laufwerke ermöglicht.

arbeit an Einzelbildern verloren sein – Lightroom selbst sorgt daher für eine regelmäßige Sicherung dieser wichtigen Datei und speichert sie in vom Anwender einstellbaren Zeitabständen in ein angegebenes Verzeichnis.

Standardmäßig wird der Katalog in ein Verzeichnis neben der Katalogdatei gesichert, was zwar bei einem dateiinternen Problem des Katalogs hilfreich ist, weil die alte Version des Katalogs dann schnell zur Hand ist – bei einem größeren System- oder Festplattenproblem ist dieser Speicherort allerdings wenig sinnvoll.

Das automatische Sicherungsverzeichnis in Adobe Photoshop Lightroom 2 sollte so umgestellt werden, dass der Katalog wenigstens gelegentlich auf eine externe Festplatte geschrieben wird – oder aber der Katalog (es reicht die Datei mit Endung *.lrcat*) wird außerhalb von Lightroom gelegentlich auf ein externes Medium gesichert.

Bei Fälligkeit eines Katalog-Backups wird dieses vor dem Start von Lightroom durchgeführt und kann einige Minuten in Anspruch nehmen – je nach Größe des Katalogs. Um dringende Bildarbeiten in Lightroom nicht zu behindern, kann das Backup mit *Jetzt nicht*

Nie
✓ Einmal pro Monat beim Programmstart
Einmal pro Woche beim Programmstart
Einmal pro Tag beim Programmstart
Bei jedem Start von Lightroom
Nur beim nächsten Start von Lightroom

In Lightroom kann eingestellt werden, wie oft der Katalog gesichert werden soll.

Dialog und Rückfrage vor dem Start eines Katalog-Backups.
Dieser Dialog kommt noch vor dem Start von Lightroom – für dringende Arbeiten in Lightroom kann das mitunter einige Zeit dauernde Backup daher auch übersprungen werden. Hier kann auch das Sicherungsverzeichnis umgestellt werden; es sollte tunlichst nicht an der Standardposition (neben dem aktiven Katalog) liegen.

sichern auch übersprungen werden – was man nicht zu häufig anwählen sollte.

In das Sicherungsverzeichnis – ob nun auf dem gleichen oder einem externen Datenträger – wird die Katalogdatei *.lrcat in ein Verzeichnis gesichert, das nach Datum und Uhrzeit der Sicherung benannt ist.

BILDER NICHT VERGESSEN!

Dabei darf nicht vergessen werden, dass mit diesem Backup nur der Lightroom-Katalog gesichert wird, also alle Einstellungen und Änderungen an den Bildern.
Die Bilder selbst werden damit nicht gesichert und sollten immer wieder – wie oben beschrieben – durch andere Prozesse gesichert werden.

[5]

BENUTZER-
OBERFLÄCHE

5

Benutzeroberfläche

Benutzeroberfläche

Dieses Kapitel beschreibt die Benutzeroberfläche von Adobe Photoshop Lightroom 2 mit seinen teilweise sehr intuitiven, teilweise eher versteckten, oft ganz neuartigen Elementen.

Adobe Photoshop Lightroom 2 bietet dem Anwender eine Bedienoberfläche, die vom Üblichen in vielen Bereichen abweicht. Vieles ist auch dem erfahrenen Benutzer ähnlicher Anwendungen neu, überraschend und ungewohnt; oft wirken Elemente der Oberfläche so, als hätte sich der Entwickler auch davon leiten lassen, alles einmal ganz anders zu machen. Vieles dabei ist sehr elegant und intuitiv geraten, manches erschließt sich nicht sofort.

Besonders schön sind immer wieder die kleinen, praktischen Voreinstellungen. So kann etwa per Doppelklick vom Leuchttisch (*Rasteransicht*) zum Einzelbild (*Lupenansicht*) und wieder zurück zum Leuchttisch gewechselt werden. In der *Lupenansicht* sind dann auch gleich noch die weitere Vergrößerung per Mausklick und die *Verschiebe-Hand* voreingestellt. Mit einem Doppelklick geht's wieder zurück in die Übersicht. Damit macht flüssiges Arbeiten gerade in der Bildbeurteilung und -verwaltung Spaß.

Bildschirm-Bereiche

Mit dem ersten Start wirkt Lightroom verwirrend, unübersichtlich und zeigt noch nicht einmal Bilder an, und auch keine Ordner, nichts. Der *Katalog*, Kernstück und Grundprinzip von Lightroom, ist noch leer.

Lightroom zeigt aber schon die typische, immer gleiche und (leider) kaum änderbare Bildschirmaufteilung in

- den zentralen Hauptarbeitsbereich

- die linken und rechten Bedienfelder

- den oberen Modulauswahl-Bereich mit der Erkennungstafel

- den unteren Filmstreifen-Bereich

Der Modulauswahl-Balken oben

Dieser Balken dient in erster Linie dem Umschalten zwischen den Modulen und zeigt als nette Kleinigkeit links die sog. Erkennungstafel.

Das linke Bedienfeld

Dieses Feld enthält navigationsorientierte Aktionsfelder zur Auswahl von Bildern und zur Verwaltung von Voreinstellungen. Hier werden Bilder in Kollektionen zusammengestellt, bewertet, eingeordnet oder Vorlagen verwaltet.

Das rechte Bedienfeld

Dieses Feld bietet bild- oder aufgabenorientierte Aktionsfelder. Hier ist der Bereich der Parameter, der Detaileinstellungen und der vielen, vielen Schieberegler; deren schiere Anzahl mag den Neuling erschrecken, die Bedienung und Anordnung erweist sich aber schnell als intuitiv und direkt.

Der (kaum veränderliche) Standard-Bildschirmaufbau von Adobe Photoshop Lightroom 2.

Der Hauptarbeitsbereich in der Mitte

Hier werden Bildübersichten, Ausgabe-Gestaltungen und Einzelbilder angezeigt, beurteilt, verglichen, justiert und optimiert. Gerade diese Fläche kann gar nicht groß genug sein, darum kann Lightroom alle anderen Bedienfelder automatisch nach außen wegklappen.

Der Filmstreifen unten

Der Filmstreifen bleibt immer und in jedem Modul sichtbar und zeigt die aktuell bearbeitete Auswahl der Bilder.

Am unteren Rand des Hauptarbeitsbereichs, über dem Filmstreifen, findet sich eine **Werkzeugleiste**, die Symbole zur Umschaltung unterschiedlicher Bildschirmzustände und weitere Einstellungen für das gerade aktive Modul anbietet.

Am oberen Rand des Hauptarbeitsbereichs, unter dem Modulauswahl-Balken, befindet sich – nur im Bibliotheksmodul – der **Bibliotheksfilter**, das vielleicht wichtigste Mittel, um Überblick über alle Bilder zu finden.

Mehr Platz!

Alle diese um den Hauptarbeitsbereich herum gruppierten Bedienbereiche können einzeln, auch automatisch, ein- und ausgeblendet werden, um damit den für die Hauptanzeige verfügbaren Platz auf dem Bildschirm zu optimieren. Leider können die Bedienfelder nicht frei abgekoppelt und auf einen zweiten Bildschirm ausgelagert werden, wie dies beispielsweise in Adobe Photoshop CS3 und vielen anderen Anwendungen möglich und sehr hilfreich ist.

Alle vier Bedienbereiche an den Seitenkanten können durch Klick auf die kleinen Pfeilsymbole ausgeblendet werden. Bei Anwahl eines Pfeilsymbols mit der rechten Maustaste kann angegeben werden, ob die Bedienbereiche automatisch oder manuell ein- und ausgeblendet werden sollen, und sogar, ob dies immer zusammen und synchron mit dem gegenüberliegenden Bedienfeld geschehen soll.

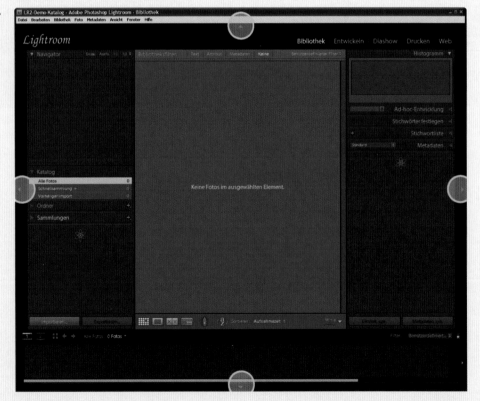

Einzeln aus- und eingeblendet werden die Bedienfelder über die kleinen Pfeilsymbole in der Mitte der seitlichen Ränder der Anwendung. Da dies häufig erforderlich, aber immer ein wenig aufwendig ist, kommt auch diese Aktion mit einer sinnfälligen Automatik daher. Klickt man mit der rechten Maustaste auf einen dieser Pfeile, kann das Verhalten der jeweiligen Leiste über ein kleines Menü ausgewählt werden, z. B. ob sie automatisch ein- und ausgeblendet, automatisch nur ausgeblendet, vollständig manuell gesteuert oder in diesem Verhalten auch mit dem jeweils gegenüberliegenden Bedienfeld synchronisiert werden soll.

Das Menü zur Steuerung des automatischen Ein- und Ausblendens der Bedienfelder; zugänglich durch Rechtsklick auf die Ausblenden-Pfeile.

Das automatische Ausblenden erfolgt, wenn der Mauszeiger und damit die Aufmerksamkeit des Bearbeiters im Hauptarbeitsbereich liegt; automatisch eingeblendet wird die entsprechende Leiste, wenn sich der Mauszeiger dem jeweiligen Bildschirmrand nähert. (Leider befinden sich dort auch die Rollbalken, und so blendet sich oft ein seitliches Bedienfeld versehentlich ein, wenn eigentlich ein Rollbalken verschoben werden sollte.)

- Es ist zu empfehlen, zumindest die seitlichen Bedienfelder immer automatisch aus- und wieder einzublenden – für den Kern der Arbeit, den Bereich in der Mitte, bleibt dann mehr Platz für konzentriertes Arbeiten an der Bildauswahl (im Modul *Bibliothek*) oder am Einzelbild (im Modul *Entwickeln*). Die Bedienfelder stehen dennoch schnell zur Verfügung, wenn

sich der Mauszeiger dem seitlichen Bildschirmrand nähert.
Beim Ein- oder Ausblenden sollten sie nicht synchronisiert werden, weil
- im Modul *Bibliothek* häufiger nur das linke Bedienfeld benötigt wird,
- im Modul *Entwickeln* dagegen das rechte Bedienfeld dauerhaft sichtbar sein sollte.

- Das obere Bedienfeld ist verzichtbar und kann gut immer ausgeblendet werden. Der Wechsel zwischen den Modulen, der über dieses Bedienfeld ausgelöst wird, kann dann auch über das Menü *Fenster*, über Tastenkürzel [Strg+Alt 1] - [Strg+Alt 5] oder über [G] für Bibliothek bzw. [D] für Entwickeln ausgelöst werden.

- Der Filmstreifen am unteren Bildschirmrand sollte immer eingeblendet bleiben, da er in allen Modulen benötigt wird.

Mit [TAB] werden die seitlichen Bedienfelder, mit [Groß-TAB] alle Bedienfelder aus- und wieder eingeblendet.
Leider reagiert Adobe Photoshop Lightroom 2 unter Windows XP auch auf die Windows-Tastenkombination [Alt-TAB], mit der unter Windows standardmäßig zwischen Anwendungen umgeschaltet wird. Damit werden bei jedem Umschalten zwischen Anwendungen auch die seitlichen Bedienfelder aus- bzw. eingeblendet.

Der zweite Bildschirm
Viele Bildbearbeitungsarbeitsplätze sind mit einem zweiten Bildschirm ausgestattet, auf den Paletten und Dialogfenster ausgelagert werden können, um dem Bild am Hauptbildschirm möglichst viel Platz zu bieten.
Auch Adobe Photoshop Lightroom 2 bietet (seit Version 2) eine Möglichkeit, einen zwei-

Das Einschalten des Zweitfensters über ein Symbol
links unten am Hauptbildschirm.

Die **Sekundäranzeige** *in der Einstellung* **Raster.**

Die **Sekundäranzeige** *in der Einstellung* **Lupe.**

ten Bildschirm anzusprechen, *Zweites Fenster*
oder *Sekundäranzeige* genannt.

Was als erstes und was als zweites Fenster
angesehen wird, kann dabei einfach durch
Verschieben der Fenster von einem zum anderen Bildschirm festgelegt werden. Genau wie
das Hauptfenster kann auch das Zweitfenster
als Vollbild oder kleineres Fenster angezeigt
werden. Typischerweise wird die Sekundäranzeige im Vollbildmodus an einem zweiten
Bildschirm liegen.

Auf dem Zweitbildschirm kann – voreingestellt – eine Zweitanzeige des gerade bearbeiteten oder eines anderen Bildes oder eine
Bildübersicht im Rastermodus der Bibliothek
angezeigt werden; angeboten werden daher
die Einstellungen *Raster*, *Lupe* (*Normal*, *Live*,
Gesperrt), *Vergleichen* und *Übersicht*.

Die Zweitanzeige wird über ein kleines
Symbol links unten am Hauptbildschirm
aktiviert; bei Klick mit der rechten Maustaste kann direkt die Auswahl getroffen
werden, was im Zweitfenster angezeigt wird.
Ausgelöst wird die Zweitanzeige zudem über
Fenster → *Sekundäranzeige* oder [F11] für ein
Standard-Zweitfenster bzw. [Umschalt+F11]
für ein Vollbild-Zweitfenster.

Die Sekundäranzeige als Raster

In der *Rastereinstellung* der *Sekundäranzeige*
werden alle Bilder als Übersicht, genau wie im
Bibliotheksmodus, angezeigt. Auch der Bibliotheksfilter zur gezielten Auswahl von Bildern
wird angezeigt.

Nutzt man die Sekundäranzeige in der Einstellung *Raster*, bleibt die Übersicht über alle
Bilder in jeder anderen Einstellung des Haupt-
anzeigebereichs erhalten und es kann schnell
zwischen unterschiedlichen Bildern gewechselt werden. Besonders hilfreich ist diese Einstellung, wenn im Hauptfenster nicht auch das
Modul *Bibliothek*, sondern *Entwicklung* oder
eines der Ausgabemodule geladen ist. In der

Praxis dürfte die Sekundäranzeige wohl haupt-
sächlich im Modus *Raster* betrieben werden.

Die Sekundäranzeige als Lupe

Der Modus *Lupe* der Sekundäranzeige zeigt
das aktuell im Hauptbildschirm geladene Bild
vergrößert an. Dabei sind die Modi *Normal*,
Live und *Gesperrt* möglich.

Während bei *Normal* einfach nur eine Vergrößerung des Bildes aus dem Hauptbildschirm
gezeigt wird, erweist sich *Live* als ganz besonders hilfreich bei der Detailarbeit an einem Bild:
Die (beliebig vergrößerte) Anzeige im Zweitbildschirm folgt dabei ständig dem Mauszeiger.
Die Einstellung *Gesperrt* fixiert ein ausgewähl-
tes Bild im Sekundärbildschirm, auch wenn im
Hauptbildschirm ein anderes Bild ausgewählt
wird. Dennoch wird seltsamerweise auch das
gesperrte Bild unverändert immer wieder neu
geladen, wenn im Hauptbildschirm ein anderes Bild ausgewählt wird.

Die Sekundäranzeige zum Vergleich

Im Modus *Vergleichen* der Sekundäranzeige
werden zwei Bilder zum Vergleich angeboten.
Eines davon kann zur weiteren Bearbeitung
ausgewählt werden. Diese Anzeige ist in gleicher Form auch im Hauptbildschirm möglich.

Die Sekundäranzeige zur Übersicht

Im Modus *Übersicht* werden eine Reihe von
vorausgewählten Bildern zum Vergleich angeboten, die dann im Ausschlussverfahren der
Reihe nach abgewählt und als ausgeschieden
markiert werden können. Auch dieses Verfahren kann im Hauptbildschirm ausgeführt
werden.

Das zweite Fenster muss nicht unbedingt im
Vollbild am Zweitmonitor, sondern kann auch
verkleinert innerhalb des Hauptbildschirms
angezeigt werden, wo es dann immer im Vordergrund bleibt und in bestimmten Situationen gute Dienste leisten kann.

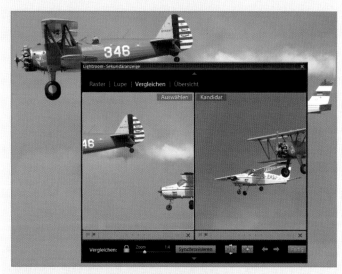

Die **Sekundäranzeige** *in der Einstellung* Vergleichen.

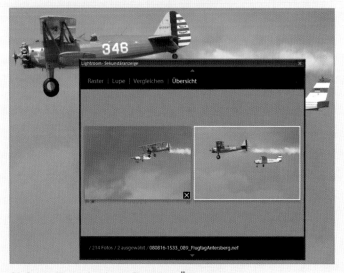

Die **Sekundäranzeige** *in der Einstellung* Übersicht.

Als Dualmonitor-Anwendung ist diese Lösung leider etwas starr geraten: Es ist nicht
möglich, Paletten und Bedienfelder vom
Hauptbildschirm einfach abzukoppeln und am
Zweitbildschirm zu platzieren (wie es etwa in
Photoshop und vielen anderen Adobe-Anwendungen möglich und sehr hilfreich ist).

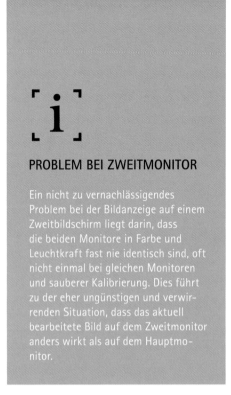

Durch Klick auf das kleine Pfeilsymbol oder auf die Bezeichnung dahinter werden einzelne Bereiche der Bedienfelder ein- und ausgeblendet.

Viel zweckmäßiger wäre es – und das ist eine häufig geäußerte Forderung an Adobe Photoshop Lightroom –, die linken und rechten Bedienfelder abkoppeln und an den Zweitbildschirm auslagern zu können – vielleicht in Adobe Photoshop Lightroom 3.

Die Bedienfelder

Zu beiden Seiten des Hauptarbeitsbereichs liegen die Bedienfelder – Menüs mit jeweils sehr vielen Einträgen, die in unterschiedlichem Maße zur Bearbeitung der Inhalte des Hauptarbeitsbereichs erforderlich sind.

Die einzelnen Bereiche der Bedienfelder können einzeln ein- und ausgeklappt werden und zeigen oder verbergen damit ihre Inhalte. Dazu wird einfach auf die Bezeichnung des Bereichs, also auf *Katalog*, *Ordner* oder *Sammlungen* (im linken Bedienfeld des Moduls *Bibliothek*) oder auf das Pfeilsymbol unmittelbar davor geklickt.

Ist ein Bereich aufgeblendet, bleibt er normalerweise offen und sichtbar, auch wenn

an anderer Stelle des Bedienfeldes geklickt wird. Sind alle Bereiche aufgeblendet, kann die Liste und damit das Bedienfeld sehr lang werden – was bei einem sehr großen Monitor (> 24 Zoll) nicht unbedingt zum Problem werden muss, bei kleineren Monitoren allerdings schnell zu Unübersichtlichkeit und häufigem Scrollen führt.

Im Solomodus wird immer nur ein Bereich eines Bedienfeldes eingeblendet; alle anderen Bereiche werden automatisch zugeklappt.

Solomodus

Hilfreich ist es daher, jeden Bereich nach Nutzung gleich wieder einzuklappen, bevor der nächste ausgeklappt wird – insbe-

SOLOMODUS AKTIVIEREN

Solomodus bedeutet, dass ein geöffneter Bereich eines seitlichen Bedienfelds automatisch eingeklappt wird, wenn ein anderer Bereich aktiviert und ausgeklappt wird. Dieser Modus sollte eigentlich immer aktiviert sein.

Ein Bereich kann aus einem Bedienfeld ganz entfernt werden, indem einfach (nach einem Rechtsklick auf den Titel) das Häkchen vor dem Eintrag entfernt wird.

sondere im rechten Bedienfeld des *Entwickeln*-Modus werden sehr häufig viele oder alle Bereiche der Reihe nach durchlaufen. Dieses Einklappen des einen Bereichs bei Nutzung eines anderen Bereichs kann zu viel unnötigem Klicken führen und von der Hauptarbeit zu sehr ablenken – Lightroom kann dies daher im *Solomodus* automatisieren.

Aktiviert wird der *Solomodus* – für jedes Bedienfeld getrennt – per Rechtsklick auf einen der Bereichstitel im Bedienfeld.

Bereiche aus Bedienfeldern ausblenden

Einträge in diesen Bedienfeldern, von denen der Anwender sicher weiß, dass er sie in seiner Arbeit mit Lightroom nicht benötigt, können auch ganz ausgeblendet werden: Wer sich sicher ist, dass er nie mit einer *Stichwortliste* arbeiten wird, kann den ganzen Bereich mit Menüeintrag dafür abschalten, wer, wie der Autor dieser Zeilen, der Meinung ist, dass eine *Ad-hoc-Entwicklung* im Bibliotheksmodul nichts verloren hat und die Entwicklung in aller Ausführlichkeit besser im Entwicklungsmodul stattfindet, wird den Menüeintrag für diese *Ad-hoc-Entwicklung* abschalten.

Abgeschaltet und entfernt werden Bereiche aus Bedienfeldern per Rechtsklick auf einen der Bereichstitel im jeweiligen Bedienfeld. Vor dem entsprechenden – nicht mehr gewünschten – Bereich wird das Häkchen entfernt.

Schmuckwerk

Nette Kleinigkeiten, die man zwischen liebevollen Details und Effekthascherei ansiedeln könnte:

* Die *Bedienfeldendmarke*, das aus 13 Voreinstellungen wählbare Ornament, das am unteren Ende der beiden Bedienfelder eingeblendet wird, und dergleichen mehr.

* Die *Erkennungstafel,* ein Logo oder eine kurze Schrift, die im Standardbildschirm links oben gezeigt wird, aber auch in Ausdrucken und Diashows eingeblendet werden kann.

* Der *Licht-Aus-Modus,* in dem einfach per [L]-Taste alles, außer dem gerade angezeigten Bild, schwarz oder dunkelgrautransparent wird.

Bedienfeldendmarke

Alle Bedienfelder tragen am unteren Ende ein kleines Ornament, die *Bedienfeldendmarke,* ein reines Schmuckelement – und selten wurde in einem Anwendungsprogramm mehr

Die Oberfläche kann mit einer Erkennungstafel und Bedienfeldend-marken personalisiert werden. Die Erken-nungstafel kann mit den Modulen **Diashow**, **Drucken** *und* **Web** *in die Ausgabe einbezogen werden, wo sie dann mehr Sinn macht, als einfach nur am Bild-schirm links oben.*

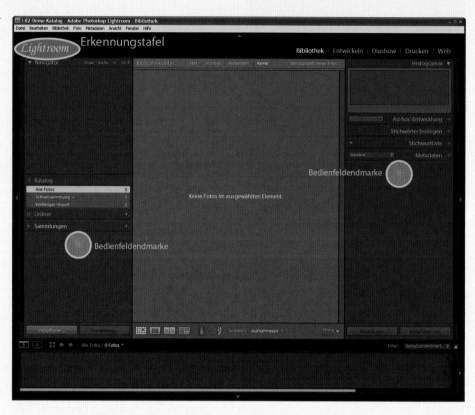

Aufwand um ein vollkommen funktionsloses Element der Oberfläche getrieben.

Es lassen sich nicht nur 13 unterschiedliche Ornamente auswählen, sondern zudem auch noch eigene Kreationen einrichten. Die Aus-wahl ergibt sich wiederum durch Rechtsklick an einer freien Stelle eines der linken oder rechten Bedienfelder:

Etwas verspielt: Sogar die Bedienfeldendmarke kann umfangreich konfiguiert und individualisiert werden.

In dem Menü wird ganz unten der Punkt *Bedienfeldendmarke* sichtbar, der wiederum den Zugriff auf alle vorgefertigten Ornamente und auf den Bedienfeldendmarke-Ordner ermöglicht. PNG-Dateien, die in diesem Ordner *Panel End Marks* liegen, werden ebenfalls in der Liste sichtbar und nach Auswahl als Bedienfeldendmarke eingeblendet.

Fast möchte man meinen, da war den Adobe-Entwicklern mal langweilig ...

Erkennungstafel

Zunächst ebenfalls etwas verspielt wirkt die *Erkennungstafel* – ein kleiner Text (Name des Fotografen o. Ä.) oder eine Logografik, die am Hauptbildschirm links oben eingeblendet wird und dort auch in jeder Bearbeitungsphase eines Bildes und jedem Modul sichtbar ist.

Die voreingestellte Erkennungstafel.

Diese Erkennungstafel kann durch ein eigenes Zeichen, Grafik oder Text, ersetzt werden.

Die voreingestellte Erkennungstafel kann durch eine eigene Erkennungstafel ersetzt werden.

Eine eigene Erkennungstafel kann als Text oder als kleine PNG-Grafik über die Menüfolge *Bearbeiten → Einrichtung der Erkennungstafel ...* festgelegt werden.

Nett – und gut fürs Ego – so der erste Gedanke. Dahinter steckt mehr: Die Erkennungstafel zieht sich sehr logisch durch alle ausgabeorientierten Module von Adobe Lightroom und

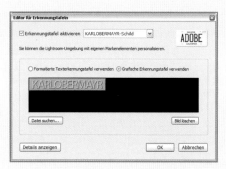

*Das Einrichten einer eigenen Erkennungstafel – hier eine **Grafische Erkennungstafel**.*

*Die eigene Erkennungstafel kann in alle ausgabeorientierten Module eingebunden werden – hier in den Modulen **Drucken** und **Web**.*

wird auf Wunsch in alle generierten Diashows, Druckausgaben und Webseiten umfangreich konfigurierbar eingeblendet. Und da ist das eigene Logo in den meisten Fällen sehr nützlich.

Die Schaltfläche *Details* erweitert den *Editor für Erkennungstafeln* um eine Möglichkeit, auch noch die Schaltflächen zur Modulumschaltung zu individualisieren. Eingestellt werden kann die Schriftart aller und die Farbe der aktuell eingestellten und der inaktiven Module – und damit kann etwa das aktuell eingestellte Modul etwas deutlicher hervorgehoben werden.

Sogar die Darstellung der Modulnamen ist in Farbe und Schriftart einstellbar – allerdings ist dies keine der wirklich wichtigen Einstellungen.

Derartige Einstellungen werden zusammen mit dem Katalog gespeichert. Wird ein neuer Katalog angelegt, zeigt dieser wieder die Standardeinstellungen. Auf diese Weise – und das scheint der einzige erkennbare Grund für diese Einstellmöglichkeit zu sein – kann jedem Katalog ein geringfügig unterschiedliches Aussehen gegeben werden, was bei der Arbeit mit mehreren Katalogen hilfreich sein kann.

Was? Wie?

Von großer Nützlichkeit hat sich ein weiteres kleines Feature erwiesen, wie es in vergleichbarer Form in anderen Anwendungen nicht zu finden ist: Wird ein Bild in *Bibliothek* oder *Entwicklung* als Vollbild dargestellt – Lightroom nennt dies *Lupenansicht* – so werden links oben die wichtigsten Informationen zum Bild eingeblendet.

Der Bild(ausschnitt) mit eingeblendeten Lupeninformationen.

Diese *Lupeninformation* kann dauerhaft oder nur kurzzeitig nach dem Öffnen und bei jedem Neuaufbau des Bildes angezeigt werden. Gerade eine kurzzeitige, nach einigen Sekunden wieder ausgeblendete Anzeige hat sich als sehr hilfreich erwiesen, weil sie gleichzeitig auch anzeigt, dass Lightroom das Bild gerade noch neu aufbaut.

Die Einrichtung der Lupeninformationen.

Konfiguriert wird die *Lupeninformation* über *Ansicht → Ansichtsoptionen ...* oder [Strg+J]. Es sind hier vielfältigste Zusammenstellungen von Informationsanzeigen möglich – die im Beispiel angegebene Alternative hat sich jedoch nach einigem Experimentieren sehr gut bewährt. Das Häkchen bei *Bei Änderungen am Foto kurz anzeigen* sollte gesetzt sein. Als Lupeninformation 2 kann noch ein zweiter Satz an Informationen vordefiniert und mit [I] können diese Informationssätze der Reihe nach durchlaufen werden.

Da gehen die Lichter aus

Bei der konzentrierten Bildbeurteilung stört ein überfüllter Bildschirm häufig. Sei es bei der Erstbeurteilung nach der Fotositzung oder bei der Zusammenstellung einer Kollektion zur weiteren Verwendung: Das viele Drumherum stört da nur.

*Beleuchtung ein (Normal-
ansicht)*

Gedämpfte Beleuchtung

Beleuchtung aus

Die Entwickler von Adobe Photoshop Lightroom haben dieses Problem erkannt und eine effektive Lösung integriert. Lightroom kann mit [L] alles, außer dem Hauptarbeitsbereich, abdunkeln oder völlig ausblenden. Dabei werden auch Bildschirmobjekte, die nicht zu Lightroom gehören oder sogar an einem zweiten Bildschirm liegen, mit abgedunkelt.

Mit [L] können zur besseren Bildbeurteilung alle störenden Bildschirmelemente außer dem Hauptarbeitsbereich abgedunkelt oder ganz schwarz geschaltet werden.

Die Anwendung lässt sich natürlich auch im abgedunkelten Modus weiter bedienen. Da dies über Maus und Menüs schwierig ist, macht sich hier eine gute Kenntnis der Tastenkürzel schnell bezahlt.

Wo viel Licht ist

Leider gibt es aber auch hier, wie in vielen der anderen großen Adobe-Anwendungen, die vielen kleinen Lästigkeiten und Unsauberkeiten der Lokalisierung: Tungsten entspricht auf Deutsch einfach nicht Wolframlampenlicht (das Wort gibt es im Deutschen gar nicht), sondern einfach Glühlampenlicht. Stichwörter heißen manchmal auch Schlüsselwörter, Bibliothek auch Katalog und große Verwirrung herrscht um die Schnellkollektion, die hin und wieder auch Schnellsammlung oder gar Zielsammlung heißt, u. v. m.

TASTENKÜRZEL ZUR BEDIENOBERFLÄCHE

seitliche Bedienfelder ein-/ausblenden	Tab
alle Bedienfelder ein-/ausblenden	Shift-Tab
linkes Bedienfeld ein-/ausblenden	F7
rechtes Bedienfeld ein-/ausblenden	F8
Bibliothek	Strg-Alt 1 oder G (grid)
Entwickeln	Strg-Alt 2 oder D (develop)
Diashow	Strg-Alt 3
Drucken	Strg-Alt 4
Web	Strg-Alt 5
Licht-aus-Modus	L (lights)
Zusatzanzeige an Zweitbildschirm	F11 oder Umschalt+F11 (Vollbild)
Bildinformationen (Raster) anzeigen (3 Stadien werden durchlaufen)	J
Bildinformationen (Vollbild) anzeigen (drei Stadien werden durchlaufen)	I

[6]

BIBLIOTHEK

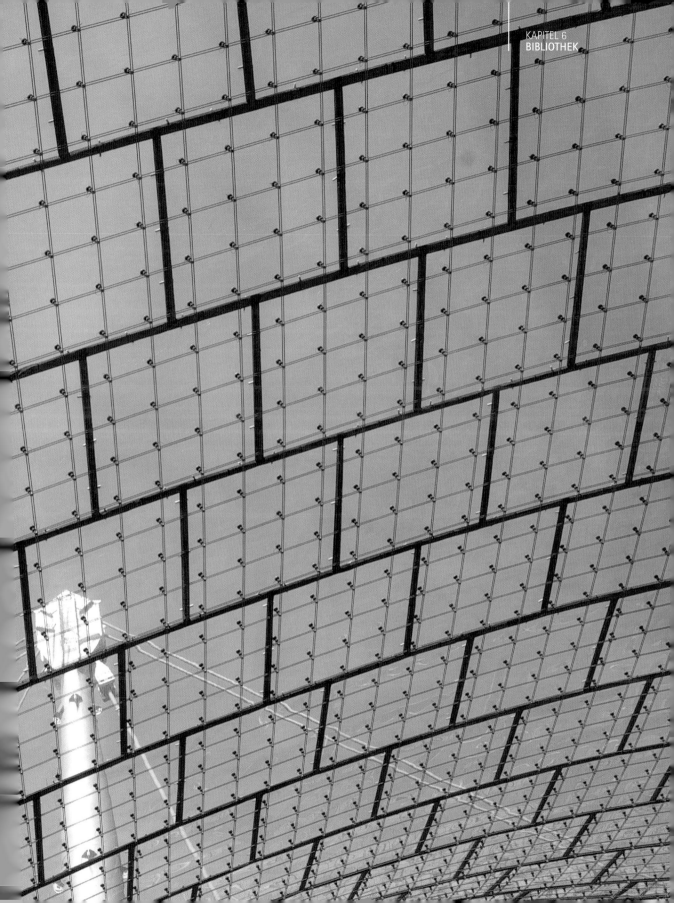

6

Bibliothek

Bibliothek

Der Anwender erledigt im Modul Bibliothek alles, außer es zu verändern. Dieses Kapitel beschreibt im Detail das Modul Bibliothek, eines der beiden wichtigsten Module in Adobe Photoshop Lightroom 2.

Das Modul *Bibliothek* ist der zentrale Dreh- und Angelpunkt jeder Nutzung und jeder Tätigkeit in Adobe Photoshop Lightroom 2. Von diesem Modul gehen alle Aktivitäten aus, und der Anwender kehrt immer wieder hierher zurück. Die Taste [G] ist dabei sehr hilfreich. Im Modul *Bibliothek* werden Bilder

- in Lightroom importiert

- umbenannt

- gelöscht

- markiert (mit einem Fähnchen ausge- zeichnet)

- bewertet (mit 0-5 Sternen)

- mit Farben markiert (mit frei definierter Sonderbedeutung)

- mit Stichwörtern versehen

- zu Kollektionen zusammengestellt

- verglichen

- verwaltet, verschoben und (virtuell) ko- piert

- gesucht

- sogar geändert

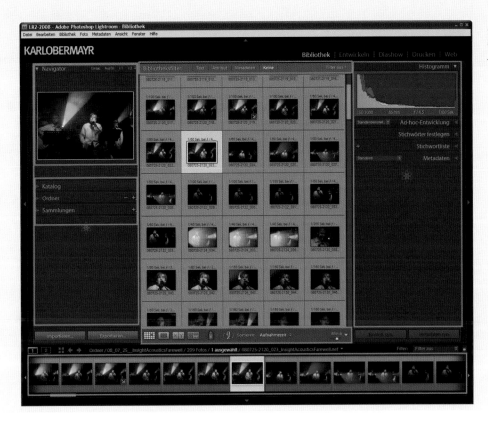

Das Modul **Bibliothek**
*in der Standardein-
stellung*

Der Arbeitsbildschirm der Bibliothek

Der Arbeitsbildschirm der Bibliothek zeigt übersichtlich und schnell zugänglich alle Funktionsbereiche zur Bildverwaltung an:

- In der Mitte der große Arbeits und Auswahlbereich mit den Vorschaubildern (im sog. Rastermodus) oder der Einzelbilddarstellung im Lupenmodus, darüber der sehr feine, mächtige und flexible Bibliotheksfilter, darunter die Werkzeugleiste, die jedoch weniger mit Werkzeugen als mit Anzeigeeinstellungen des Hauptbildschirms zu tun hat.

- Im linken Bedienfeld Funktionsbereiche zur Zusammenstellung der Bilder:

- Oben der *Navigator*, der das aktuell selektierte Bild anzeigt und bei hohen Zoomstufen zur Navigation innerhalb des Bildes dient.

- Darunter Auswahlhilfen für unterschiedliche Bildzusammenstellungen: der *Katalog* mit allen Bildern in chronologischer Reihenfolge, der Zugriff auf die Ordner, in denen die Bilder liegen, die *Sammlungen* mit beliebigen, manuell oder semi-automatisch (*Smart-Sammlungen*) zusammengestellten Bildern.

- Im rechten Bedienfeld Funktionsbereiche zur Arbeit an den Bildern:

- Die *Ad-hoc-Entwicklung* mit grundlegenden Funktionen zur Bildoptimierung, eigentlich unwichtig, da diese im Modul

Entwicklung ebenfalls vorhanden, dort jedoch feiner abgestuft und auch mit numerischen Werten nutzbar sind.

- Darunter Hilfen zur *Stichwort-Vergabe* zur Auszeichnung der Bilder, eine Aufgabe, die zwar mühsam, aber gerade bei umfangreichem Bildbestand sehr lohnend ist.

- Darunter der *Metadaten*-Bereich, in dem alle über ein Bild bekannten Zusatzinformationen (Exif, IPTC), also sämtliche Bilddaten, angezeigt werden. Mithilfe einer kleinen Schaltfläche können aus dem *Metadaten*-Bereich heraus alle anderen Bilder angezeigt werden, in denen ein bestimmtes Merkmal (etwa die Blende) gleich ist.

- Ganz unten der Filmstreifen, der in dieser Form in allen Modulen gleichermaßen vorhanden und sichtbar geschaltet sein sollte. Der Filmstreifen zeigt alle Bilder der aktuellen Auswahl, des aktuellen Ordners oder der aktuellen Sammlung, die dann in den anderen Modulen verwendet werden.

Der Katalog

Lightroom arbeitet – anders als die meisten RAW-Konverter, aber ähnlich wie andere große Bildverwaltungsprogramme – zunächst nicht auf Dateisystem- und Ordnerbasis, sondern auf Basis eines Katalogs. Dieser ist, neben den Bildern, die zentrale Datei für Adobe Photoshop Lightroom 2. Der *Katalog* bildet die Arbeitsdatei von Lightroom, mit allen Aktionen, die der Anwender mit den Bildern vornimmt. Was der *Katalog* nicht enthält, sind die Bilder selbst.

Für den Anwender und die übliche Arbeit in Lightroom ist der *Katalog*, dessen Aufbau und Funktion kaum von Bedeutung. Beim Start von Lightroom öffnet die Anwendung automatisch den zuletzt genutzten *Katalog*, und alle Änderungen bis zum Beenden des Programms werden automatisch dort verzeichnet.
Der *Katalog* ist genau genommen eine Datenbank, in der Informationen zu den Bildern und nahezu alle Lightroom-Programmeinstellungen hinterlegt werden.

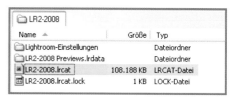

Die Katalog-Datei wird von Lightroom in einem gleichnamigen Ordner abgelegt.

Der Name, wie er beim Neuanlegen eines Katalogs angegeben wird, wird zum Namen eines Ordners, dieser enthält die folgenden Dateien:

- Eine Datei mit gleichem Namen wie der Ordner und der Endung *.lrcat, der eigentliche Katalog. Diese Katalogdatei kann mitunter sehr groß werden und enthält alle Verweise auf Bilder, Vorschaubilder und Anweisungen für alle Änderungen, die an Bildern vorgenommen wurden (Änderungen an Bildern werden erst beim Export tatsächlich in die Bilder integriert).

- Ist der Katalog gerade geöffnet, liegt hier auch eine kleine Datei mit gleichem Namen wie der Katalog und zusätzlich der Endung *.lock. Die Existenz dieser Datei sperrt den Katalog und verhindert, dass er ein weiteres Mal geöffnet wird.

i

MEHRERE KATALOGE

Das Konzept von Lightroom ist darauf angelegt, mit nur einem oder wenigen Katalogen zu arbeiten; Funktionen zur Arbeit mit mehreren Katalogen sind auch in Adobe Photoshop Lightroom 2 nur ansatzweise vorhanden. Es kann immer nur ein Katalog geöffnet sein. Soll der Katalog gewechselt und ein anderer oder neuer Katalog geöffnet werden, so beendet sich Lightroom und startet neu. Bilder können daher auch nicht zwischen zwei Katalogen verschoben werden.

- Einen weiteren Ordner, der ebenfalls den Namen des Katalogs und den Zusatz *Previews.lrdata* trägt. Dieser Ordner enthält in weiteren Unterordnern alle Vorschaubilder, wie sie von Lightroom angelegt und in der Bibliothek angezeigt werden.

- Einen weiteren Ordner *Lightroom-Einstellungen*, wenn dies in den Lightroom-Voreinstellungen (unter *Bearbeiten* → *Voreinstellungen* → *Vorgaben*) so angegeben wurde. Dieser Ordner enthält dann Unterverzeichnisse, in denen wiederum die katalogspezifischen Einstellungen und insbesondere Vorgaben liegen, die der Anwender angelegt hat. Andernfalls werden diese Voreinstellungen an zentraler Stelle im Lightroom-Vorgabeordner (unter *C:\Dokumente und Einstellungen\ ko\Anwendungsdaten\Adobe\Lightroom*) abgelegt.

- In der Standardeinstellung gibt es auch einen Ordner *Backups*, der die von

Lightroom automatisch regelmäßig vorgenommenen Backups der Katalogdatei (*.lrcat) enthält. Diese Backups liegen in nach dem Datum des Backups benannten Unterverzeichnissen. Der Backup-Ordner liegt an dieser Stelle ungünstig, weil er im Falle eines Festplattendefekts zusammen mit der Katalogdatei ebenfalls in Mitleidenschaft gezogen werden kann. Er kann aber einfach umdefiniert werden.

Bilder importieren

Bevor Bilder mit Adobe Photoshop Lightroom 2 verwaltet oder bearbeitet werden können, müssen sie in die Anwendung und damit in die Datenbank importiert werden.
Beim Import werden Bilder

- von externen Datenträgern (Speicherkarten) in einen Ordner auf der lokalen Festplatte kopiert, dabei umbenannt und in Lightroom importiert

- von der Festplatte normalerweise ohne Umbenennen oder Kopieren in den Katalog importiert oder (nach gesonderter Einstellung) an eine andere Position kopiert oder verschoben und von dort in den Lightroom-Katalog importiert

Die Auswahlmöglichkeiten beim Import von Bildern, die sich bereits auf der Festplatte befinden.

Die Auswahlmöglichkeiten beim Import von einem externen Medium (Speicherkarte oder Kamera).

Dateien bleiben an Ort und Stelle

Bilder, die von der Festplatte in Adobe Photoshop Lightroom 2 importiert werden, bleiben typischerweise unverändert an der Stelle im Dateisystem, an der sie vom Benutzer abgelegt wurden, und werden nicht in den Katalog kopiert oder als Datei auf andere Weise verändert. Die Arbeit mit Adobe Photoshop Lightroom 2 erspart dem Anwender also nicht, seine Bilddateien sinnvoll benannt und in sauberer Struktur im Dateisystem abzulegen – Lightroom legt nur eine „Verwaltungssicht" über diese Bilddateistruktur.

Import per Drag&Drop

Auf dem Weg der Bilddateien von der Kamera in Lightroom hat sich ein zweistufiges Vorgehen bewährt.

[1] In einem ersten Schritt werden die Dateien von der Kamera auf die Festplatte des Computers kopiert, an der endgültigen Stelle in einem eigenen Ordner abgelegt und dabei auch schon umbenannt. Bereits dieser Vorgang kann zwar in Lightroom durchgeführt werden (wie in dem Kapitel zur Dateiverwaltung beschrieben), das Hilfsprogramm Downloader Pro bietet jedoch deutlich mehr Flexibilität gegenüber Lightroom und erhält daher den Vorzug.

[2] Im nächsten Schritt wird dieser Ordner einfach per Drag&Drop auf Lightroom gezogen. Wird Lightroom gerade erst eingeführt und enthält daher noch keine Bilder oder wird ein neuer Katalog angelegt, kann auch der oberste Ordner einer Bildersammlung oder mehrere Einzelordner ausgewählt und verschoben werden; Lightroom übernimmt automatisch auch die Bilder aus Unterverzeichnissen.

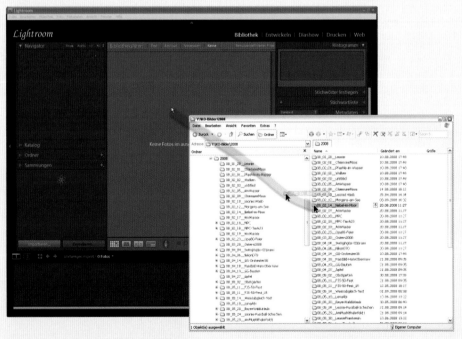

Der Import eines Verzeichnisses in Lightroom erfolgt am einfachsten per Drag&Drop, indem ein Verzeichnis aus dem Dateisystem auf das Lightroom-Fenster gezogen wird.

Import-Optionen

Nach dem Verschieben und Ablegen eines Ordners oder auch nur einiger Dateien auf dem Lightroom-Fenster präsentiert Lightroom ein Dialogfenster, das die wichtigsten Optionen für den Import erfragt. Die Voreinstellungen sind hier jedoch schon sehr brauchbar eingerichtet, sodass nur noch wenig geändert werden muss.

Das Fenster ist in einer einfachen und einer erweiterten Ansicht verfügbar. In der erweiterten Ansicht wird eine Vorschau der zu importierenden Bilder angeboten und die Möglichkeit geschaffen, nur einzelne Bilder für den Import auszuwählen. Das *Vorschaufenster* ist jedoch zu klein, um die Bildqualität ernsthaft beurteilen zu können. Es ist daher praktischer (und sicherer), auf das Vorschaufenster gleich ganz zu verzichten, alle Bilder eines Verzeichnisses zu importieren und erst dann, in der *Vollbildansicht* in Lightroom, die schlechten Bilder auszusondern und sie wieder aus Lightroom oder gar von der Festplatte zu entfernen.

Der *Importdialog* kann prinzipiell einfach mit *Importieren* quittiert werden – und die Bilddateien werden in den *Lightroom-Katalog* aufgenommen. Der *Importdialog* bietet aber auch einige Voreinstellmöglichkeiten, deren Nutzung mehr als hilfreich für die spätere Arbeit sein kann: die Vorgabe von *(IPTC-)Metadaten* und die Vergabe von *Stichwörtern*.

Unter dem unscheinbaren Punkt *Metadaten* bietet Lightroom die Möglichkeit, umfangreiche Zusatzdaten nach dem IPTC-Standard zu jedem einzelnen Bild hinzuzufügen. Insbesondere bei der Weitergabe von Bildern kommt diesen Metadaten eine größere Bedeutung zu; Agenturen oder Zeitungen verlangen diese Daten oft zwingend. Zu IPTC-Daten gehören sowohl Daten, die für jedes Einzelbild individuell gelten (etwa Bildbeschreibung, Motivcode oder Stichwörter), als auch Daten, die

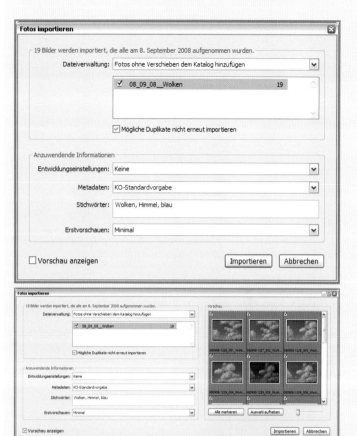

Die Abfragen vor dem eigentlichem Import von Bilddateien in der einfachen und erweiterten Ansicht (mit Vorschau).

Die wichtigsten (IPTC-)Metadaten sollten in einer Vorgabe hinterlegt und dann allen Bildern gleich beim Import zugewiesen werden.

übergreifend für jedes Bild gelten (Copyright, Fotograf, Anschrift).

Gerade diese allgemeinen Daten können und sollten in einer Vorgabe hinterlegt und dann allen Bildern bei jedem Import zugewiesen werden. Auf diese Weise wird gleich jedes Bild automatisch mit allen Angaben zum Fotografen ausgestattet.

METADATEN? IPTC? EXIF? XMP?
WAS? WO? WIE?

EXIF steht für *Exchangeable Image File Format* und dient der Ablage von technischen Daten eines Digitalbildes (Aufnahmedaten wie Blende, Belichtungszeit, Objektiv und Brennweite, Zeitpunkt, auch GPS-Position u. v. m.) in diesem Bild. Die Bilder werden bei der Aufnahme direkt durch die Kamera im Bild selbst unsichtbar abgelegt.

IPTC steht für *International Press and Telecommunication Council* und ist ein Standard zum Austausch und zur Weitergabe von Begleitinformationen zu digitalen Bildern. IPTC-Daten werden nicht von der Kamera, sondern nachträglich zugewiesen. Diese Begleitdaten sind typischerweise Autoren-Daten, Kurzbeschreibung des Bildinhaltes, Stichwörter oder Klassifizierungen. Im Profibereich sind IPTC-Daten zu den Bildern Pflicht, aber auch im Amateurbereich weit verbreitet.

XMP steht für *Extensible Metadata Platform* und ist ein XML-Standard zur Formatierung und Ablage von Metadaten in oder zusammen mit Digitalbildern. Der Standard wurde von Adobe entwickelt und ist frei verfügbar. XMP definiert selbst keine Daten, sondern die einheitliche Ablage dieser (EXIF- und/oder IPTC-)Daten.

Diese Metadaten (EXIF, IPTC, XMP) lassen sich in Bilder einbetten und sehr einfach zusammen mit den Bildern weitergeben.

Lightroom bietet die Möglichkeit, die Daten vom Bild abzutrennen und in einer eigenen Datei (*Dateiname.xmp*) neben dem Bild abzulegen. Diese XMP-Datei ist eine reine Textdatei, kann also mit jedem einfachen Texteditor betrachtet und auch geändert werden. XMP-Dateien können mit Lightroom auch wieder eingelesen und dem gleichen oder auch anderen Bildern zugeordnet werden.

Durch die Voreinstellung *Katalogeinstellungen → Metadaten → Änderungen automatisch in XMP speichern* werden die Metadaten automatisch in eigenständigen XMP-Dateien zusätzlich zu den Bilddateien angelegt – was normalerweise nicht erforderlich ist. Ist diese Voreinstellung nicht aktiviert (Standardeinstellung), werden die XMP-Daten nur direkt im Katalog und nicht als eigenständige Datei abgelegt.

Die Vergabe von *Stichwörtern* ist insbesondere für die Verwaltung größerer Bildbestände äußerst hilfreich und sollte zur Gewohnheit werden. Adobe Photoshop Lightroom 2 unterstützt dies in vielerlei Hinsicht und vereinfacht diese eher mühsame Tätigkeit, wo immer möglich. Es können die wichtigsten Stichwörter, die auf alle gerade zum Import anstehenden Bilder zutreffen, bereits vor dem eigentlichen Import eingetragen und zugewiesen werden. Mehrere Stichwörter werden dabei durch ein Komma getrennt. Die Unterstützung von Lightroom beim Eintragen von Stichwörtern geht sogar so weit, dass bereits vergebene und Lightroom somit bekannte Stichwörter vorgeschlagen werden.

Die Zuweisung von *Entwicklungseinstellungen* gleich beim Import wird nur höchst selten günstige Ergebnisse bringen, insbesondere bei der Verwendung der vorgefertigten Einstellungen. Wer will schon alle importierten Bilder gleichermaßen *Kreativ – Sepia* tönen oder mit *Gradationskurve – Starker Kontrast* ausstatten? Derartige Änderungen an der Bildwirkung sollten besser interaktiv im Entwicklungsmodul vorgenommen werden.

Gleich beim Import kann auch die Größe der Erstvorschauen eingerichtet werden. Hier ist

Entwicklungsein-stellungen, die gleich beim Bild-import angewendet werden können: Besser nicht.

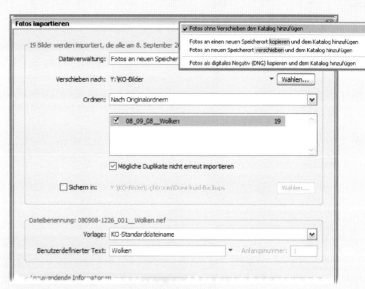

Sollen die Bilddateien beim Import auch gleich an eine andere Stelle kopiert und umbenannt werden, so bietet Lightroom auch diese Möglichkeit an.

Minimal voreingestellt – und das kann auch so bleiben. Der Import geht dadurch wesentlich schneller, und auch der benötigte Festplattenplatz bleibt (zumindest zunächst) geringer. Eine größere Vorschau (Standard, 1:1) erzeugt Adobe Photoshop Lightroom 2 ohnehin bei Anzeige der Bilder.

Vorbereitung der Erstvorschauen im Bibliotheks-modul, gleich nach dem Import

Import mit Umbenennen

Sollen die Bilddateien von einem externen Datenträger oder direkt von der Kamera (die, angeschlossen am Computer, ja auch nichts anderes als ein externer Speicherkartenleser ist) gelesen und importiert oder zwar von der Festplatte, aber mit Kopieren oder Verschieben der Bilddateien in Adobe Photoshop Lightroom 2 importiert werden, so kann dies im Import-Dialogfenster ebenfalls vorgegeben werden. Wird im Menü bei *Dateiverwaltung* eine andere als die Standardeinstellung (*Fotos ohne Verschieben dem Katalog hinzufügen*) gewählt, ändert sich das Dialogfenster und wird um die Möglichkeit erweitert, einen neuen Speicherort und einen neuen Dateinamen anzugeben.

Angeboten werden die Möglichkeiten, die Dateien an einen neuen Speicherort zu kopieren, sie also danach an zwei Stellen vorzuhalten (wichtig für Backup-Zwecke) oder sie an den neuen Speicherort zu verschieben. Es sollte eigentlich immer die Variante *Kopieren* gewählt und ggf. nach erfolgreichem Abschluss des Kopierprozesses die Ausgangsstelle von Hand gelöscht werden – zu groß ist sonst die Gefahr des Datenverlustes bei Fehlern oder Abbrüchen im Kopierprozess.

Im Bereich *Dateibenennung* lässt sich sehr fein und individuell einstellen, welchen Aufbau man für den Dateinamen bevorzugt. Ein empfohlenes System hierzu ist bereits im Kapitel 4 ausführlich beschrieben. So führt etwa die Musterfolge

{Datum (JJ)»} {Datum (MM)»} {Datum (TT)»}-{Stunde»}{Minute»}_{Importnummer (01)»}_{Benutzerdefinierter Text}

zu einem Dateinamen wie: *080908-1235_013_Wolken.nef*

Diese Musterfolge kann als Vorlage abgelegt werden (hier: KO-Standarddateiname) und steht dann immer, wenn in Lightroom Dateien umbenannt werden sollen, zur Verfügung.

Der Importvorgang geht relativ schnell vonstatten.

Die Schaltfläche *Importieren* löst den eigentlichen Importvorgang aus, der – je nach ausgewählter Vorschaubildgröße – relativ zügig vonstatten geht. Der Fortschritt des Importvorgangs wird links oben im Lightroom-Bildschirm angezeigt.

Links oben im Lightroom-Fenster wird der Fortschritt des Importvorgangs angezeigt – er kann mit dem kleinen x auch abgebrochen werden.

Exkurs: Up to date – Bilderordner synchronisieren

Der gerade importierte und jeder andere Ordner wird von Lightroom nicht überwacht. Nach dem Import greift Lightroom zwar auf die einzelnen Dateien zu, wenn diese in das Entwicklungsmodul geladen oder in anderer Form weiterverarbeitet werden sollen – es erkennt jedoch nicht selbstständig hinzugekommene Dateien.

Wird in einem Ordnerbaum, wie er von Lightroom verwaltet wird, durch ein anderes Programm eine Änderung vorgenommen, etwa zusätzliche Bilder in einen Unterordner kopiert oder Bilddateien kopiert und dann verändert, weiß Lightroom zunächst nichts davon und erkennt die neuen Bilder nicht.

Es gibt in Lightroom keine Automatik zur Überwachung und permanenten Aktualisierung bereits importierter Verzeichnisstrukturen.

Fehlende Bilddateien – bei denen Lightroom zwar das kleine Vorschaubild (Thumbnail)

erkennt, die zugehörige Datei jedoch nicht mehr vorhanden, umbenannt oder verschoben wurde – wird die Bibliotheksverwaltung in Adobe Lightroom jedoch anmahnen.

Lightroom bietet aber zumindest die Möglichkeit, Ordner per Kommando zu synchronisieren, d .h. erneut zu untersuchen und neue Bilder oder externe Änderungen zu übernehmen. Hierzu dient die Funktion *Ordner synchronisieren*, die nach rechtem Mausklick auf den Ordnernamen erscheint.

Die Benutzerrückmeldung ist hier etwas unglücklich realisiert: Es erscheint eine Dialogbox mit Auswahlmöglichkeiten, ein Bestätigungsknopf fehlt jedoch bzw. ist nicht aktiv – bis man in der oberen linken Ecke wieder unscheinbar einen Fortschrittsbalken entdeckt. Erst nach Durchlaufen dieses Prozesses wird die Schaltfläche *Synchronisieren* aktiv, und nach Anwählen erscheint ein neuer Fortschrittsbalken.

Wenn der Bildbestand gelegentlich auch mit anderen Anwendungen bearbeitet wird, sollte diese Ordnersynchronisation gelegentlich durchgeführt werden, damit Lightroom und damit der Anwender den tatsächlichen Bildbestand im Blick hat – verwaltet ausschließlich Lightroom den Bilderordner, ist eine Synchronisierung eher selten nötig.

Alles drin

Nach dem Import – egal, ob in einen neuen, noch leeren oder in einen schon gut gefüllten Katalog – zeigt Adobe Photoshop Lightroom 2 die neuen Bilder als kleine Vorschauen im Überblick (*Rastermodus*) im Hauptfenster der *Bibliothek* an.

Im linken Bedienfeld sind die soeben importierten Bilder im Bereich *Katalog* unter *Vorheriger Import* eingetragen. Dort werden, wie der Name schon sagt, immer die Bilder des letzten Imports aufgelistet, damit sie nach dem Import bevorzugt zugänglich sind.

Zudem ist der Ordner, dem die Bilder entstammen, im Bereich *Ordner* eingetragen und darüber zugänglich. Adobe Photoshop Lightroom 2 bildet hier sehr schön die Datei- und Ordnerverwaltung des Betriebssystems nach (allerdings, wie oben erwähnt, nicht automatisch aktualisiert). In dieser Liste erscheinen alle Ordnernamen, deren Bilder in Lightroom bekannt sind.

Die soeben importierten Bilder werden in der Bibliothek im Rastermodus angezeigt und sind (im linken Bedienfeld) unter dem Eintrag **Vorheriger Import** *eingetragen.*

In der Ordnerliste kann eingestellt werden, wie die Pfade abzubilden sind.

Zwar bietet Adobe Photoshop Lightroom 2 weit höherwertige Ordnungskriterien für Bilder an (*Sammlungen* und *Filter*), intuitiv und aus Gewohnheit fällt jedoch der Zugang über die Ordnerliste besonders leicht.

Nach dem Import ...

... werden die neuen Bilder in mehreren Durchgängen gesichtet und in den Bestand der eigenen Bildersammlung aufgenommen. Die Sichtung und Bearbeitung der neuen Bilder erfolgt normalerweise in mehreren Durchgängen, die sich natürlich überlappen können:

- *KO-Durchgang*: Die erste, auch sehr schnelle Durchsicht dient der Kennzeichnung und Entfernung von Ausschuss.

- *Bibliotheks-Duchgang*: Auszeichnung und Verschlagwortung und damit Nutzbarmachung für die Bibliothek.

- *Optimierungs-Durchgang*: Bilder, bei denen dies erforderlich oder lohnend erscheint, werden dem Entwicklungsmodul zur Optimierung übergeben.

Erste Sichtung – KO-Durchgang

Nach dem Import neuer Bilder ist der erste Durchgang ein Sichtungs- und Löschdurchgang. Bilder, die inhaltliche und technische Probleme haben, stellen Ballast dar, fressen Platz auf der Festplatte und lenken immer wieder von den wirklich guten Bildern ab.
Bereits beim ersten schnellen und von gespannter Neugierde begleiteten Durchklicken muss gelöscht werden – radikal.

- Alles, was unscharf ist: gleich weg damit – es ist nicht mehr zu retten. Die Schärfungsfunktion einer Software kann ein unscharfes Bild nicht mehr schärfen.

- Alles, was zu hell und überbelichtet ist: gleich weg damit – ausgefressene Lichter tragen keine Zeichnung mehr und sind daher nicht mehr zu retten. Auch die Funktion *Wiederherstellung* aus dem Entwicklungsmodul kann größere, ausgefressene Flächen nicht mehr rekonstruieren.

- Alles, was viel zu viel oder viel zu wenig zeigt: weg damit – alles, was über geringfügige Korrekturen des Bildausschnittes (Beschneiden von als 25 % der Bildfläche) hinausgeht, ist und bleibt ein technisch unsauberer Kompromiss. Und auch im gegenteiligen Fall: Bei zu knappem Ausschnitt mit abgeschnittenen bildwichtigen Elementen ist ohnehin keine Rettung möglich.

- Zu viele Wiederholungen des gleichen Bildes; die vielen Aufnahmen wurden nur gemacht, um auch tatsächlich das optimale Bild einer Situation zu erhalten – also sollten alle anderen tatsächlich ge-

IN RUHE SICHTEN

Nie, wirklich nie, sollte der Fotograf unmittelbar nach einer Aufnahmesitzung (etwa einer Hochzeit, einem großen Fest, einer Portrait- oder Gruppensitzung) „mal schnell" seine Ergebnisse, d. h. alle gerade entstandenen Bilder, per CD oder Speicherchip in fremde Hände geben, auch wenn die Spannung beim Auftraggeber vielleicht noch so groß ist. Der Fotograf sollte zumindest – und alleine (!) – die Bilder einer Umbenennung und Erstsichtung mit Löschung des Ausschusses unterziehen!

löscht werden. Nur eine Aufnahme kann die beste sein.

- Alles, was Menschen in Situationen, Haltungen oder Gesichtsausdrücken zeigt, die ihnen selbst peinlich sind, und auch darüber hinaus keinerlei Kriterien eines guten Fotos erfüllen: gleich weg damit – es ärgert nur. (Es sei denn, der Fotograf will sich als Paparazzo verdingen).

Bringt der emsige Fotograf die Disziplin nicht auf, Ausschuss tatsächlich zum Ausschuss zu machen und gnadenlos zu löschen, sind alle Dämme geöffnet und ein Ertrinken in der Bilderflut mittelmäßiger Bilder ist vorprogrammiert.

Lieber 50 gute Bilder aus der Hand geben, als 150 Bilder, bei denen die Hälfte unscharf ist und ein weiterer Teil technische oder gravierende gestalterische Mängel aufweist.

Bilder als abgelehnt markieren

Für den ersten Sichtungsdurchgang, den KO-Durchgang, sollten die Bilder nicht als Vorschaubilder im Rastermodus angezeigt werden, sondern als Vollbild – ein Doppelklick auf das Bild reicht. Bei Bedarf können auch noch – mit Taste [TAB] – die seitlichen Bedienfelder und – mit Taste [T] – die Werkzeugleiste ausgeblendet werden. Die Vorschaubilder sind dann immer noch im Filmstreifen am unteren Rand zu sehen.

Im ersten Sichtungsdurchgang wird mit Markierungen (Flaggen) gearbeitet.

Adobe Photoshop Lightroom 2 bietet mit seinen *Flaggen* (Markierungen) eine sehr schöne und einfache Hilfe, diesen KO-Durchgang – zunächst reversibel – zu bearbeiten. Kurz: Zu löschende Bilder werden dabei mit der Markierung *Abgelehnt* ausgestattet und alle derart markierten Bilder anschließend – vielleicht nach einem kurzen Check – gelöscht.

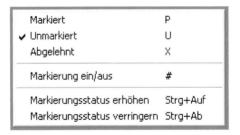

Für diesen ersten Durchgang bietet Lightroom drei Markierungszustände an, gekennzeichnet durch ein schwarzes, ein neutrales und ein weißes Flaggensymbol. Angezeigt werden diese Symbole an mehreren Stellen – in der Raster- und Filmstreifenansicht etwa links oben am Bild, in der Vollbildansicht in der Werkzeugleiste. Durch Anklicken lassen sich diese Markierungen auch umschalten.

Abgelehnt	Nicht markiert	Markiert
Alt-Klick	Klick	Klick
	Taste [#]	Taste [#]
Taste [X]	Taste [U]	Taste [P]

Am einfachsten ist es, die Bilder nun der Reihe nach durchzugehen:

- Mit den Pfeiltasten (rechts/links) kann weiter oder noch einmal zurückgeschaltet werden. Soll ein Detail noch näher betrachtet werden, reicht ein Klick mit der Maus, um das Vollbild weiter zu vergrößern. Der Mauszeiger wird dann zur Verschiebehand – der Ausschnitt kann verschoben und andere können Bildteile vergrößert betrachtet werden. Ein weiterer Klick bringt wieder die Vollbildansicht zurück. Mit Taste [g] kann immer zur Rasteransicht zurückgekehrt werden.

- Mit Taste [x] wird jedes Bild als abgelehnt markiert, das den oben genannten oder eigenen Kriterien nicht genügt.

- Mit Taste [p] kann ein Bild markiert werden, das aus diversen Gründen besonders auffällt; etwa, weil es bemerkenswert gut ist, unbedingt nachbearbeitet werden muss oder aus anderen Gründen zunächst herauszustellen ist.

- Alle anderen Bilder bleiben unmarkiert. Wurden sie schon markiert, hebt Taste [u] diese Markierung wieder auf.

Dieser erste Löschmarkierungsdurchgang sollte zügig und beherzt erfolgen, da durch langes Nachdenken ein schlechtes Bild nicht schärfer wird. Ein Bild, das beim ersten Anblick schon Zweifel aufkommen lässt, wird diese Zweifel später nicht ausmerzen können.

Entscheidungshilfe 1: Überprüfungsansicht (Erfassungsansicht)

Adobe Photoshop Lightroom 2 bietet gerade zur Vereinfachung der Auswahl aus mehreren ähnlichen Bildern den Modus der *Überprüfungsansicht* (auch als *Erfassungsansicht* bezeichnet).

Dabei werden ausgewählte Bilder – typischerweise aus einer Serie ähnlicher Bilder – im Hauptarbeitsbereich angezeigt und können besser beurteilt und somit auch zum Löschen freigegeben werden.

In der *Überprüfungsansicht* können, ebenso wie in der *Vollbildansicht* und *Rasteransicht*, die Aufnahmen mit Marken (Flaggen), Sternen und anderen Auszeichnungen versehen wer-

In der Überprüfungs-
ansicht *können ausge-
wählte Bilder einfach
miteinander verglichen
und entsprechend
bewertet oder zum
Löschen freigegeben,
werden.*

den. Es kann z. B. auf die schlechteste Aufnahme der Auswahl eine *Abgelehnt-Marke*
gesetzt werden. Durch Anklicken des Symbols,
das rechts unten in dem Fenster erscheint, in
dem sich der Mauszeiger gerade befindet,
wird das Bild aus der Auswahl ausgeschieden
(aber nicht weiter markiert) – übrig bleiben
die anderen Bilder zur weiteren Auswahl –, bis
nur noch das beste Bild einer Serie übrig ist.

Entscheidungshilfe 2:
Vergleichsansicht

Ein noch detaillierteres Hilfsmittel zur Auswahl aus wenigen, sehr ähnlichen Bilder bietet die *Vergleichsansicht*, da dabei gleiche
Ausschnitte zweier Bilder nebeneinander gestellt und in Zoomstufen und Verschieben des
Ausschnitts synchronisiert werden können.

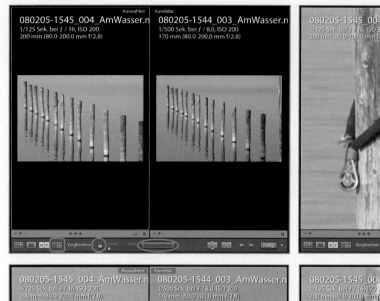
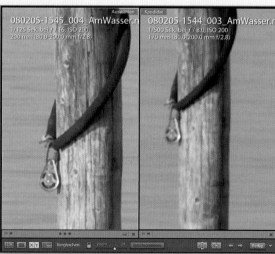

*In der **Vergleichsansicht** werden Aufnahmen gleichzeitig dargestellt und in Bildausschnitt und Zoomstufe synchronisiert – womit ein sehr detaillierter Vergleich möglich wird.*

Wird für ein Bild eine höhere Zoomstufe zur genaueren Bildbeurteilung ausgewählt, so wird der gleiche Bildausschnitt im anderen Bild auch in der gleichen Zoomstufe angezeigt.

Wird in einem Bild der Ausschnitt mit der Verschiebehand verschoben, so wird das andere Bild mitbewegt.

Die Synchronisation der Bildausschnitte und Zoomstufen kann durch Anklicken des

Die Synchronisierung kann aufgehoben und auch nur vorübergehend manuell wieder hergestellt werden.

Schloss-Symbols (Verknüpfungsfokus) aufgehoben werden – es wird dann immer nur eines der beiden Bilder vergrößert und verschoben. Durch Klick auf die Schaltfläche *Synchronisieren* werden die beiden Bilder vorübergehend, bis zur nächsten Änderung, wieder gleichgeschaltet. Ein weiterer Klick auf das Schloss-Symbol nimmt die Koppelung der beiden Bilder wieder auf.

Auf diese Weise lässt sich ein sehr präziser, detaillierter Vergleich anstellen. Auch können in beiden Bildern, Marken und weitere Auszeichnungen gesetzt werden.

Entfernen

Sind alle Bilder durchgesehen und Löschmarken gesetzt, können sie in einem zweiten Schritt, über die Funktion *Foto → Abgelehnte Fotos löschen ...* oder über Strg-Rücktaste endgültig entfernt werden.

Die mit der Markierung **Abgelehnt** *versehenen Bilder können per Kommando gelöscht werden.*

Auch hier sind noch einmal drei weitere Sicherheitsstufen eingebaut:

- Die Bilder werden vor dem Löschen noch einmal angezeigt.

- Die Bilder können zunächst nur aus dem Lightroom-Katalog und noch nicht von der Festplatte entfernt werden.

- Werden die Bilder in Lightroom auch von der Festplatte entfernt, so liegen sie immer noch im Systempapierkorb, aus dem sie ggf. zurückgeholt werden können.

Nach Auslösen der Funktion *Abgelehnte Fotos löschen ...* werden nur die zu löschenden Bilder im Hauptfenster der Bibliothek angezeigt. Hier kann der Löschprozess im Zweifelsfall

noch einmal abgebrochen und die eine oder andere Löschmarkierung aufgehoben werden. Gleichzeitig wird eine Rückfrage eingeblendet, ob die Bilddateien nur aus dem Lightroom-Katalog entfernt oder auch vollständig von der Festplatte gelöscht werden sollen.

Vor dem Löschen der mit **Abgelehnt** *markierten Bilder wird noch einmal rückgefragt, ob nur aus dem Lightroom-Katalog oder auch von der Festplatte gelöscht werden soll.*

Da es sich um das Entfernen der technisch und inhaltlich schlechten Aufnahmen handelt, sollten diese normalerweise auch gleich von der Festplatte entfernt werden – es gibt kaum einen Grund, sie außerhalb der Verwaltung von Lightroom, aber dennoch auf der Festplatte zu verwahren.

Erst nach der neugierig-schnellen Erstsichtung und gleichzeitig möglichst radikaler Entfernung von Müll wird ein klarerer und dann auch schon viel wohlwollenderer Blick auf die Bildausbeute möglich.

Hier ist der zwar immer noch nicht ideale, aber auch nicht immer zu vermeidende Zeitpunkt erreicht, an dem das Bildmaterial erstmals auch fremden Augen zugänglich gemacht und vielleicht sogar aus der Hand gegeben werden kann. Drängt das tags zuvor fotografierte Hochzeitspaar gar zu sehr, endlich die Bilder zu sehen – jetzt dürfen sie, ohne dass der Fotograf sich blamiert oder dummes Bildmaterial in Umlauf kommt.

Zweiter Durchgang – die Bildverwaltung

Ist die Spreu vom Weizen getrennt, geht es an die tatsächliche Auswertung des Bildmaterials. Im zweiten Teil, dem Bibliotheks- oder Verwaltungsdurchgang, erfolgt die eigentliche Einordnung in das Bildverwaltungssystem von Adobe Photoshop Lightroom 2. Dabei werden die Bilder

- mit *Bewertungen* versehen, wofür 6 Stufen (0-5 Sterne) zur Verfügung stehen

- mit *Stichwörtern* versehen – mühsam, aber lohnend

- optional mit *Farbmarkierungen* versehen

- optional in *Schnellkollektion* oder *Sammlungen* eingereiht

In diesem zweiten Durchgang wird das Bildmaterial so aufbereitet, dass es für die Datenbankfunktionen von Adobe Photoshop Lightroom 2 möglichst gut nutzbar ist. Dieser Schritt kann natürlich entfallen und es kann (zumindest für eine gewisse Zeit) auch gut ohne *Bewertungen* und *Stichwörter* gearbeitet werden – die Möglichkeit von Lightroom, Bilder zu verwalten und sie nach vielerlei Kriterien zu suchen oder neu zusammenzustellen fällt damit jedoch weg.

Bewertungen – Sterne vergeben

Eine der Möglichkeiten für diese Strukturierung des Bildbestandes ist die Einteilung in Qualitätsstufen, wofür Adobe Photoshop Lightroom 2 eine sechstufige Abstufung (0-5 Sterne) anbietet.

Im zweiten Durchgang wird die Qualifizierung durch Sterne vorgenommen

Die Aufnahmen werden jetzt vom Fotografen genauer betrachtet und einer Klassifizierung unterzogen. Externe, allgemeingültige Kriterien für diese Klassifizierung gibt es nicht und kann es nicht geben, bestenfalls gibt es hierzu Hinweise von Agenturen oder Auftraggebern. Jeder Fotograf tut gut daran, sich eine eigene und individuelle Klassifizierung zurechtzulegen und diese später möglichst wenig zu ändern oder umzugewichten.

Qualifizierungskriterien können und sollten sich dabei zunächst an der Qualität der Bilder orientieren – wobei, genau wie bei Schulnoten, darauf geachtet werden sollte, die „1" nicht zu häufig zu vergeben, sie wird sonst wertlos.

Vorschläge für eigene Kriterien zur qualitativen und konzeptionellen Klassifizierung könnten dabei etwa sein:

★★★★★	absolutes Spitzenbild, für Ausstellungen, Wettbewerbe oder Buchtitel geeignet
★★★★☆	sehr gutes Bild, keine technischen und gestalterischen Fehler; überragende Bildwirkung
★★★☆☆	gutes Bild, gefällt mir und sicher auch anderen
★★☆☆☆	nettes Bild, die abgebildeten Personen haben sicher Freude daran
★☆☆☆☆	Bild bedarf der umfangreicheren Nachbearbeitung
☆☆☆☆☆	ist zwar nicht so wirklich gut, ich kann mich aber dennoch nicht davon trennen

Bei den genannten Klassifizierungskriterien handelt es sich um Anregungen, eigene Kriterien aufzustellen, und weniger um einen kon-

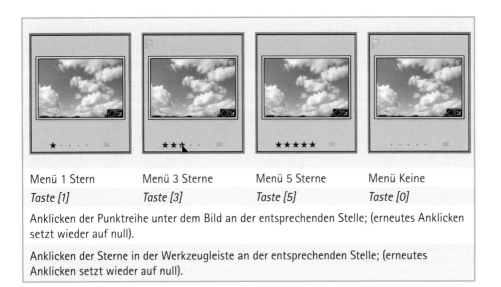

Menü 1 Stern	Menü 3 Sterne	Menü 5 Sterne	Menü Keine
Taste [1]	*Taste [3]*	*Taste [5]*	*Taste [0]*

Anklicken der Punktreihe unter dem Bild an der entsprechenden Stelle; (erneutes Anklicken setzt wieder auf null).

Anklicken der Sterne in der Werkzeugleiste an der entsprechenden Stelle; (erneutes Anklicken setzt wieder auf null).

kret umzusetzenden Vorschlag. Vielfach wird man auch mit weit weniger Stufen, vielleicht sogar nur mit drei Stufen, 0, 1 und 2 Sterne, auskommen.

Als zweites Qualifizierungskriterium, parallel zur qualitativen Bewertung, kann eine Bewertung nach geplanter Verwendung (für Web, HDR) oder Bearbeitungszustand (umfangreiche Nachbearbeitung erforderlich) einbezogen werden.

So bestechend – und dringend empfohlen – eine Klassifizierung nach detaillierten Schemata erscheint: Diese ist immer nur so gut, wie die Disziplin des Anwenders groß ist. Halbherzige Klassifizierung, die nur gelegentlich angewandt wird, ist nicht hilfreicher als keine Klassifizierung. Je mehr Kriterien und virtuelle Schubladen man für seine Bilder plant, desto größer ist die Gefahr, von seinem eigenen Planungsanspruch überrollt zu werden.

Sinnvoll ist es, nur zwei Qualitätsstufen (sehr gut, weniger gut) zu wählen und konsequent einzusetzen, statt fünf und mehr Stufen, die unüberblickbar nicht mehr angewandt werden; besser keine Verwendungsmarkierung als eine inkosequente oder – schlimmer noch – inkonsistent eingesetzte.

Die Zuweisung einer Bewertung durch die Vergabe von Sternen kann über die Menüfolge *Foto → Bewertung* erfolgen.

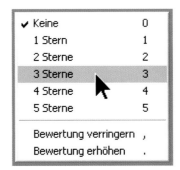

Die Bewertung einer Aufnahme über die Menüfolge Foto → Bewertung.

Einfacher und schneller geht es aber auch hier mithilfe der Tastatur oder direkt mit der Maus.

In der *Rasteransicht* der *Bibliothek* können auch gleiche mehrere Bilder selektiert und auf diese Weise klassifiziert werden, in der – für die Klassifizierung zu bevorzugenden Vollbildansicht (Lightroom nennt es *Lupenansicht*) – wird immer nur das gerade angezeigte Bild mit Sternen versehen, auch wenn im Filmstreifen mehrere Bilder selektiert wurden.

KLEINER EXKURS: WARUM ALL DIESE AUSZEICHNUNGEN?

Sterne, Markierungen, Stichwörter, Farbmarken – wozu die Mühe?

Alle diese Metadaten dienen der schnellen Orientierung in der Flut der Bilder, die bei einem aktiven Fotografen unablässig auf die Festplatte einströmt, und dem gezielten Wiederfinden von Einzelbildern und Bildergruppen.

Lightroom besitzt ein sehr umfangreiches, elegantes System von *Filtern*, mit denen gezielt Bilder zusammengestellt werden können, die bestimmten Kriterien entsprechen. Seien dies nun alle Bilder mit Blende 8 und Blitz, alle von Franz und Anni mit Blende 8 und Blitz oder von Anton und Gudrun mit 3 und mehr Sternen, die zwischen März und Juni aufgenommen wurden,

u. v. m. Der Auswahl sind hier kaum Grenzen gesetzt, es sei denn, der Fotograf hat sich die Mühe erspart, seinen Bildern die entsprechenden Auszeichnungen zuzuordnen.

Auszeichnungen bleiben beim Foto! Das Bewertungssystem mit Sternen wird über andere Adobe-Anwendungen hinweg aufgegriffen, Stichwörter bei einem Export in die Bild-Metadaten werden übernommen und können von vielen anderen Anwendungen ausgewertet werden.

Die rein technischen Auszeichnungen liefert die Kamera über das Exif-System, die inhaltlichen Auszeichnungen muss der Fotograf beisteuern – am Besten in einem sehr frühen Sichtungsdurchgang.

Farben – nach Belieben

Farben werden nach Belieben und mit selbstdefinierter Bedeutung, etwa **Privat** *oder* **Explicit***, vergeben.*

Die bisher genannten Auszeichnungen – *Flaggen* (Marken) und *Bewertungen* (Sterne) – sind hilfreich, bieten aber noch keine Möglichkeit der individuellen Klassifizierung von Bildern

nach völlig eigenständigen Kriterien, wie etwa *Privat* oder *Belichtungsreihe für HDR* etc.

Hierfür bietet Adobe Photoshop Lightroom 2 die Möglichkeit, mit farbigen Markierungen zu arbeiten. Es stehen fünf Farbmarken (Rot, Gelb, Grün, Blau, Lila) zur Verfügung, deren Bedeutung oder Verwendung in keiner Weise vorgegeben ist und die auch individuell definiert werden können.

Farbmarken kann individuell ein eigener Name zugewiesen werden

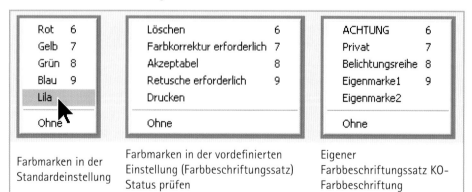

Farbmarken in der Standardeinstellung

Farbmarken in der vordefinierten Einstellung (Farbbeschriftungssatz) Status prüfen

Eigener Farbbeschriftungssatz KO-Farbbeschriftung

Für die individuelle Benennung der Farbmarken bietet Adobe Photoshop Lightroom 2 die Funktion *Metadaten* → *Farbbeschriftungssatz* → *Bearbeiten*. Damit kann den einzelnen Farben einfach eine eigene Bedeutung zugewiesen und diese dann auch unter eigenem Namen abgelegt werden.

Den Farbmarken kann eine eigene Bedeutung zugewiesen und diese unter eigenem Namen abgelegt werden.

Zugewiesen werden die Farbmarken (Lightroom nennt sie *Farbbeschriftungen*) über die Menüfolge *Foto* → *Farbbeschriftung festlegen* oder ganz einfach über die Tasten [6] bis [9]. Für die letzte Farbmarke, in der Standardeinstellung Lila, ist kein Tastenkürzel vorgesehen.

Die eigene Verwendung und individuelle Bedeutung dieser Farbmarken sollte bereits vor ihrem ersten Einsatz wohlüberlegt und definiert sein – und, zumindest innerhalb eines Katalogs – auch nicht mehr verändert werden.

Farbbeschriftungen gehören auch in einem wohlorganisierten Bildarchiv nicht zum Pflichtprogramm, die Anwendung kann auch eher in geringem Umfang und optional erfolgen.

Stichwörter – mehr als tausend Worte

Zu den großen Schönheiten eines digitalen Bildarchivs gehört die Arbeit mit Schlagworten (Lightroom nennt sie *Stichwörter*).

Der Einsatz von *Stichwörtern* verursacht zunächst relativ großen Aufwand, obwohl Adobe Photoshop Lightroom 2 viele Möglichkeiten bietet, diesen erträglich gering zu halten.

Stichwörter bieten aber den Vorteil, ein Bildarchiv erst wirklich von einer Bilderansammlung abzuheben. Mit einem sauber verschlagworteten Archiv ist schnelles Wiederfinden von Bildern und Zusammenstellen von beliebigen Kollektionen einfach und flexibel.

Für den professionellen Bereich stehen umfangreiche Stichwortsysteme und -kataloge zur Verfügung, die in Adobe Photoshop Lightroom 2 integriert werden können; für den semiprofessionellen und Amateurbereich sind vorgefertigte Stichwortkataloge mit mehreren Tausend Einträgen viel zu aufwendig; Stichwörter sollten hier einfach dem typischen Fotoumfeld entspringen.

Stichwörter zuordnen

Vor der Vergabe von Stichwörtern sollte immer die Überlegung stehen, wonach man möglicherweise suchen möchte. Das sind:

- Namen aller Personen auf dem Bild, z. B. Anton, Gudrun, Franz, Anni

- dominierendes Motiv (Objekt), z. B. Flugzeuge, Oldtimer, Hochzeit, Architektur

- dominierende Bildaussage bzw. Stimmung, z. B. Herbst, Nacht, Geschwindigkeit, Sonnenaufgang, blau

- Ortsname/Ortsbezeichnung; Hamburg, Hamburger Hafen, Neuschwanstein, Bryce Canyon

- Aufnahmetechnik, z. B. für HDR, LowKey

- weitere Anmerkungen, z. B. *Privat*

Stichwörter sollten prinzipiell im Plural verwendet werden, danach wird häufiger gesucht; also Autos statt Auto und Blumen statt Blume.

Stichwörter eingeben

Die erste, einfachste Möglichkeit, Stichwörter Bildern anzuheften, wird schon gleich beim Import der Aufnahmen in Lightroom angeboten. Typischerweise werden einzelne Bilderserien oder Ordner in Lightroom importiert, die alle aus der gleichen oder ähnlichen Aufnahmesitzung stammen (außer bei der Ersteinführung von Lightroom mit dem Import vieler Tausend Bilder), etwa einer Reise, einer Portraitsitzung oder einem Familienfest. Es ist dann ein Einfaches, zumindest die wichtigsten, alle gerade zum Import anstehenden Bilder hier schon mit Stichwörtern zu versehen.

Die Stichwörter werden einfach in das gleichnamige Feld eingegeben, mehrere Stichwörter werden durch Komma getrennt. Bereits in einem anderen Kontext vergebene und Lightroom bekannte Stichwörter werden bereits nach Eingabe der ersten Zeichen erkannt und ggf. in einer Liste zur Verwendung vorgeschlagen.

Im *Bibliotheksmodul* steht für die Vergabe von Stichwörtern der Bereich *Stichwörter festlegen* im rechten Bedienfeld der *Bibliothek* zur Verfügung.

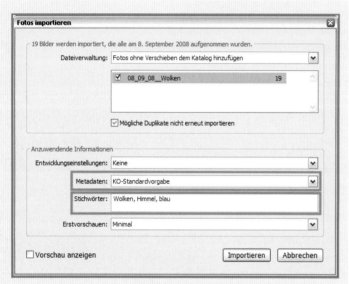

Die wichtigsten Stichwörter sollten gleich schon beim Import der Bilder vergeben und zugeordnet werden.

Der Bereich **Stichwörter festlegen** *im rechten Bedienfeld der Bibliothek.*

STICHWÖRTER REICHEN OFT AUS

In vielen Fällen und für viele Bilder kann eine geschickte Stichwortvergabe an dieser Stelle auch schon ausreichend und nur für wenige Bilder eine Nachbesserung im Bibliotheksmodul erforderlich sein.

Hier ist zunächst, ähnlich wie im *Importfenster*, ein Eingabefeld für *Stichwörter* verfügbar, zudem aber auch ein Bereich mit *Stichwortvorschlägen* und ein weiterer, ähnlicher Bereich, in dem *Stichwortsätze* angeboten werden.

Stichwörter schreibt man am besten nur in das hierfür vorgesehene Eingabefeld. Mehrere Stichwörter hintereinander werden auch hier durch Komma getrennt; abgeschlossen wird die Eingabe durch die Eingabetaste.

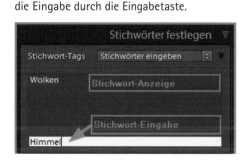

Der Eingabe- und Anzeigebereich für Stichwörter.

Eingaben erfolgen normalerweise in dem einzeiligen Feld, das, wenn nicht aktiv, mit *Hier klicken, um Stichwörter hinzuzufügen* beschriftet ist. Ist die Eingabe abgeschlossen, erscheinen die neuen und die bereits zugeordneten Stichwörter im großen Stichwort-Feld darüber. Aber auch in dieses Anzeigefeld können Stichwörter direkt eingegeben werden, wenn in dem kleinen Menü darüber *Stichwörter eingeben* eingestellt ist. Die beiden anderen Punkte – *Stichwörter & Enthält Stichwörter* und *Wird exportiert* – dienen der Anzeige der Stichwörter, wie sie extern repräsentiert werden.

Stichwortvorschläge stellt Adobe Photoshop Lightroom 2 selbst zusammen und bedient sich dabei den zuletzt eingegebenen und anderen möglicherweise passenden Stichwörtern.

Stichwortsätze sind vor- oder selbstdefinierte Zusammenstellungen vor Stichwörtern, die bestimmte Aufnahmesituationen zum Inhalt haben, etwa Naturfotografie, Menschen, Familie u. v. m.

Für *Stichwortvorschläge* und *Stichwortsätze* ist es nicht immer einfach, passende Stichwörter anzubieten, sodass es meist nötig ist, auch mit dem Eingabefeld für Stichwort-Tags zu arbeiten. Das führt häufig dazu, dass Anwender die Unterbereiche *Stichwortvorschläge* und *Stichwortsätze* schließen und nur noch mit der Direkteingabe für Stichwörter arbeiten.

Stichwortvorschläge und Wörter aus einem Stichwortsatz müssen, bei selektierten Bildern, nur angeklickt werden, um sie zuzuweisen. Damit werden unterschiedliche Schreibweisen vermieden und die Verschlagwortung des Bildbestandes deutlich vereinfacht.

Auch über die *Stichwortliste* können bereits angelegte Stichwörter Bildern zugewiesen werden. Die Stichwortliste zeigt nicht nur alle im Katalog vorhandenen Stichwörter der Reihe nach an, sondern ist mit einigen interessanten Funktionen ausgestattet (siehe unten).

Stichwörter aus der Liste werden Bildern zugewiesen, indem ...

- ... die Bilder einfach mit der Maus auf das gewünschte Stichwort gezogen und abgelegt werden, oder ...

- ... bei selektierten Bildern einfach das kleine Häkchen vor dem Stichwort gesetzt wird.

Beurteilt, ausgezeichnet und verschlagwortet – und jetzt?

Aufnahmen nach Qualität zu beurteilen, mit Sternen auszuzeichnen und mit Stichwörtern zu versehen, das bedeutet viel Aufwand – sichtbar und lohnend wird dieser Aufwand erst, wenn es darangeht, bestimmte Bilder in der großen Sammlung gezielt und schnell herauszufinden. Das Bibliotheksmodul von Adobe Photoshop Lightroom 2 leistet genau diese Hilfe und bietet vielerlei Möglichkeiten, Bilder schnell nach nahezu allen damit verbundenen Attributen und Metadaten zusammenzustellen – egal, ob alle Bilder mit einem bestimmten Stichwort, Aufnahmedatum, technischen Daten der Aufnahme oder einer bestimmten Bewertung.

Die wichtigsten Funktionen und Werkzeuge zur schnellen Zusammenstellung von Bildern, die gewissen Kriterien entsprechen, sind:

- der Bereich *Stichwortliste* (im rechten Bedienfeld)

- der Bereich *Metadaten* (im rechten Bedienfeld)

- der *Bibliotheksfilter* (am oberen Rand des Haupt-Arbeitsbereichs)

- schließlich die Funktionen *Schnellsammlung, Sammlung* und *Smart-Sammlung*

Die Funktionen und Einsatzbereiche dieser Möglichkeiten überlappen teilweise, und es ist vielfach eine Frage der persönlichen Vorliebe, welche Alternative der Bildersuche gewählt wird.

Stichwortliste

Die *Stichwortliste* ist eine der vielen Möglichkeiten, gezielt auf bestimmte Bilder zuzugreifen und sie nach den anhaftenden Stichwörtern auszuwählen. Je besser ausgebaut die Verstichwortung des Bildbestandes, desto schneller und einfacher ist die Navigation mithilfe der *Stichwortliste*.

In der Stichwortliste werden alle im Katalog vergebenen Stichwörter aufgelistet – und das können ziemlich viele sein. Um die Übersicht nicht zu verlieren, kann im Feld *Stichwort filtern* nach Eingabe einer Zeichenfolge die Auswahl der Stichwörter auf diesen Suchbegriff begrenzt werden.

Am rechten Rand der Stichwortliste wird angezeigt, wie viele Aufnahmen mit dem jeweiligen Stichwort verbunden sind. Etwas weiter rechts wird ein kleiner Pfeil sichtbar, wenn sich der Mauszeiger auf einem der Stichwörter befindet.

- Per Klick auf den Pfeil werden alle Bilder angezeigt, zu denen das Stichwort passt.

- Per Klick auf das kleine Feld links des Stichwortes wird das Stichwort einem Bild zugewiesen.

- Per Doppelklick auf das Stichwort können Optionen zum Stichwort festgelegt werden (was normalerweise nur selten erforderlich ist).

Sind genügend Bilder und Stichwörter in einem Lightroom-Katalog eingetragen, d. h., hat der Lightroom-Katalog und ebenso die Anzahl der Stichwörter einmal eine bestimmte Größe erreicht, so wird die Stichwortliste zu den wichtigsten Hilfsmitteln bei der Verwaltung des Bildbestandes.

Metadaten

Stichwörter zu einem Bild sind Metadaten, d. h. Daten, die über den reinen Bildinhalt hinaus zu einer Aufnahme gehören. Zu jedem Bild, das in Lightroom aufgenommen wurde, werden teilweise automatisch, teils manuell, eine Vielzahl von weiteren Metadaten angelegt – und auch nach diesem Metadaten können Bilder gezielt ausgewählt werden.

Schaltstelle bei der Eingabe wie auch der Suche nach Bildern ist der Bereich *Metadaten* im rechten Bedienfeld des Moduls *Bibliothek*.

Potenziell können mit einem Bild sehr viele Metadaten verbunden sein, von EXIF-Daten, die gleich bei der Aufnahme hinzukommen, bis zu umfangreichen IPTC-Daten, die manuell oder semiautomatisch bei der Übertragung, beim Import in Lightroom oder später bei der Arbeit in Lightroom hinzukommen.

Um nicht immer die verwirrende Vielzahl aller Metadaten in diesem Bereich anzuzeigen, kann per Menü eine Auswahl getroffen werden, welche Metadaten bevorzugt angezeigt

Das Menü zur Auswahl, welche der umfangreichen Metadaten bevorzugt angezeigt werden sollen.

Im Arbeitsbereich **Metadaten** *im rechten Bedienfeld der* **Bibliothek** *können alle Metadaten eines oder vieler Bilder eingesehen, meist auch geändert und ähnliche Bilder gesucht und zusammengestellt werden.*

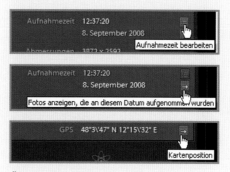

Über das Panel **Metadaten** *ist ein vielfältiger Zugriff auf Bilder möglich.*

werden sollen. Die typische Einstellung lautet hier *Standard*; diese muss kaum je geändert werden.

Mit nahezu allen einzelnen Metadaten, die in diesem Arbeitsbereich angezeigt werden, sind passende Aktionen verbunden:

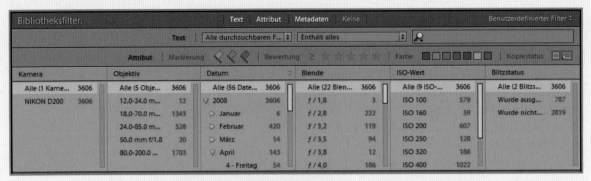

Bibliotheksfilter:	Text	Attribut	Metadaten	Keine	Benutzerdefinierter Filter ⌄

Der **Bibliotheksfilter** *– ein mächtiges Werkzeug zur Zusammenstellung von Bildern mit bestimmten Parametern.*

- Daten können geändert werden, insbesondere für die Erweiterung der IPTC-Daten und Bildbeschreibungen ist dies eine sehr hilfreiche Eingabemethode.

- Die mit diesem Datum übereinstimmenden Bilder können angezeigt werden. Auf diese Weise ist ein sehr schneller Zugriff auf alle Bilder einer Aufnahmesitzung möglich.

- Externe Programme können aufgerufen werden, etwa die Dateiverwaltung des Betriebssystems (Explorer) oder eine Kartenanwendung wie Google Maps bei Geodaten.

Das *Metadaten-Panel* mag auf den ersten Blick durch seine Datenvielfalt abschreckend wirken, erweist sich aber, hat der Anwender sich einmal einen Überblick verschafft, als wichtiges Organisations- und Verwaltungsmittel gerade bei einer größeren Anzahl von Bildern.

Bibliotheksfilter

Der variantenreichste und präziseste Zugang zum Bildbestand und zur gezielten Auswahl von einzelnen Bildern ist sicher der *Bibliotheksfilter*. Mit dem *Bibliotheksfilter* – nichts anderes als eine sehr umfangreich parametrisierbare Suche – können sehr gezielt und detailliert die Parameter angegeben werden, denen das gesuchte Bild entsprechen soll.

Dieses mächtige Werkzeug verbirgt sich zunächst sehr unscheinbar am oberen Rand des Hauptfensters der *Bibliothek* im *Rastermodus* und wird über die Menüfolge *Bibliothek → Filter aktivieren* oder Taste Strg+L eingeblendet.

Über den *Bibliotheksfilter* kann gesucht werden nach:

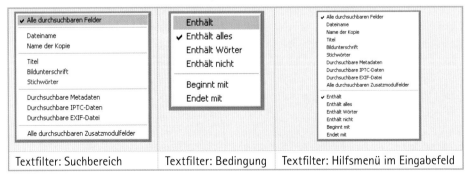

Textfilter: Suchbereich	Textfilter: Bedingung	Textfilter: Hilfsmenü im Eingabefeld

- *Text*: Bilddateien, die im Namen oder in Metadaten eine angegebene Zeichenkette enthalten oder nicht enthalten.

- *Attributen*: Bilddateien, die mit einer bestimmten Markierung, Bewertung (Anzahl Sterne) oder Farbmarkierung ausgestattet sind; etwa alle Bilder, die 3 oder mehr Sterne tragen und mit der Farbmarke Gelb markiert sind. Außerdem kann hier zwischen *Masterfoto* und *Virtuelle Kopie* unterschieden und damit eine Suche nur auf Masterfotos eingegrenzt werden.

- *Metadaten*: Bilddateien, die durch bestimmte Metadaten ausgezeichnet sind. Die verfügbaren Metadaten werden in beliebig kombinierbaren Auswahllisten nebeneinander präsentiert, wodurch sehr einfach ein Suchkriterium zusammengeklickt werden kann.

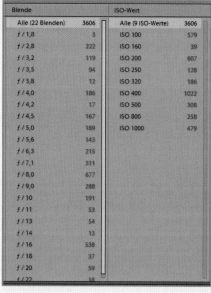

Blende		ISO-Wert	
Alle (22 Blenden)	3606	Alle (9 ISO-Werte)	3606
f / 1,8	3	ISO 100	579
f / 2,8	222	ISO 160	39
f / 3,2	119	ISO 200	607
f / 3,5	94	ISO 250	128
f / 3,8	12	ISO 320	186
f / 4,0	186	ISO 400	1022
f / 4,2	17	ISO 500	308
f / 4,5	167	ISO 800	258
f / 5,0	189	ISO 1000	479
f / 5,6	143		
f / 6,3	215		
f / 7,1	311		
f / 8,0	677		
f / 9,0	288		
f / 10	191		
f / 11	53		
f / 13	54		
f / 14	13		
f / 16	538		
f / 18	37		
f / 20	59		
f / 22	18		

Auflistung aller Bilder eines Katalogs nach Blende und Empfindlichkeit mithilfe des Metadatenbereichs im Bibliotheksfilter – dies schafft auch interessante Einblicke in das eigene Fotografierverhalten (hier offensichtlich ein Schwerpunkt bei den Blenden 2.8, 8 und 16 und bei dem ISO-Wert 400).

Bewertet
Filter aus
KO: nicht NEF
✔ KO: Technische Daten
Markiert
Nicht bewertet
Ortsspalten
Standardspalten

Aktuelle Einstellungen als neue Vorgabe speichern...
Vorgabe "KO: Technische Daten" löschen...
Vorgabe "KO: Technische Daten" umbenennen...

Sucheinstellungen, die häufiger benötigt werden – etwa die Zusammenstellung nach technischen Daten der Aufnahmen –, können in eigenen Suchvorgaben gespeichert werden.

✔ Datum
Dateityp

Stichwort
Beschriftung

Kamera
Seriennummer der Kamera
Objektiv
Blitzstatus
Verschlusszeit
Blende
ISO-Wert
GPS-Daten

Ort
Stadt
Bundesland/Kanton
Land

Fotograf
Copyright-Status
Auftrag

Seitenverhältnis
Behandlung
Entwicklungsvorgabe

Ohne

Verfügbare Metadatenbereiche, die in Form von Auswahllisten nebeneinander aufgereiht werden können.

Interessant hierbei ist insbesondere eine Zusammenstellung von Filtern mit den technischen Daten der Aufnahmen, wie sie von den EXIF-Feldern bereitgestellt werden.

Gerade der *Metadaten-Filter* im *Bibliotheksfilter* ermöglicht immer wieder neue Einblicke in das eigene Bildarchiv bis hin zu statistischen Daten über das eigene Fotografierverhalten. Zudem können die Suchparameter auch kombiniert werden; einstellen lässt sich damit z. B. ein Filter, der alle Aufnahmen eines bestimmten Datums und mit einer bestimmten Zahl an Sternen ausgibt.

Sammlungen

Die gewünschten Bilder wurden gefunden – und diese Zusammenstellung soll als Grundlage für weitere Bearbeitungen und schließlich auch zur Ausgabe als Diashow, Ausdruck oder Webgalerie dienen. Dazu ist es am hilfreichsten, sie in einer eigenen *Sammlung* abzulegen.

Eine *Sammlung* ist nichts anderes als ein Ordnungskriterium im Bildarchiv, eine Zusammenstellung von Aufnahmen nach bestimmten, beliebigen Kriterien. Eine *Sammlung* hat große Ähnlichkeit mit einem Ordner und trägt, ähnlich wie dieser, einen Namen, nimmt aber Bilddateien nicht direkt auf, sondern verweist nur auf diese. Typischerweise dient eine Sammlung als Grundlage zur weiteren Bearbeitung, aber auch nur mal eben zur Ablage oder Zwischenspeicherung bei längerer Archivarbeit.

Die Verwaltung von Sammlungen im linken Bedienfeld.

Lightroom kennt die folgenden Typen von Sammlungen:

- *Schnellsammlung*

    Die Schnellsammlung ist eine temporäre Zusammenstellung von Bildern, nichts weiter als ein vorübergehend abgelegter Bilderstapel. Die Schnellsammlung eignet sich daher besonders, um während der Durchsicht der Bilder im Hauptbereich mal schnell das eine oder andere zur weiteren Verwendung beiseite zu legen. Ein Bild wird einfach durch Taste [B] der Schnellsammlung hinzugefügt – und auf die gleiche Weise wieder daraus entfernt. Ist eine Schnellsammlung abgeschlossen, so kann sie umbenannt und damit zur normalen Sammlung werden.

- *Sammlung*

    Diesem Typ werden Bilder manuell hinzugefügt, etwa durch Verschieben und Ablegen der aktuell im Hauptbereich ausgewählten Bilder oder einfach durch Umbenennen der Schnellsammlung. Jede Sammlung kann (vorübergehend) mit den Funktionen der *Schnellsammlung* ausgestattet werden und nennt sich dann *Zielsammlung*. Die Taste [B] legt Bilder in diesem Fall nicht mehr in die (eine) Schnellsammlung, sondern in die zur Zielsammlung erklärte benutzerdefinierte Sammlung.

- *Smart-Sammlung*

    In einer *Smart-Sammlung* – besser wäre hier die Bezeichnung *Intelligente Sammlung* – werden Bilder automatisch nach vorher festgelegten Kriterien abgelegt. Eine *Smart-Sammlung* ist sehr ähnlich wie eine gespeicherte Suche: Bilder, die mit einem bestimmten Merkmal (Metadaten) ausgestattet sind, werden automatisch in der Smart-Sammlung abgelegt.

Sammlungen sind auch in den Modulen *Diashow*, *Drucken* und *Web* zugänglich.

Für eine *Sammlung* werden Bilder nie physikalisch kopiert oder verschoben; eine *Samm-*

lung ist damit immer nur ein zweiter Blick, ein Verweis auf die Bilddatei (Lightroom nennt dies *Masterfoto*). Statt nun beispielsweise die besten Bilder einer Aufnahmesitzung in einem neuen Ordner *Best of* abzulegen oder sie gar dorthin zu kopieren, verbleiben die Bilder unverändert im ursprünglichen Ordner und werden nur der Sammlung *Best of* zugewiesen; dafür reicht es in bestimmten Fällen schon aus, sie etwa mit Sternbewertungen auszuzeichnen.

Smart-Sammlung

Eine *Smart-Sammlung* ist wohl die schönste Möglichkeit, Bilder im schnellen Zugriff zu halten. Seien es alle Bilder, die mit 4 oder mehr Sternen bewertet, mit einem bestimmten Objektiv oder zu einer bestimmten Zeit aufgenommen wurden, die die Farbmarke *Gelb* (etwa mit der Bedeutung *Privat*) tragen oder die noch nicht mit Stichwörtern ausgezeichnet sind oder sogar beliebige Kombinationen aus alledem. Wird ein Bild neu in den *Katalog* aufgenommen, das die Kriterien erfüllt, oder ein vorhandenes Bild mit entsprechenden Merkmalen ausgezeichnet, so erscheint es sofort und automatisch auch in der *Smart-Sammlung*.

Angelegt wird eine neue *Smart-Sammlung* durch Klick auf das *Plus-Symbol* rechts oben im Bereich *Sammlungen* im linken Bedienfeld (für einfache Sammlungen gibt es die schnellere Möglichkeit, Bilder auszuwählen und dann als Sammlung abzulegen oder eine Schnellsammlung umzubenennen).

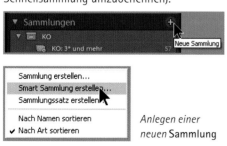

Anlegen einer neuen Sammlung

Nach Anwahl des Menüpunktes *Smart-Sammlung erstellen* wird als Nächstes die Möglichkeit angeboten, die Sammlung zu benennen, sie in eine Art Sammlungsordner (Lightroom nennt dies *Satz*) einzustellen ...

... und schließlich die Kriterien für diese *Smart-Sammlung* anzugeben. Die Kriterien können ähnlich der oben beschriebenen *Bibliothekssuche* definiert werden, nur mit einer sogar noch längeren Auswahlliste von Elementen.

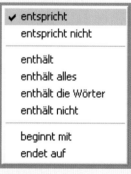

Die Kriterien, nach denen eine **Smart-Sammlung** *angelegt werden kann – jeweils verknüpft mit einer Bedingung.*

Meist ist es ausreichend, ein oder zwei Bedingungen in die Kriterien für eine Smart-Sammlung aufzunehmen, mehr Bedingungen reduzieren die Anzahl der passenden Bilder zu sehr.

Für die Organisation der Sammlungen ist es am einfachsten, eigene Sätze, vergleichbar mit Ordnern, anzulegen, aufgeteilt in einfache und Smart-Sammlungen.

Einige Smart-Sammlungen werden auch bereits mit Adobe Photoshop Lightroom 2 geliefert, können aber eher nur als Beispiele für Smart-Sammlungen dienen und weniger als Arbeitsgrundlage.

Sammlungen sind in Adobe Photoshop Lightroom 2 immer dann wichtig, wenn mit einer Gruppe von Bildern etwas geschehen soll. Dies kann sogar so weit gehen, diese Gruppe von Bildern (etwa alle Sportfotos, alle privaten Bilder, alle Landschaftsaufnahmen) aus dem aktuellen *Katalog* herauszunehmen und sie in einem eigenen *Katalog* dauerhaft auszulagern.

Beim Klick mit der rechten Maustaste auf den Namen einer *Sammlung* erscheint ein Menüpunkt mit der Möglichkeit, die Bilder dieser Sammlung in einem eigenen Katalog abzulegen und sie damit dauerhaft auszulagern.

Die Arbeit mit *Sammlungen*, insbesondere *Smart-Sammlungen*, wird zum herausragenden Ordnungs- und Verwaltungsmittel des Bildbestandes eines *Katalogs*. Es lässt sich damit schnell auf Bereiche des Bildarchivs zugreifen. *Sammlungen* bilden auch die wichtigste Voraussetzung für die weitere Arbeit mit Bildern in Adobe Photoshop Lightroom 2 – in den Modulen *Entwicklung*, *Diashow*, *Drucken* und *Web*.

Sammlungen *und* **Smart-Sammlungen** *können in eigene Kataloge ausgelagert werden, wenn mit der rechten Maustaste auf den Namen der Sammlung geklickt wird.*

Weitere Funktionen der Bibliothek

Sprühdose

Auswahl der **Sprühdose** *in der Werkzeugleiste der Bibliothek.*

Die *Sprühdose* ist eine unglückliche Bezeichnung für ein sehr schönes kleines Werkzeug: Damit können Einstellungen, die sozusagen in dem Werkzeug enthalten sind, auf Bilder aufgebracht werden.

Die *Sprühdose* macht gerade nicht, was zunächst damit verbunden werden könnte, nämlich Bildbereiche zu bemalen, farblich zu verändern oder selektiv zu bearbeiten (dafür gibt es in Lightroom andere Werkzeuge).

Ist das Werkzeug *Sprühdose* angewählt, so kann ausgewählt werden, welche Aktion damit verbunden werden soll:

Hilfreich ist die *Sprühdose* vor allem, wenn sie auf *Zielsammlung* eingestellt ist. Nur per Klick auf das Bild kann dieses dann der Schnellsammlung (oder einer anderen als Ziel eingestellten Sammlung) zugeordnet werden. Auch die Zuordnung von Stichwörtern mithilfe der

Sprühdose bietet eine schnelle und einfache Möglichkeit, Bildern zu Stichwörtern zu verhelfen. Alle anderen Funktionen der Sprühdose sind entweder nur sehr selten erforderlich (Metadaten, Einstellungen) oder viel schneller über Tastenkürzel zugeordnet.

Virtuelle Kopie

Mit *Virtuelle Kopie* schafft Adobe Photoshop Lightroom 2 eine einfache und nützliche Möglichkeit, Kopien von Bilddateien anzulegen, ohne diese Dateien tatsächlich physikalisch zu kopieren.

Mit *virtuellen Kopien* wird immer dann gearbeitet, wenn mehrere Versionen einer Ausgangsdatei (Lightroom nennt dies *Masterfoto*) unabhängig voneinander benötigt werden; dies kann der Fall sein, um

- unterschiedliche Varianten eines Bildes zu erstellen

- unterschiedliche Ausschnitte eines Bildes zu erstellen

- eine Farb- und eine Graustufen-Version eines Bildes zu erstellen

Die möglichen Aktionen mit der **Sprühdose**

- ein Pseudo-HDR zu erstellen, bei dem 3 oder 5 Versionen eines Bildes mit unterschiedlichen Belichtungswerten erzeugt und anschließend in einer HDR-Anwendung, beispielsweise Photmaitix, zusammengefügt werden

Eine virtuelle Kopie einer Bilddatei wird erzeugt durch Auswählen des Fotos und der Menüfolge *Foto → Virtuelle Kopie anlegen* oder einfach durch Taste Strg-T.

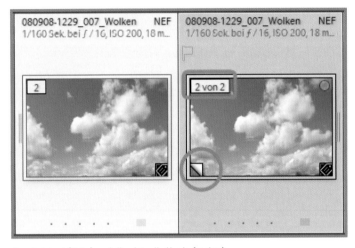

Das Original (links) und die virtuelle Kopie (rechts).

Markiert wird eine virtuelle Kopie in der *Rasteransicht* der *Bibliothek* und in der *Filmstreifen-Ansicht* durch eine symbolische umgeschlagene Ecke. In anderen Darstellungen und Lightroom-Modi erfolgt keine Anzeige.
Eine virtuelle Kopie verhält sich in jeder Bearbeitungssituation wie das Original. Lightroom legt nur einen zweiten oder weiteren Bearbeitungssatz für die Ausgangsdatei an. Auf diese Weise sind virtuelle Kopien vor allem auch ein probates Mittel, um Speicherplatz auf der Festplatte zu sparen.

Stapel

Stapel sind eine einfache Möglichkeit, mehr Übersicht im Bildarchiv zu behalten, indem

gleichartige oder sehr ähnliche Bilder nicht nebeneinander, sondern übereinander – in einem Stapel – abgelegt werden. Dies bietet sich beispielsweise bei Belichtungsreihen oder Bildern, die für eine HRD- oder eine Focus-Stacking-Weiterverabeitung angefertigt wurden, an.
Bilder mit gleichen Merkmalen, die zu einem Stapel zusammengefasst werden sollen, werden selektiert und anschließend mit Taste [G] oder *Foto → Stapeln → In Stapel gruppieren* virtuell aufeinander gelegt. Sie erscheinen dann wie ein einziges Bild; das oberste Bild kann per Menü oder durch Umschalt+Komma und Umschalt+Punkt umgeschichtet werden.
Sollen einzelne Bilder aus dem Stapel bearbeitet werden, so muss der Stapel mit *Foto → Stapeln → Einen Stapel einblenden* oder Taste [S] wieder auseinander gezogen werden. Die Eigenschaft eines Stapels bleibt dabei erhal-

ten, sodass ein weiterer Druck auf [S] genügt, um den Stapel wieder zusammenzuschießen.

In Stapel gruppieren	Strg+G
Stapel aufheben	Strg+Umschalt+G
Aus Stapel entfernen	
Stapel teilen	
Einen Stapel ausblenden	S
Alle Stapel ausblenden	
Alle Stapel einblenden	
An Stapelanfang verschieben	Umschalt+S
Im Stapel nach oben verschieben	Umschalt+,
Im Stapel nach unten verschieben	Umschalt+.
Automatisch nach Aufnahmezeit stapeln…	

Die Kommandos aus dem Menü Foto → Stapeln.

Automatisch stapeln

Bilder können auch nach der Zeitspanne zwischen ihren Aufnahme-Zeitstempeln gestapelt werden.

Stapel können auch automatisch erzeugt werden, wobei Adobe Photoshop Lightroom 2 die Aufnahmezeit, genauer: die Zeitspanne zwischen zwei Aufnahmen als Stapelkriterium verwendet. Da Belichtungsreihen oder andere, sehr ähnliche Aufnahmen oft oder typischerweise mit der Serienbildfunktion einer Kamera erzeugt werden, liegen ihre Zeitstempel sehr nahe beisammen. Dies kann Adobe Photoshop Lightroom 2 auswerten und die Bilder entsprechend stapeln.

Bibliothek

Die in dem vorangegangenen Abschnitt beschriebenen Funktionen dienen der Organisation eines – stetig wachsenden – Bildarchivs. Sie sollten genutzt werden, um die optimale Grundlage für jegliche Weiterverarbeitung, ob

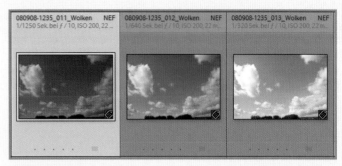

Drei Bilder mit gleichem Motiv und unterschiedlicher Belichtung aus der Belichtungsreihe.

Zu einem Stapel gruppiert – aufeinanderliegend angezeigt (ausgeblendet).

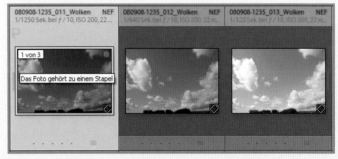

Zu einem Stapel gruppiert – nebeneinander angezeigt (eingeblendet).

Optimierung im Modul *Entwicklung* oder Ausgabe in einem der Module *Diashow, Drucken* oder *Web,* zu schaffen. Dieses Thema wird noch in den nächsten Abschnitten beschrieben.

7

ENTWICKELN

7

Entwickeln

Entwickeln

*Im Modul **Entwickeln** stellt Adobe Photoshop Lightroom 2 alle Funktionen bereit, die der Bildveränderung und insbesondere der Konvertierung und Optimierung von RAW-Dateien dienen (sieht man einmal von der Ad-hoc-Entwicklung im Modul **Bibliothek** ab).*

Im Vergleich zu JPG-Bildern kommen RAW-Bilder ziemlich roh aus der Kamera; es handelt sich genau genommen noch nicht um Bilder, sondern mehr um eine Messdatensammlung. Im RAW-Konverter – gesteuert im Modul *Entwicklung* – ist also einiges zu tun, soll ein optimales und individuell justiertes Bild daraus resultieren.

Eine erste Vorkonvertierung findet im RAW-Konverter zwar schon gleich beim Import der Daten statt, um die RAW-Daten überhaupt in einen anzeigbaren Zustand zu versetzen – von einem optimal ausgearbeiteten Bild ist das Ganze allerdings noch etwas entfernt.

Unmittelbar nach dem Import in die Bibliothek werden zunächst kleine Vorschaubilder angezeigt, die die Kamera automatisch erzeugt und in die RAW-Bilder einbettet; diese werden gleich anschließend ersetzt durch eine erste Konvertierung der RAW-Daten mit Standardeinstellungen, was manchmal sogar zu einem weniger zufrieden stellenden

Ersteindruck des Bildes führen kann. Die Ein-stellungen, die bei der Erstentwicklung ange-wendet werden sollen, können beim Import ausgewählt werden, was aber – außer viel-leicht bei einer Graustufen-Konvertierung des gesamten importierten Materials – kaum je sinnvoll zur Anwendung kommt.

Entwicklungshilfen

Das Modul *Entwicklung* stellt alle Hilfsmittel bereit, mit denen ein RAW-Bild, so, wie es in der Erstansicht dargestellt wird, in ein optimal ausgearbeitetes Foto überführt werden kann. Im Modul *Entwicklung* werden RAW-Daten zu Bildern konvertiert und dabei

- automatisch der Demosaicing-Prozess und die Bayer-Interpolation durchlaufen – ohne direkte Benutzerinteraktion

- der Weißabgleich und die Farbtönung eingestellt

- Belichtung (in Blendenwerten, EV) und die Belichtungsnebenparameter eingestellt

- Farbsättigung und Nebenparameter op-timiert

- Kontrast in der Gradationskurve einge-richtet

- Farbe in vielen Teilbereichen und Schat-tierungen optimiert

- Rauschunterdrückung und Schärfe jus-tiert

- Objektiv-Abschattungen (Vignettierung) korrigiert

- individuelle Kamerakalibrierung und ent-sprechende Profile berücksichtigt

Selektiv-Bearbeitung

Diese Modifikationen wirken prinzipiell auf das gesamte Bild. Zusätzlich bietet Adobe Photo-shop Lightroom 2 aber auch die Möglichkeit, die wichtigsten bildbestimmenden Parameter selektiv für nur bestimmte Bildbereiche anzu-wenden – in einer Ausführlichkeit, die in kaum einem anderen RAW-Konverter in dieser Form zu finden ist.
Zur Verwaltung der umfangreichen Parameter bietet Adobe Photoshop Lightroom 2:

- *Vorgaben*: Parametersammlungen mit al-len oder nur Teilbereichen der Parameter, die menügesteuert auf beliebige Bilder angewendet werden können.

- Ein *Bearbeitungsprotokoll*, in dem jede Parameteränderung aufgelistet ist und somit auch mehrstufig rückgängig gemacht werden kann.

- *Schappschüsse*: Einfrieren des Bearbeitungsprotokolls in definierten Zuständen.

Alle vorgenommenen Einstellungen und Modifikationen werden zunächst nur für die Bildschirmansicht auf die Bilddaten angewandt, aber nicht – und wirklich nie – auf die RAW-Daten aufgebracht. Adobe Photoshop Lightroom 2 verändert nie die RAW-Daten, sondern schreibt alle Modifikationen am Bild als Handlungsanweisungen in eine separate Datei. In Lightroom werden Bilder immer als RAW-Daten und Satz von Handlungsanweisungen verwaltet und für Diashow, Druck und Web ausgegeben – und nur bei Bedarf in ein externes Format wie TIFF oder JPG exportiert, wo dann erst alle Änderungen eingerechnet werden.

In die Entwicklung

Im *Entwicklungsmodul* kann natürlich nur ein Bild angezeigt werden. Die zu entwickelnde Aufnahme wird im *Bibliotheksmodul* ausgewählt und dann per Taste [D] in die Entwicklung geladen. Alle anderen Bilder sind im Filmstreifen unter dem gerade bearbeiteten Bild sichtbar.

Erst im *Entwicklungsmodul*, zeigt sich auch, wie nützlich der Filmstreifen ganz unten am Bildschirm ist. Der Filmstreifen zeigt immer die auch in der Rasteransicht der Bibliothek angezeigten Bilder, egal, ob dies nun ein *Ordner*, eine *Sammlung* oder ein Suchergebnis ist. Im *Bibliotheksmodul* wirkt der Filmstreifen eher überflüssig, im Entwicklungsmodul ist es die einzige Möglichkeit, Bilder für das Hauptfenster und damit für die Entwicklung und Optimierung auszuwählen, ohne permanent zwischen *Bibliothek* und *Entwicklung* hin- und herschalten zu müssen.

Der Arbeitsbildschirm im Modul Entwicklung

Der Arbeitsbildschirm *Entwicklung* zeigt den vertrauten, unveränderlichen Lightroom-Aufbau mit Arbeitsbereich und Bedienfeldern:
In der Mitte der *Hauptarbeitsbereich* mit der Vollbild- oder Zoomdarstellung des aktuell bearbeiteten Bildes; darunter die *Werkzeugleiste*, die noch einmal die von der Bibliothek her schon bekannten Klassifizierungswerkzeuge, einen Zoomstufen-Regler und vor allem die sehr gelungene *Vorher/Nachher-Ansicht* (Taste [Y]) bietet. Zur Platzoptimierung kann diese Leiste gut ausgeblendet und ihre Funktionen per Tastenkürzel ausgelöst werden.
Im linken Bedienfeld liegen alle Funktionen zur Verwaltung des aktuellen Zustandes eines Bildes:

- *Vorgaben*: Zusammenstellungen von einzelnen oder mehreren Einstellungen zur Bildoptimierung; *Vorgaben* können auf beliebige andere Bilder angewandt werden.

- *Schnappschüsse:* Manuelles Einfrieren eines bestimmten Bearbeitungszustands eines Bildes.

- *Protokoll:* Liste aller Parameteranpassungen und Änderungen am Bild, in der als Undo-Liste jederzeit zurück (und wieder vorwärts) gesprungen werden kann.

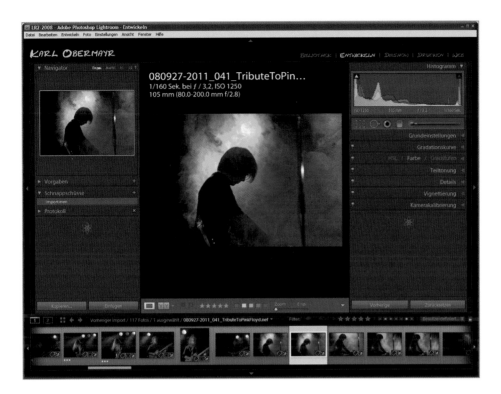

- Ganz unten: Schaltflächen zum *Kopieren* und *Einfügen*, um Parameter-Zusammenstellungen von einem Bild auf andere Bilder zu übertragen.

Bei der Arbeit am Bild sollte der Hauptarbeitsbereich und damit das Bild so groß wie möglich angezeigt werden. Das linke Bedienfeld sollte daher so eingerichtet sein, dass es nur bei Bedarf (wenn der Mauszeiger am linken Bildrand liegt) eingeblendet wird.

Im rechten Bedienfeld liegen alle Funktionen und Werkzeuge zur Optimierung des Bildes:

- Ganz oben rechts das *Histogramm,* wo, nach Farben getrennt, die Helligkeitsverteilung im Bild angezeigt wird. Das Histogramm sollte immer sichtbar sein; zentrale Parameter der Bildhelligkeit können direkt im Histogramm verändert werden, dort befinden sich auch Schal-

ter für die *Über- und Unterbelichtungswarnung.*

- Werkzeuge zur selektiven Bearbeitung von Bildbereichen: Ausschnitt (*Überlagerung freistellen*), Stempel (*Bereichsreparatur*), *Rote-Augen-Korrektur, Verlaufsfilter* und *Korrekturpinsel.*

- *Grundeinstellungen* – alle wichtigen Parameter zur Optimierung eines Bildes, insbesondere *Weißabgleich* und *Belichtung;* bei den meisten Bildern reicht es schon, die Parameter in diesem Bereich anzupassen.

- *Gradationskurve*, mit dem der Bildkontrast in bis zu vier Einzelbereichen (*Tiefen*, *Dunke Farbtöne*, *Helle Farbtöne*, *Lichter*) direkt im Bild, in der Kurve, durch Schieberegler und mit 3 festen Vorgaben verändert werden kann.

- *Farbeinstellung HSL/Farbe/Graustufen* zur höchst detaillierten (24 einzelne Schieberegler) Optimierung von 8 Einzelfarbbereichen in den Parametern *Farbton*, *Sättigung* und *Luminanz* und zur *Graustufenkonvertierung*.

- *Teiltonung*, wo *Farbton* und *Sättigung* getrennt für *Lichter* und für *Schatten* nachjustiert werden, zur Anwendung in erster Linie für Spezialeffekte und zur Einfärbung von Graustufenbildern.

- *Schärfung*, *Rauschreduzierung* und Unterdrückung der *Chromatischen Aberration* – zusammengefasst im Bereich *Details*.

- *Vignettierung* ermöglicht einerseits die Behebung eines Objektivfehlers, der zur ungleichmäßigen Helligkeitsverteilung und Abschattung zum Rand hin führt; zudem kann dieser Effekt, der nach einem Freistellen des Bildes normalerweise nicht mehr auftritt, mit einem eigenen Satz Regler (*Nach Freistellen*) auch künstlich herbeigeführt werden.

- Unter *Kamerakalibrierung* können eigene – und/oder von Adobe vorgegebene – individuelle Farbjustierungen für jeden eingesetzten Kameratyp vorgegeben werden.

- Ganz unten: Schaltflächen zum Wiederherstellen der vorherigen Einstellungen und zum Zurücksetzen der Parameteränderungen auf den Ausgangszustand oder zum Definieren der aktuellen Einstellungen als Standardeinstellungen für alle Bilder eines Kameratyps.

Das rechte Bedienfeld im Modul *Entwicklung* – das umfassendste Feld in Adobe Photoshop Lightroom 2 – bietet sehr viele Möglichkeiten und Parameter, Bilder und insbesondere RAW-Daten zu verändern und zu optimieren.

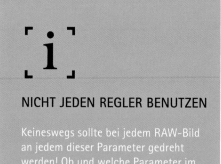

NICHT JEDEN REGLER BENUTZEN

Keineswegs sollte bei jedem RAW-Bild an jedem dieser Parameter gedreht werden! Ob und welche Parameter im Hinblick auf eine tatsächliche Optimierung tatsächlich geändert werden müssen, ist für jedes Bild unterschiedlich und sollte individuell entschieden werden. Bei den meisten Bildern reicht es völlig aus, kleinere Anpassungen in den Grundeinstellungen und ggf. noch Schärfe oder Rauschverhalten in den Details nachzujustieren – gute Bilder bedürfen nur geringer Nachbearbeitung.

Bilder optimieren

Ein Bild, das in den Hauptarbeitsbereich des Entwicklungsmoduls geladen ist, hat bereits eine RAW-Konvertierung mit Standardparametern hinter sich, d. h. alle Parameter, die in Adobe Photoshop Lightroom 2 auf das Bild angewandt werden können, sind bereits – in einer zurückhaltenden Standardeinstellung – angewandt worden.

Histogramm

Für ein gelungenes Bild braucht es in den meisten Fällen eine gleichmäßige Helligkeitsverteilung über das gesamte Bild.

Welche Helligkeiten in welcher Intensität und Häufigkeit in einem Bild auftreten, wird bei Anwendungen zur Bildverarbeitung typischerweise durch eine Verteilungskurve angezeigt, bei der auf der horizontalen Achse der Wertebereich der Farbwerte und auf der vertikalen Achse die Häufigkeiten des Vorkommens der einzelnen Farbwerte dargestellt werden. Je häufiger ein Farbwert in einem Bild vorkommt, desto höher ragt eine vertikale Linie auf. Erstrebenswert ist ein möglichst gleichförmiges Histogramm, das einen Hügel in der Mitte zeigt und jeweils in den Ecken auf null steht, ohne an den seitlichen Begrenzungen anzustoßen (und damit Werte abzuschneiden).

Adobe Photoshop Lightroom 2 zeigt zu jedem Bild, egal, ob in *Bibliothek* oder in *Entwicklung*, neben dem Bild, rechts oben im rechten Bedienfeld, das Histogramm des Bildes an.

Das Musterbeispiel eines ausgeglichenen Histogramms.

Das unveränderte Bild und sein Histogramm (Montage; in Lightroom kann die Histogrammdartellung leider nicht abgedockt und an eine andere Position verschoben werden).

Das Angleichen der Bildhelligkeit durch direktes Editieren im Histogramm. Genau genommen könnte die Belichtung sogar noch weiter erhöht werden, um auch das rechte Ende des Spektrums voll zu nutzen, bildwichtige Teile, wie hier die Wolken, könnten aber dann zu hell werden und an Zeichnung verlieren.

Das Histogramm des gezeigten Bildes zeigt sofort auch die Defizite des Bildes: Auf des rechten Seite des Histogramms, fast im ganzen rechten Viertel, sind keine Helligkeitswerte mehr vorhanden, d. h., die hellen Werte sind völlig unterrepräsentiert, die Mitten überwiegen sehr deutlich mit starken Spitzen; die Tiefen weisen gute Deckung auf; das linke, dunkle Ende des Histogramms läuft sehr sauber aus.

Um ein optimales Bild zu erhalten, sollte das Histogramm weiter auseinander gezogen werden, um damit das ganze Spektrum zu nutzen.

Im Modul *Entwicklung* bietet das *Histogramm*-Fenster die schöne Funktionalität, wichtige Belichtungsparameter direkt im Histogramm zu verändern, allen voran der Wert für Belichtung, mit dem eine höhere oder niedrigere Belichtung gesteuert werden kann.

Zum Verschieben der durchschnittlichen Belichtungswerte wird einfach mit der Maus in die rechte Hälfte des *Histogramms* geklickt und der Mauszeiger nach rechts verschoben: Das Histogramm wird gestreckt, auch in den rechten Bereichen befinden sich Werte, das Bild wird insgesamt heller. Ebenso kann mit den anderen aktiven Bereichen des Histogramms (*Schwarz, Aufhelllicht, Belichtung, Wiederherstellung*) verfahren werden, womit die neben dem *Weißabgleich* wichtigsten Bildoptimierungen direkt im Histogramm schon erledigt werden können.

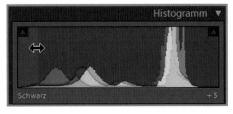

Das Verschieben der Werte für **Schwarz** *(Erhöhen des Schwarzanteils) direkt im Histogramm.*

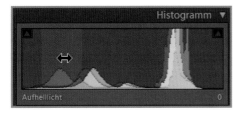

*Das Verschieben der Werte für **Aufhelllicht** (Rück-gewinnung der Zeichnung in den Tiefen) direkt im Histogramm.*

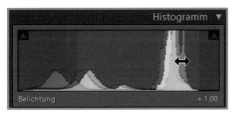

*Das Verschieben der Werte für **Belichtung** direkt im Histogramm.*

*Das Verschieben der Werte für **Wiederherstellung** (Rückgewinnung der Zeichnung in den Lichtern) direkt im Histogramm.*

Dies gilt natürlich nicht stupide für jedes Bild. Es gibt viele Bildsituationen, bei denen ein gleichmäßig gestrecktes Histogramm die Bildidee nur massiv stören würde.

Ein Beispiel für eine extreme Helligkeitsverteilung im Bild, die keinesfalls per Histogrammänderung ausgeglichen werden darf.

In vielen Fällen beruht die Bildaussage auf einer extremen Helligkeitsverteilung oder auf einem deutlichen Übergewicht heller (High Key) oder dunkler Töne (Low Key); würde hier die Histogrammdarstellung der Helligkeitsverteilung gleichmäßig gestreckt, käme das einer Zerstörung der Bildidee gleich.

Aus genau diesem Grund versagt eine Belichtungsautomatik bei extremer Helligkeitsverteilung im Bild. Bei Motiven wie Personen im Schnee, die nächtliche Silhouette einer Stadt oder auch, wie im Beispiel, Rockmusiker im Gegenlicht vor schwarzem Hintergrund versagt die Belichtungsautomatik einer Kamera (oder auch einer Bildbearbeitungsanwendung), weil sie immer versucht, eine ausgewogene Helligkeitsverteilung herzustellen: Das Schnee-Bild wird viel zu dunkel, die nächtliche Stadtansicht viel zu hell – der Rockmusiker auf der Bühne im Gegenlicht völlig überstrahlt.

Dank der intelligenten Editiermöglichkeit direkt im Histogramm können eine Reihe von wichtigen Einstellungen zur Helligkeit schon vorgenommen werden, bevor noch ein einziger Arbeitsbereich im rechten Bedienfeld geöffnet wird.

Der Versuch, ein ausgewogenes Histogramm zu erreichen, führt bei diesem Bild zu einem völlig unbrauchbaren Ergebnis.

Grundeinstellungen

Grundeinstellungen

Die wichtigsten bildoptimierenden Parameter liegen im rechten Bedienfeld im Arbeitsbereich *Grundeinstellungen*, und auch wenn einige dieser Parameter bereits direkt über das Histogramm geändert werden können, so muss dieser Arbeitsbereich alleine schon wegen der Einstellung der Farbtemperatur (Weißabgleich) und der Bildintensivierungsparameter *Klarheit*, *Lebendigkeit* und *Sättigung* geöffnet werden. Veränderungen dieser Parameter schaffen für nahezu alle Bilder Verbesserungen.

Der Arbeitsbereich **Grundeinstellungen** *im rechten Bedienfeld enthält die wichtigsten Einstellungen zur Optimierung von Bildern – oft reicht die Anpassung dieser Einstellungen schon aus, um Bilder deutlich zu verbessern.*

Bei den meisten Aufnahmen lassen sich bereits durch (wenige) Anpassungen der Parameter im Bereich *Grundeinstellungen* deutliche Bildverbesserungen erzielen – mehr ist oft gar nicht nötig.

Weißabgleich

Der erste und wichtigste Bereich, dessen Anpassung nahezu bei jedem Bild Verbesserungen bringt, ist der Weißabgleich mit den Parametern *Farbtemperatur* und *Tönung*.

Der Begriff *Weißabgleich* ist im Deutschen etwas irreführend. Hier wird nämlich nicht genau festgelegt, was Weiß ist (also etwa der hellste Punkt im Bild), sondern was Grau ist (also der neutralste Punkt im Bild). Mit *Weißabgleich* wird die Kamera-Elektronik oder die Software des RAW-Konverters auf möglichst weitgehende Farbstichfreiheit eingestellt – so dass Weiß tatsächlich neutrales Weiß und Grau tatsächlich neutrales Grau ist. So gesehen könnte die Prozedur auch Rotabgleich oder Blauabgleich genannt werden, wenn denn für die Einrichtung ein allgemein anerkanntes – normiertes – Rot oder Blau zur Verfügung stünde; bei Grau ist dies in jedem Fall einfacher, brauchen doch nur die drei Farbwerte für R, G und B identisch zu sein.

Dabei sollte der Fotograf allerdings nicht zu explizit auf neutrale Werte achten – diese sind in der Natur meist auch nicht so neutral, und leicht ist die Lichtstimmung weggeregelt und neutralisiert.

Weißabgleich – was weiß die Kamera?

Ein Weißabgleich, d. h. die korrekte Farbtemperatur, wird prinzipiell von der Kamera zum Zeitpunkt der Aufnahme gemessen – und das in den meisten Fällen auch im Automatik-Modus (*Weißabgleich-Automatik*) ganz gut und richtig. Dieser Wert wird dann an den RAW-Konverter weitergereicht und in diesem voreingestellt, sodass die Ausgangssituation meist schon ziemlich zufriedenstellend ist.

Nicht so – leider – bei Nikon. Nikon ist schon vor einiger Zeit dazu übergegangen, einige Aufnahme-Parameter der RAW-Daten ihrer Sensoren nur noch verschlüsselt – und damit für die meisten RAW-Konverter nicht lesbar – abzulegen. Dazu gehört u. a. die bei der Aufnahme gemessene Farbtemperatur. Direkt aus der RAW-Datei gelesen werden können diese Aufnahmeparameter nur vom Nikon-eigenen RAW-Konverter Nikon CaptureNX2. Schade, aber kein großes Problem: Lightroom kann auch selbst, ähnlich wie die Kamera, die Farbtemperatur im Bild messen und einen entsprechenden Weißabgleich voreinstellen. Tests haben gezeigt, dass Lightroom und andere RAW-Konverter dabei immer sehr nahe an dem Wert liegen, der in Nikon CaptureNX zur Verfügung steht.

Der präzise Weißabgleich

Für Präzisionsfanatiker hilfreich bei der Definition der Farbtemperatur und damit des korrekten Weißabgleichs ist die Arbeit mit einer genormten Farbkarte oder Graustufenkarte, die bei der Aufnahmesitzung unter gleichen Bedingungen mitfotografiert und im RAW-

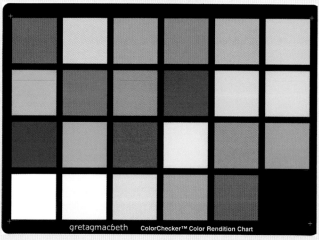

Die genormte Farbkarte Gretag-Macbeth ColorChecker Referenzchart kann u. a. von TORSO-VERLAG unter www.Farbkarten-Shop.de für ca. 75 Euro bezogen werden.

Konverter mit der *Weißabgleichs-Pipette* vermessen wird. Eine entsprechende Graustufenkarte zur Messung des Weißabgleichs liegt diesem Buch bei.

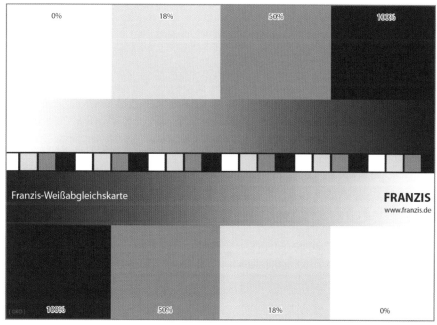

Die Franzis-Weißabgleichskarte, die zur Ermittlung eines exakten Weißabgleichs ausreicht, liegt diesem Buch bei. Ein exakter Weißabgleich kann nur mithilfe der Grau-Felder einer Farbkarte oder Graustufenkarte, die bei jeder Aufnahmesitzung mitfotografiert wird, einjustiert werden.

Diese Vorgehensweise sorgt dafür, dass Weiß wirklich weiß ist, und nicht doch leicht röt-lich oder leicht bläulich, und dass Grau wirk-lich neutral ist, aber auch dafür, dass ein bestimmtes, definiertes Rot auch tatsächlich genau dieses bestimmte, definierte Rot ist

Die Einstellung des Weißabgleichs ...

Die Lichtfarbe und damit die Werte für den Weißabgleich werden als *Farbtemperatur* be-zeichnet und in K (Kelvin) ausgedrückt. Ein mittlerer Wert, der etwa Tageslicht entspricht, liegt bei 5500 K, niedrigere Werte tendie-ren zu Blautönen und kalten Farben, höhere Werte zu Rot-Orange-Tönen und warmen Farben. Zur Kompensation eines (warmen)

Der Einstellbereich für den Weißabgleich mit Pipette, Reglern für Farbtemperatur und Tönung und Menü mit Voreinstellungen.

Glühlampenlichts wird daher eine niedrigere Farbtemperatur eingestellt, zur Kompensation eines (kalten) Schattens wird eine höhere Farbtemperatur eingestellt.

... per Augenschein und Regler

Wichtigster Richtwert bei der Einstellung des Weißabgleichs ist zunächst der Augenschein, der künstlerisch-kreative Eindruck des Bildes auf den Bearbeiter und Betrachter. Ist keine als neutral zu definierende Fläche im Bild vor-handen, so gibt es auch keinen Anhaltspunkt im Bild, an dem einem Betrachter eine Farb-verschiebung oder -verfälschung auffallen könnte – die freie intuitive Einstellung der passenden Farbtemperatur ist dadurch auch einfacher.

Hierzu wird der Regler für die Farbtempera-tur (*Temp.*) und anschließend ggf. der Regler für *Tönung* verschoben, bis der gewünsch-te Bildeindruck erreicht ist. Bei den meisten Aufnahmen unter Standardlichtbedingungen wird dies im Bereich zwischen ca. *4500K* und *6000K* liegen.

... per Pipette

Die Einstellung der optimalen Farbtemperatur unterstützt Lightroom, wie jeder gute RAW-Konverter, mit einer *Grauwert-Pipette*. Mit der Spitze dieser Pipette wird eine Stelle im Bild angewählt, die als farblich neutral, also Grau, gelten soll. Wurde eine Weißabgleichs-karte mitfotografiert, so wird diese mit der Pipette ausgemessen und erweist sich als ide-ales, weil präzisestes Hilfsmittel zur Einstel-lung des Weißabgleichs.

Enthält ein Bild verbindliche Farben, wie etwa Objekte vor weißem Hintergrund, Sachauf-nahmen, Repros oder Modeaufnahmen, so muss ein Weißabgleich und damit die Ein-stellung der Farbtemperatur so präzise wie möglich – am Besten mit einer Farb- oder Graustufenkarte – durchgeführt werden. Sol-

Ausmessen des Weißabgleichs auf einer mitfotografierten Farbkarte mit der Pipette und ihrem Hilfsraster zur genaueren Positionierung; rechts: geänderte Werte für den Weißabgleich: Der im ersten Bild etwas zu hohe Blau-Anteil wurde ausgeglichen, der Bildeindruck ist etwas wärmer geworden und die Werte für R, G und B sind identisch.

len nicht Farben verbindlich wiedergegeben, sondern – wie im Beispielbild – Stimmungen transportiert werden, so ist bei der Einstellung des Weißabgleichs viel kreative Freiheit gegeben.

Lightroom zeigt zusammen mit der Pipette ein Raster aus 25 Farbflächen an (in der Standardeinstellung), die die Pipettenspitze umgebenden Bildpunkte stark vergrößert darstellen und zur genaueren Positionierung der Pipettenspitze dienen. Die Rasterweite kann für besondere Anforderungen auch geändert werden: Bei aktivierter *Weißabgleichs-Pipette* kann in der Werkzeugleiste (unter dem Hauptanzeigebereich) festgelegt werden, ob das

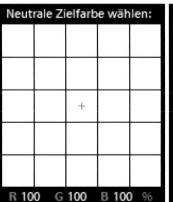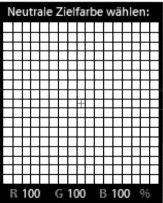

Zum Umstellen der Rasterweite der Palette wird einfach bei gedrückter Taste [ALT] das Mausrad gedreht oder der entsprechende Regler in der Werkzeugleiste verschoben.

Werkzeug nach erfolgter Anwahl eines Messpunktes gleich wieder ausgeschaltet wird oder eingeschaltet bleibt, ob die vergrößerte Darstellung des Messpunktes (*Lupe*) aktiv sein und in welcher Rasterweise dieses Hilfswerkzeug angezeigt werden soll. Die Standardeinstellung ist hier meist gut brauchbar.

... per Menü

Darüber hinaus bietet Lightroom zur Einstellung des Weißabgleichs eine kleine Palette an voreingestellten Lichtfarben und typischen Farbtemperatursituationen.

Das Menü zur Einstellung vordefinierter Weißabgleichswerte

Die einzelnen Menüpunkte stehen für die folgenden Einstellungen:

Zum Verständnis der einzelnen Menüpunkte muss beachtet werden, dass durch die jeweilige Einstellung gerade ein Lichtfarben-Fehler kompensiert werden soll, der aus der angegebenen Beleuchtungssituation resultiert. Wurde also ein Bild bei normalem Glühlampenlicht (Lightroom nennt dies *Wolframlampenlicht*) aufgenommen, ist es viel zu gelbstichig, was mit der Einstellung *Wolframlampenlicht* kompensiert und zu *Weiß* ausgeglichen werden kann. Auch hier noch einmal der Hinweis: Die gewünschte Lichtstimmung aus einfachem Glühbirnenlicht geht damit verloren. Merkt man sich *Tageslicht* als circa 5500K, können die Voreinstellungen zum Weißabgleich per Menü also getrost ignoriert werden.

Unabhängig von der Farbtemperatur arbeitet in Lightroom der Regler *Tönung*. Damit können zusätzlich bildwirkungsoptimierende Farbverschiebungen eingesteuert werden. Aber auch hier: Vorsicht, es ist leicht zu viel und dann nur noch bunt.

Die Automatik sollte immer nur als Ausgangswert zur manuellen Anpassung dienen.

Schnappschuss

Nach Abschluss der Einstellungen zum Weißabgleich wird mit Taste [Strg+N] ein neuer *Schnappschuss* angelegt und dieser etwa *02 Weißabgleich* genannt. Auf diese Weise kann

Menüpunkt (Lichtsituation)	Farbtemperatur	Tönung
Wie Aufnahme		
Automatisch		
Tageslicht	5500	+10
Bewölkt	6500	+10
Schatten	7500	+10
Wolframlampenlicht	2850	0
Leuchtstoffröhrenlicht	3800	+21
Blitz	5500	0
Benutzerdef.		

Wiedergegeben über dieses Menü werden zwar die häufig als typisch bezeichneten Lichtsituationen – nur selten wird das verfügbare Licht jedoch genau einer dieser Situationen entsprechen.

*Mit einem **Schnappschuss** lässt sich ein aktueller Bearbeitungszustand eines Bildes einfrieren.*

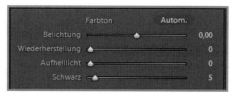

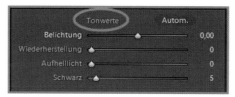

Der Belichtungsausgleich mit geänderter Beschriftung.

jederzeit im Verlauf der weiteren Arbeit am Bild auf diesen definierten Status zurückgegangen werden.

Schnappschüsse werden standardmäßig alphabetisch sortiert, womit ein typischer Lightroom-Workflow und damit eine Bearbeitungsreihenfolge nur ungenügend wiedergegeben werden können. Hilfreich ist es daher, Schnappschüsse in der Reihenfolge, in der sie angelegt wurden, manuell zu nummerieren – hier mit *02 Weißabgleich*.

Belichtung

Neben dem Weißabgleich kommt der Justierung der Belichtung die größte Rolle zu. Hier kann – in Grenzen – nachjustiert werden, was bei der Aufnahme durch Blende, Belichtungszeit und Empfindlichkeit (ISO) über die Belichtungsautomatik gesteuert an Lichtmenge eingefangen wurde.

Nahezu jedes Bild erfährt selbst durch geringe Anpassung des Belichtungsreglers noch eine Verbesserung, da auch die Automatiken moderner Spiegelreflexkameras ein Bild kaum so sehen und ausmessen können, wie der Fotograf es gesehen hat. Der Belichtungsausgleich bietet zudem die Möglichkeit, Belichtungsfehler der Aufnahme in relativ weiten Grenzen auszugleichen – einer der herausragenden Gründe dafür, im RAW-Format zu fotografieren.

Der Belichtungsausgleich sorgt dafür, dass ein reines Weiß tatsächlich die hellste Stelle im Bild ist, ein Schwarz tatsächlich die dunkelste. Der Belichtungsausgleich ändert nicht die Farbe, möglicherweise aber die Intensität der Farbwahrnehmung.

Zum Belichtungsausgleich (in Adobe Photoshop Lightroom 2 *Farbton* statt *Tonwerte* genannt – dies kann allerdings relativ einfach geändert werden) gehören vier Einstellungen:

- *Belichtung*
  Gesamthelligkeit des Bildes; Änderung in Belichtungswerten (EV) und damit gleich Wirkung (in Bezug auf erfasste Lichtmenge) wie geänderte Blende, Belichtungszeit oder Empfindlichkeit (ISO).

- *Wiederherstellung*
  Reduzierung der Belichtung in den hellsten Bereichen des Bildes und damit bessere Durchzeichnung der Lichter (Verminderung des Ausfressens der Lichter).

- *Aufhelllicht*
  Anhellung der Belichtung in den dunklen Bereichen des Bildes und damit bessere Durchzeichnung der Schatten (Verminderung des Zulaufens der Tiefen).

- *Schwarz*
  Stärkere Betonung und Ausweitung der dunkelsten Bereiche eines Bildes, die damit in Schwarz dargestellt werden.

  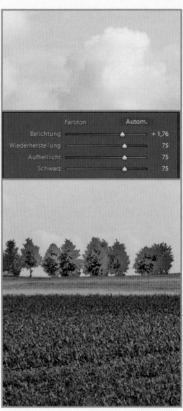

Ein Beispielbild in der unveränderten Ausgangssituation (links), in der optimierten Version (Mitte) und in einer Extremversion, wie sie aber durchaus zur Aussagesteigerung herangezogen werden kann (rechts).

Die Regler für *Helligkeit* und *Kontrast* wirken sich verstärkt auf die Mitteltöne des Bildes aus und bedürfen nur selten einer Veränderung.

Zur Optimierung des Beispielbildes wurde die *Belichtung* um 0,75 Blendenwerte erhöht, was die Gesamthelligkeit optimiert und anschließend das *Aufhelllicht* etwas verstärkt und damit insbesondere der zu dunkle Vordergrund noch weiter angehoben wird. Eine moderate Anhebung von *Schwarz* kräftigt das Bild noch etwas.

Die Extremversion des Bildes wirkt insbesondere durch das Hochziehen des *Aufhelllichts*, wodurch nahezu ein HDR-Look erzeugt wird. Weiter verstärkt wird dieser Effekt durch ein Hochziehen von *Schwarz*, was wiederum durch ein massives Hochziehen der Gesamtbelichtung kompensiert werden muss. Da dadurch die Zeichnung des Himmels fast ver-

loren geht, muss auch die *Wiederherstellung* noch kräftig erhöht werden.

Alle diese Einstellungen können auch, wie oben gezeigt, direkt im Histogramm vorgenommen werden.

Lichter- und Tiefenwarnung

Nicht immer ist an einem Bild gleich auf den ersten Blick erkennbar, wo belichtungstechnische Problembereiche liegen, insbesondere sind zugelaufene Tiefen nicht immer eindeutig von dunklen Bereichen mit Zeichnung zu trennen, ausgefressene Lichter nicht immer von besonders hellen Partien.

Zur deutlichen Markierung dieser Problemzonen bietet Adobe Photoshop Lightroom 2 die *Lichter- und Schattenwarnung*. Wird diese Warnung aktiviert, so werden die Problemzonen im Bild mit auffälliger Farbe maskiert – ausgefressene Lichter in Rot, zugelaufene

Tiefen in Blau. Die Maskierung passt sich dynamisch einer Veränderung der Belichtungseinstellungen an und verschwindet bei optimaler Einstellung.

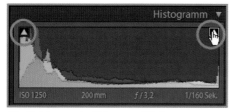

Die Aktivierung der Lichter- und Tiefenwarnung.

Aktiviert wird

- die rote Warnmaskierung für ausgefressene Lichter (Überbelichtungswarnung) per Klick auf das kleine Dreieck rechts oben am *Histogrammfenster*

Das Ausgangsbild mit unveränderten Belichtungsparametern und eingeblendetem Histogramm. Die Aufnahme wirkt in einigen Passagen überbelichtet, und auch das Histogramm weist durch einen Abriss in den Lichtern bereits auf ein Problem hin.

- die blaue Warnmaskierung für zugelaufene Tiefen (Unterbelichtungswarnung) per Klick auf das kleine Dreieck links oben am *Histogrammfenster*

Zeigt das Bild entsprechende Warnhinweise, kann entweder die Gesamtbelichtung des Bildes zurückgenommen oder versucht werden, durch den Parameter *Wiederherstellen* gezielt die hellen Bereiche zu korrigieren.

Das Ausgangsbild mit unveränderten Belichtungsparametern und aktivierter Überbelichtungswarnung. Diese wird über das kleine Dreieck, rechts oben am Histogramm, eingeschaltet. Die Unterbelichtungswarnung wird durch das kleine Dreieck am dunklen Ende des Histogramms aktiviert und dann in blauer Farbe dargestellt (hier nicht aktiviert).

*Durch den Parameter **Wiederherstellung** kann das Problem (bis auf einige verbleibende Glanzlichter) so gut wie vollständig behoben werden. Dennoch bleibt das Problem, dass das Bild insgesamt zu hell ist.*

*Auch durch Zurücknehmen der **Belichtung** um einen Blendenwert kann dem Problem der ausgefressenen Lichter wirkungsvoll begegnet werden – für dieses Bild das Mittel der Wahl.*

Präsenz

Wenn auch im Ergebnis weniger deutlich sichtbar, so hält der Bereich *Grundeinstellungen* noch einige sehr schön wirkende Einstellmöglichkeiten bereit, die nahezu jedem Bild mehr Präsenz verleihen – und daher mit den sprechenden Bezeichnungen *Klarheit*,

ZU HOHE SÄTTIGUNG

Hohe Werte für *Sättigung* sind typisch für die Voreinstellung in einem JPG-Prozess, gerade bei Kompaktkameras, die durch sehr bunte Bilder Gefallen zu finden versuchen.

Lebendigkeit und *Sättigung* unter dem Punkt *Präsenz* zusammengefasst sind.

Ein Erhöhen dieser Werte bringt so gut wie jedem Bild mehr Farbigkeit, mehr Wow – darum ist bei ihrer Anwendung auch immer ein hohes Maß an Vorsicht und Zurückhaltung geboten.

- *Klarheit*
  Erhöht (oder vermindert) den lokalen Kontrast eines Bildes, ohne den globalen Kontrast zu beeinflussen. Bilder bekommen damit, wie der Name sehr treffend ausdrückt, mehr Klarheit. Sehr schöne, dezente Effekte erzielt auch die Reduzierung der Klarheit auf deutlich negative Werte.

- *Lebendigkeit*
  Hebt geringer gesättigte Farben an, ohne die allgemeine Farbigkeit des Bildes allzu stark zu beeinflussen.

- *Sättigung*
  Verstärkt alle Farben im Bild und macht das Bild somit bunter. Kann – in geringem Maße eingesetzt – bei manchen Bildern die Bildwirkung erhöhen, bewirkt jedoch schnell auch eine zu deutlich betonte

Die Ausgangssituation: **Klarheit,** **Lebendigkeit** *und* **Sättigung** *in Neutralstellung.*

Das moderate Erhöhen von **Klarheit** *und* **Lebendigkeit** *frischt das Bild angenehm auf, ohne bunt und knallig zu wirken.*

Farbigkeit und Knalligkeit eines Bildes. Bei negativen Werten wird Farbe aus dem Bild genommen, bis hin zur reinen Graustufenumsetzung.

Fazit

Anpassungen im Bereich *Grundeinstellungen* sind fast bei jedem Bild sinnvoll und führen meist zu deutlichen Verbesserungen. Hierzu tragen insbesondere die optimalen Einstellungen der Parameter für *Farbtemperatur*, *Belichtung* und *Aufhelllicht* bei. Zusätzliche Optimierungen bringen die Parameter *Klarheit* und *Lebendigkeit*, *Sättigung* hingegen sollte nur sehr zurückhaltend eingesetzt werden.

Nach Abschluss aller Grundeinstellungen hat es sich bewährt, mit Taste [Strg+N] einen neuen Schnappschuss anzulegen.

Mit einer Anpassung der *Grundeinstellung* sollte für die meisten Bilder schon ein sehr hohes Maß an Optimierung erreicht sein. So gut wie alle weiteren Einstell- und Optimierungsmöglichkeiten (Kontrast über *Gradationskurve*, Schärfung über *Details*) stehen auch in der Voreinstellung bereits optimal für nahezu alle Bilder zur Verfügung und brauchen nur in wenigen Fällen noch herangezogen zu werden – Potenzial für weitere Optimierungen, wenn auch in weniger deutlich sichtbarem Umfang, bieten jedoch auch alle folgenden Einstellbereiche.

Selektive Anwendung von Bildoptimierungen

Bildoptimierungen, gerade in einem RAW-Konverter, beziehen sich typischerweise immer auf das gesamte Bild, da sie ja zunächst nur den Prozess nachvollziehen, der auch in der Kamera auf dem Weg von den Sensordaten zum Ausgabeformat JPG abläuft. Auch dieser Prozess bezieht sich immer auf das Ge-

Bereits eine Erhöhung der **Sättigung** *um* **+25** *lässt das Bild übertrieben bunt wirken.*

Einen sehr schönen sanften Eindruck kann ein Bild durch Reduzieren (bis **–100***) des durch* **Klarheit** *gesteuerten lokalen Kontrasts annehmen.*

samtbild: Weißabgleich, Belichtungskorrektur, Sättigung, Farbgebung und Schärfung gelten für das Bild, wie es vom Sucher oder Display angezeigt und vom Sensor erfasst wurde.

Ausschnitte, Korrekturen an Details oder spezielle Modifikationen sind hingegen die Domäne von Bildbearbeitungsprogrammen wie Adobe Photoshop.

Die Werkzeugleiste zur **Selektivbearbeitung.**

Adobe Photoshop Lightroom 2 hingegen kommt dem Anwender auch hier deutlich entgegen und bietet eine ganze Reihe von Werkzeugen zur Bearbeitung von Teilbereichen, die in vielen Fällen eine nachgeschaltete Bearbeitung in Photoshop überflüssig machen. Dazu gehört das einfache Beschneiden (Freistellen) und Geraderücken, bis hin zu Funktionen wie Aufpinseln von Belichtungsänderungen.

- *Freistellen* (Taste [R]) (genau genommen ist es ein Beschneiden) und Drehen bzw. Geraderücken nach festen Vorgaben oder per Freihand.

- *Bereichsreparatur* (Taste [N]) ist ein Stempel-Werkzeug zur hochkonfigurierbaren und dennoch einfach anwendbaren Entfernung von kleinen Störungen (Flecken, Sensorstaub).

- *Rote-Augen-Korrektur* (Rote Augen besser gleich bei der Aufnahme vermeiden).

- Der *Verlaufsfilter* (Taste [M]) legt beliebige Verläufe über das Bild, in denen die Einstellungen *Belichtung, Helligkeit, Kontrast, Sättigung, Klarheit, Schärfe* und

Farbe – auch kombiniert – angewandt werden können.

- Der *Korrekturpinsel* legt beliebige, runde Pinselführungen über das Bild, in denen die Einstellungen *Belichtung, Helligkeit, Kontrast, Sättigung, Klarheit, Schärfe* und *Farbe* – auch kombiniert – angewandt werden können. Pinsel lassen sich hinsichtlich Stärke, Verlaufskante, Flussstärke und Dichte konfigurieren.

Überlagerung freistellen

Nicht immer sind die Seitenverhältnisse des Sensorformats, mit dem jedes Bild erfasst wird, das optimale Format für den jeweiligen Bildinhalt, und nicht immer ist die Ausrichtung der Kamera im Moment der Aufnahme optimal dem Motiv angepasst – zu den häufigen Änderungen gehört daher die Wahl des optimalen Bildausschnitts und Seitenverhältnisses sowie das Drehen und Geraderichten.
Beide Funktionen sind in Adobe Photoshop Lightroom 2 in einem Werkzeug mit der sinnfreien Bezeichnung *Überlagerung freistellen* zusammengefasst: einfach in der Anwendung und äußerst flexibel.

Es handelt sich im eigentlichen Sinne nicht um Freistellen, sondern um ein Beschneiden, Zuschneiden oder Ausschneiden – auch eine der Eigentümlichkeiten der deutschen Lightroom-Terminologie. Mit Freistellen bezeichnet man in der Bildbearbeitung normalerweise ein Ausschneiden oder Abheben aus dem Hintergrund, etwa um ein Objekt hervorzuheben oder es sogar in einem anderen Bild wiederzuverwenden.

Zuschneiden

Mit Taste [R] oder Klick auf das Werkzeug wird auf dem Bild ein zusätzlicher Rahmen eingeblendet, der mit der Maus durch Verschieben der Seitenkanten oder Ecken passend kleiner gezogen wird. Die abzuschneidenden Bildteile werden, solange das Freistell-Werkzeug aktiv ist, abgedunkelt dargestellt.

Innerhalb des Originalbildes kann der Rahmen auch verschoben und seine optimale Position gesucht werden.

Anders als bei anderen Anwendungen, die ebenfalls ein Beschneidewerkzeug bieten, wird dabei jedoch nicht der Rahmen auf dem Originalbild verschoben, sondern – sehr gewöhnungsbedürftig – das Originalbild unter dem statischen Rahmen.

Bei aktiviertem *Freistellrahmen* wird innerhalb dieses Rahmens durch feine Linien ein Hilfsmuster für die optimale Bildaufteilung eingeblendet. Normalerweise ist dies eine Drittel-Teilung in beide Richtungen.

An den Kanten oder Ecken wird die Rahmengröße den Erfordernissen angepasst.

Mit der Verschiebehand wird das Originalbild unter dem Beschnittrahmen bewegt.

Die optimale Bildaufteilung bei der Freistellung unterstützt bis zu sechs unterschiedliche Rasterüberlagerungen im Freistell-Rechteck – hier Diagonal und Goldene Spirale.

Eine freie Drehung durch Anfassen an den Ecken des Freistellrahmens.

Per Taste [o] können statt der Drittel-Teilung auch fünf weitere Freistellungsüberlagerungen eingeblendet werden.

Zudem kann über das *Rechteck-Werkzeug* (Freistellungsrahmen-Werkzeug) ein freies Rechteck auf dem Bild aufgezogen werden, das dann die Beschnittkanten bildet.

Das Seitenverhältnis im Freistellungsrahmen ist normalerweise fixiert und entspricht dem Seitenverhältnis des Originalbildes. Über ein kleines Menü können aber auch weitere Seitenverhältnisse – für ein quadratisches Bild 1:1 – fest eingestellt werden. Für ein beliebiges Seitenverhältnis und damit einen nur den kreativen Erfordernissen des Bildinhalts angepassten Freistellungsrahmen wird das Schloss-Symbol angeklickt oder die Taste [A] gedrückt.

Das Schloss-Symbol zum Sperren oder Freigeben des Seitenverhältnisses beim Beschneiden.

Drehen

Bei Naturmotiven ist zur Ermittlung des optimalen Ausschnitts häufig auch eine leichte, beliebige Rotation des Ausschnitts erforderlich. Adobe Photoshop Lightroom 2 erleichtert dies, indem ein im Originalbild aufgezogener *Beschnittrahmen*, wenn er geringfügig außerhalb der Ecken gefasst wird, einfach mit der Maus gedreht werden kann. Bei der Drehung wird im *Beschnittrahmen* ein enges Raster eingeblendet.

Bei Motiven, die gerade Linien enthalten, insbesondere bei Architekturaufnahmen, ist die Methode der Freihand-Drehung zu wenig präzise. Bei derartigen Motiven ist es besonders

Das Musterbild (Ausschnitt) mit sichtbarer Abweichung von der Vertikalen in bildwichtigen Teilen (Kirchturm).

Das Musterbild (Ausschnitt) mit angelegter Hilfslinie.

Das Musterbild (Ausschnitt), nachdem das Bild automatisch so gedreht wurde, dass die Hilfslinie und damit der Kirchturn genau vertikal stehen.

Beim Drehen wird das resultierende Bild auch gleichzeitig automatisch so beschnitten, dass seine Ecken nicht über die ursprünglichen Bildkanten hinausragen und abgeschnitten werden.

wichtig, motivbestimmende Linien genau horizontal oder vertikal ausgerichtet zu haben. Für Fälle wie diese hält Adobe Photoshop Lightroom 2 das *Geradeausrichten-Werkzeug* bereit, das, an eine Linie angelegt, den Bildausschnitt so dreht, dass die Linie genau horizontal oder vertikal liegt.

Eine bemerkenswerte Hilfe bietet Adobe Photoshop Lightroom 2 zudem beim Drehen-Werkzeug an: Typischerweise ragen die Ecken eines im Originalbild gedrehten Ausschnitts über die Kanten des Originalbildes hinaus (etwa in Adobe Photoshop CSx). In Lightroom wird der Bildausschnitt beim Drehen auch gleichzeitig so verkleinert, dass keine Ecken abgeschnitten werden. Kleine Hilfen wie diese können viel Zeit und Ärger sparen.

Bereichsreparatur

Die *Bereichsreparatur* dient dazu, Störungen und Flecken zu entfernen. Das geht einfach und schnell; Einstellungen im Konfigurationsbereich sind dafür nur selten erforderlich – die wichtigsten Einstellungen können schneller und effektiver mit der Maus erledigt werden.

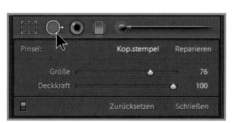

Der Einstellbereich des Werkzeugs **Bereichsreparatur**.

Typischer Anwendungsfall dieses Werkzeugs ist die Beseitigung von Flecken durch Sensorstaub oder kleinen Hautstörungen in Personenaufnahmen.

Dabei wird mit dem kreisförmigen Stempelwerkzeug, das über das Mausrad in der Größe veränderbar ist, auf die Problemstelle geklickt und diese damit automatisch, aber manuell einfach korrigierbar, mit einer gleichartigen Bildstelle überdeckt.

Ein typisches Portrait, bei dem leichte Hautstörungen entfernt werden sollen.

Das Ergebnis dieser sehr schnell durchzuführenden Änderungen ist ein von Störungen befreites Portrait.

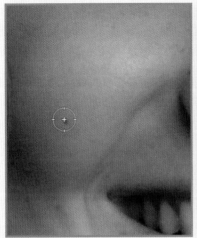

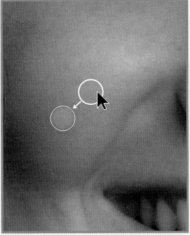

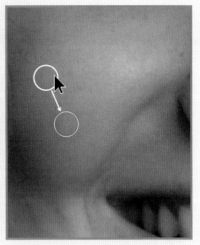

Mit aktiviertem **Stempel-Werkzeug** wird auf die erste zu korrigierende Stelle geklickt.
Die Werkzeugspitze kann einfach mit dem Mausrad in der Größe verändert werden.

Das Werkzeug sucht automatisch einen passenden Bereich in der Nähe (Quelle), der an die zu korrigierende Stelle (Ziel) kopiert werden soll, markiert diese Position und führt die Kopie aus.
In diesem Beispiel ist die kopierte Stelle allerdings ungünstig, weil zu hell.

Die zu kopierende Stelle kann sehr einfach mit der Maus verschoben und eine günstigere Quelle gesucht werden.
Das Ergebnis ist noch während des Verschiebens unmittelbar an der Zielstelle sichtbar.

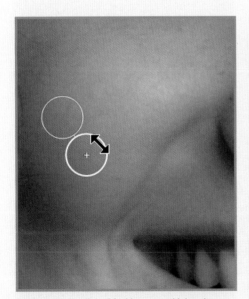

Ist die ursprüngliche Markierung zu klein oder zu groß, kann sie auch nachträglich verändert werden, indem ihr Rand mit dem Mauszeiger entsprechend verändert wird.

Das Portrait mit bereinigten Hautstörungen.

Ein Fussel auf dem Sensor verursacht eine deutliche Störung im Bild.

Auf gleiche Weise werden auch Flecken entfernt, die durch Staub auf dem Sensor verursacht wurden.

Verlaufsfilter

Der *Verlaufsfilter* macht es möglich, Korrekturen am Bild wie *Belichtung*, *Helligkeit*, *Kontrast*, *Sättigung*, *Klarheit*, *Schärfe* und *Farbe* – auch kombiniert – nur partiell und in einem sanften Verlauf anzuwenden.

Das Werkzeugbedienfeld für den *Verlaufsfilter* kann in zwei unterschiedlichen Versionen angezeigt werden, die durch den kleinen Schalter *Effektschaltflächen anzeigen* (rechts oben) umgeschaltet werden. In der Standardversion ist nur der Regler *Betrag* für die gerade ausgewählte Einstellung verfügbar, in der alternati-

Insbesondere bei einem sehr gleichmäßigen Hintergrund wie im Beispielbild ist es für das **Stempel-Werkzeug** *nicht sehr schwierig, automatisch eine Quelle für die Kopie zu finden.*

Zwei unterschiedliche Darstellungen des Werkzeugs **Verlaufsfilter**.

Mit nur einem Klick ist die Störung entfernt.

Das ausgearbeitete Bild, aber noch ohne Verlaufsfilter.

ven Version stehen Einstellmöglichkeiten für alle Parameter gleichzeitig bereit.

Mithilfe eines *Verlaufsfilters* wird im Beispielbild der Himmel etwas dramatisiert.

Hierzu wird die *Belichtung* reduziert und leicht dunkelblau eingefärbt. Zudem werden die *Klarheit* vollständig und die *Schärfe* teilweise zurückgenommen.

Die Einstellungen im Verlaufsfilter.

Hierzu wird das Werkzeug *Verlaufsfilter* geöffnet und die gewünschten Einstellungen werden vorgenommen.

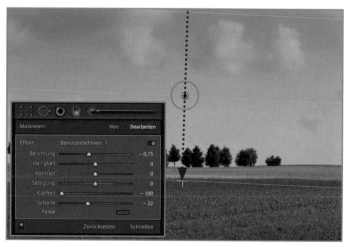

Während der Anwendung des Verlaufsfilters

Im Bild wird dann ein Verlauf aufgezogen, indem mit gedrückter Maustaste der gewünschte Bereich – von Dunkel nach Hell – überstrichen wird.

Das fertige Bild – etwas übertrieben – mit zwei unterschiedlichen Verläufen.

Im Bild erscheinen drei Linien, die den Rand der dunklen Zone, die Mitte und den Rand der hellen Zone anzeigen. In der Mitte des Verlaufs erscheint ein großer Punkt (Lightroom nennt ihn *Verlaufsfilterstift*).

An den Linien kann der Verlauf auch nachträglich angefasst und gedreht oder vergrößert/verkleinert werden; am Punkt kann der Verlauf verschoben oder auch ganz gelöscht werden.

Ein neuer, zweiter Verlauf mit gleichen oder anderen Werten wird angelegt, indem im Einstellbereich des Verlaufsfilters der Punkt *Neu* gewählt und dann ebenso verfahren wird.

Wird ein bestimmter Verlaufseffekt häufiger benötigt, kann er auch als Vorgabe innerhalb der Verlaufseinstellungen abgelegt werden.

Mögen auch die gezeigten Verläufe, insbesondere mit Farben, übertrieben wirken: Das Verlaufsfilter-Werkzeug leistet immer dann unschätzbare Dienste, wenn etwa nur eine Belichtungsabsenkung im Hintergrund oder eine Schärfeanhebung im Vordergrund einzubringen ist.

Korrekturpinsel

Der *Korrekturpinsel* arbeitet ähnlich wie der *Verlaufsfilter* und macht es ebenfalls möglich, Korrekturen wie *Belichtung*, *Helligkeit*, *Kontrast*, *Sättigung*, *Klarheit*, *Schärfe* und *Farbe* – auch kombiniert – nur partiell in einem Pinselstrich mit einstellbarer Breite und Randhärte anzuwenden.

Mit dem *Korrekturpinsel*, der leider auch auf sehr gut ausgestatteten Systemen etwas träge arbeitet, wird per Pinselstrich eine Para-

Alternative Darstellungsweisen des Einstellfeldes für den Korrekturpinsel; die Umschaltung erfolgt durch das kleine Symbol rechts oben.

meteranpassung aufgetragen. Der Pinsel unterscheidet dabei eine harte Zone und eine weiche Kante mit einem Verlauf von innen nach außen. Darüber hinaus lässt sich mit *Fluss* einstellen, wie stark der Effekt durch den Pinsel aufgetragen wird.

Verwendet wird dieses Werkzeug in erster Linie, um in dunklen Bereichen die Belichtung etwas nachzuführen oder bei Portraits die Hautbereiche durch einen Pinsel mit der Einstellung *Klarheit = -100* zu soften.

Auch hier können häufig verwendete Pinsel-Einstellungen als Effektvorlage gespeichert werden.

Kontrastoptimierung (Gradationskurve)

Während der einfache *Kontrastregler* im Bereich der *Grundeinstellungen* in erster Linie relativ undifferenziert auf die Mitteltöne wirkt,

verhilft die Arbeit mit der *Gradationskurve* zu einer wesentlich differenzierteren Ausbildung des Bildkontrastes.

Die Kontrastoptimierung wird in der Bildbearbeitung und somit auch in RAW-Konvertern typischerweise über eine Funktion *Gradationskurve* vorgenommen – in Adobe Lightroom ist diese Funktion gerade auch hinsichtlich der Bedienbarkeit besonders schön gelöst.

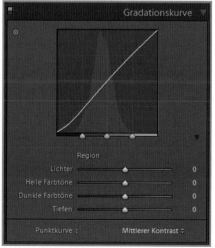

Der Arbeitsbereich **Gradationskurve** *in der Standardeinstellung.*

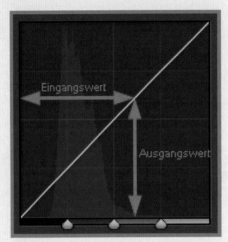

Die lineare Gradationskurve: Jeder Eingangswert wird unverändert auf den gleichen Wert als Ausgangswert abgebildet.

Die Kontrastverbesserung: Anhebung in den hellen Farbtönen, Absenkung in den tiefen Farbtönen. Die Kurve erhält eine leichte S-Form.

Generell wird mit dem Werkzeug *Gradationskurve* eine leichte Kontrasterhöhung angestrebt, die zu einer S-förmig gebogenen Kurve führt. Dabei werden die helleren Werte eine Nuance angehoben, die tieferen Werte abgesenkt.

Die *Gradationskurve* in Adobe Lightroom bietet neben den Voreinstellungen (Punktkurve: *Linear, Leichter Kontrast, Starker Kontrast*) drei

sehr intuitive und nuancierte justierbare Möglichkeiten der Veränderung, mit denen sogar dieses Werkzeug seinen eher spröden Charme verliert und Freude zu machen beginnt:

- Verbiegen der Kurve
- Verschieben der Regler
- Direktkorrektur im Bild

Verbiegen der Kurve

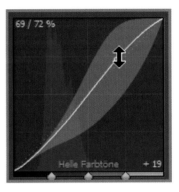

Die Kurve kann direkt und interaktiv mit der Maus *verbogen* werden, so wie dies auch aus vergleichbaren Anwendungen bekannt ist. Befindet sich der Mauszeiger über der Kurve, wird zudem der Bereich eingeblendet, in dem die Kurve sinnvollerweise verändert werden kann (vier Bereiche: *Lichter, Helle Farbtöne, Dunkle Farbtöne, Tiefen*). Im Hintergrund wird gleichzeitig das Histogramm des Bildes eingeblendet.

Verschieben der Regler

Das gleiche Ergebnis kann erzielt werden, wenn nicht die Kurve selbst, sondern die darunter angeordneten vier Schieberegler für die vier Regelungsbereiche justiert werden.

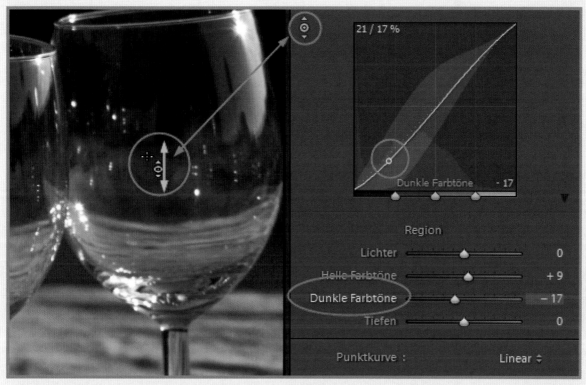

Die Direktkorrektur des Kontrastes an Ort und Stelle im Bild.

Direktkorrektur im Bild

Neuartig und in Einfachkeit und Unmittelbarkeit der direkten Anwendung kaum zu übertreffen ist die Möglichkeit, die Werte der Gradationskurve direkt im Bild zu verändern. Dazu bedient man sich des kleinen Symbols links oben im Bereich der Gradationskurveneinstellung, platziert das Werkzeug direkt im Bild an der Position, die geändert werden soll, und verschiebt nach oben oder unten. Die Änderungen lassen sich nicht nur sofort und direkt im Bild erkennen, sondern sind ebenso im *Einstellbereich* an den Schiebereglern und an der Kurve ablesbar. Das Werkzeug *Direktkorrektur* muss anschließend explizit wieder ausgeschaltet werden.

Der Vergleichsmodus

Mit Änderungen der *Gradationskurve* – und mehr noch in den folgenden Bereichen *Farbe*,

Teiltonung, Details (Schärfe und *Rauschunterdrückung)* – werden Änderungen am Bild immer subtiler und damit weniger deutlich erkennbar. Auch die Entscheidung, ob eine Parameteranpassung tatsächlich auch zu einer Verbesserung führt, ist nicht immer gleich erkennbar.
Adobe Photoshop Lightroom 2 bietet auch für dieses Problem eine sehr elegante Lösung – den *Vergleichsmodus.*

Im *Vergleichsmodus*

- wird der Bildschirm geteilt und auf der einen Seite (*Vorher*) das Bild vor einer Veränderung, daneben (*Nachher*) der gleiche Ausschnitt nach einer Änderung angezeigt

- sind die Zoomstufen und Ausschnitte auf beiden Seiten synchronisiert, sodass bei Verschieben oder Zoomen der einen Seite auch auf der anderen Seite der gleiche Ausschnitt angezeigt wird

- kann zur Überprüfung weiterer Änderungen *Nachher* jederzeit auf der *Vorher*-Seite abgebildet werden

- Aktiviert wird der *Vergleichsmodus* ganz einfach durch Taste [Y] oder das entsprechende Symbol links unten am Hauptarbeitsfenster. Neben der Schaltfläche befinden sich auch die Schaltflächen zum *Kopieren* und *Austauschen* der Einstellungen.

Arbeiten mit der Direktkorrektur im Vergleichsmodus

Mithilfe der Direktkorrektur der *Gradations-kurve* und kontrolliert durch die *Vorher-Nach-her-Ansicht* konnte hier ein kaum sichtbares Detail am Horizont noch hervorgehoben werden, ohne dass es zu sichtbaren Änderungen in anderen Bereichen gekommen wäre.

Farboptimierung

Als nächster Schritt kann eine Farboptimierung erfolgen, da Farben meist infolge der vorangegangenen Änderungen, insbesondere nach der Kontraständerung durch die Gradationskurve, intensiver geworden sein können. Die Farboptimierung gehört nicht unbedingt zu den zwingend erforderlichen Elementen im Arbeitsablauf einer RAW-Konvertierung. Sie wird mehr zu den kreativen Erweiterungen bis hin zur bewussten Abweichung von den real wahrgenommenen Farben eingesetzt. Wurde der Weißabgleich sauber festgelegt, ist eine Farboptimierung oft gar nicht mehr erforderlich.

Der Bereich *HSL/Farbe/Graustufen* ist in Lightroom etwas opulent geraten, aber auch hier ist es gelungen, die Anwendungsoberfläche so zu gestalten, dass trotz der Mächtigkeit dieses Hilfsmittels die Übersicht nicht verloren geht.

Der Bereich bietet Einstellmöglichkeiten für bis zu acht Farbbereiche, die jeweils nach *Farbton*, *Sättigung* und *Luminanz* unterschiedlich geregelt werden können.

Auf den ersten Blick wirkt die Flut an Einstellmöglichkeiten, die der Bereich *HSL/Farbe/Graustufen* anzeigt, nur verwirrend. Genauer betrachtet handelt es sich bei *HSL* und *Farbe* jedoch um zwei unterschiedliche Präsentationsformen der gleichen Regelmöglichkeiten: Sowohl in *HSL* als auch in *Farbe* können die Farbbereiche *Rot*, Orange, *Gelb*, *Grün*, *Aqua-*

Zwei Darstellungen für die gleiche Sache: Die Farbbereiche Rot, Orange, Gelb, Grün, Aquamarin, Blau, Lila und Magenta werden getrennt nach Farbton, Sättigung und Luminanz eingestellt.

marin, *Blau*, *Lila* und *Magenta* getrennt nach *Farbton*, *Sättigung* und *Luminanz* eingestellt werden.

Die von Lightroom in der Farbkorrektur unterschiedenen acht Farbbereiche.

HSL und Farbe gewähren Zugriff auf die gleichen Parameter, nur unterschiedlich angeordnet.

- Bei *HSL* erfolgt zunächst die Gruppierung nach *Farbton*, *Sättigung* und *Luminanz*, jeweils mit der Untergruppierung in die acht Farbbereiche *Rot*, *Orange*, *Gelb*, *Grün*, *Aquamarin*, *Blau*, *Lila* und *Magenta*.

- Bei *Farbe* erfolgt die erste Gruppierung nach den acht Farbbereichen, die Untergruppierung der einzelnen Farbbereiche nach *Farbton*, *Sättigung* und *Luminanz*.

Ein kleiner Anwendungsvorteil bleibt für die HSL-Methode: Bei dieser kann mit der oben (bei *Gradationskurve*) schon beschriebenen *Direktkorrektur* gearbeitet und die gewünschten Farbwerte können direkt im Bild verschoben werden.

Im Beispielbild wurde mithilfe des *Direktkorrekturwerkzeugs* die *Sättigung* der *Blautöne* in der Bergkette verstärkt und die *Luminanz* der grünen Wiesenfarbe angehoben.

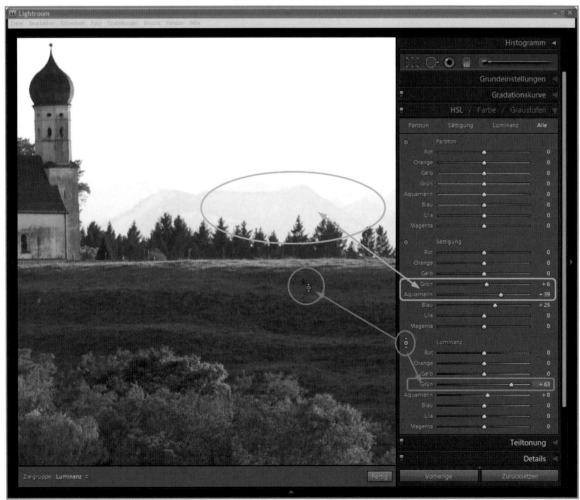

Mit der Direktkorrektur im Bereich **Farbe | Sättigung** *kann der gewünschte Farbton direkt im Bild zurückgenommen werden.*

Graustufen

Als besonders hilfreich erweist sich diese Aufteilung in acht getrennt regelbare Farbbereiche auch bei der Umsetzung in Graustufen.

Um die Bildwirkung bei der Umsetzung von *Farbe* auf *Graustufen* zu intensivieren, ist es meist erforderlich, bestimmte Farbbereiche zu verstärken.

Nach dieser weiteren Bildoptimierung wird auch hier wieder ein *Schnappschuss* angelegt.

Ausschnitt aus einem Herbstbild mit leuchtenden Grün- und Gelb-Orange-Tönen.

Teiltonung

Der Bereich *Teiltonung* dient in erster Linie Spezialeffekten wie der gezielten Einfärbung eines (Graustufen-)Bildes, wobei Lichter und

Graustufenumsetzung ohne Anpassung der Farbwerte reduziert Grün- und Gelb-Orange-Töne nicht mehr unterscheidbar auf fast gleiche Helligkeit. Nahezu verloren geht die Orangefärbung im linken Drittel des Bildes.

Die Automatik bringt keine Verbesserung, da dabei die bildbestimmenden Farbanteile sogar abgeschwächt, die nicht vorhandenen Farbanteile Blau, Lila und Magenta angehoben werden – keine Wirkung im Bild.

*Erst eine manuelle Anhebung der Orange- und Gelbtöne bringt eine Differenzierung zwischen Grün- und Gelb-Orange-Tönen und erzielt die erwünschte Bildwirkung.
Auch die Orangefärbung im linken Drittel des Bildes tritt jetzt wieder deutlich hervor.*

*Das Einstellfeld **Teiltonung** mit getrennter Behandlung für **Lichter** und **Schatten**.*

Schatten getrennt behandelt und auch der Grenzbereich justiert werden kann.

Das Einstellfeld der *Teiltonung* bietet im Lichter- und im Schattenbereich Regelmöglichkeiten für die Farbe, mit der einzufärben ist, und für die Sättigung, d. h. die Intensität der Farbe. Statt der getrennten Regler kann auch der Lightroom-Farbwähler herangezogen werden.

Teiltonung ist kein Einstellfeld, mit dessen Parametern typischerweise mehrere Bilder zur Optimierung bearbeitet werden, sondern dient in erster Linie Kreativeffekten.

Details

Unter *Details* sind in Adobe Photoshop Lightroom 2 Einstellungen zur Schärfung und Rauschreduzierung zusammengefasst, die für so gut wie jedes Bild erforderlich und wichtig sind. Da jedoch bereits die Voreinstellungen nicht auf 0, sondern auf moderaten Werten stehen, werden die Einstellungen auf alle Bilder angewendet, auch wenn der Einstellbereich nicht explizit genutzt und Parameter verändert wurden.

Mit dem Bedienfeld **Teiltonung** *wurde dem Gesamtbild eine Sepiatönung verliehen.*

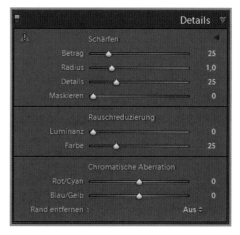

Der Einstellbereich **Details** *in unveränderter Ausgangsstellung.*

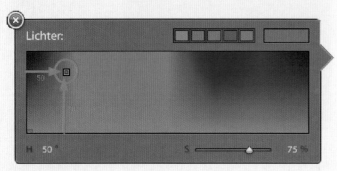

Der **Farbwähler** *aus Adobe Photoshop Lightroom 2, bei dem hier die Werte* **Farbton 50** *und* **Sättigung 75** *eingestellt wurden.*

Schärfung

Digitalbilder bedürfen aus technischen Gründen (siehe weiter vorne in diesem Buch) immer einer moderaten Nachschärfung – und diese sollte, zumindest im RAW-Konverter, auch wirklich nur moderat ausfallen, da final

┌ **i** ┐

KONKURRENTEN

Rauschreduzierung und *Schärfung* sind konkurrierende Einstellungen. Mit Rauschreduzierung ist immer auch eine kleine lokale Verminderung der Schärfe verbunden – das Rauschen wird unschärfer und damit weniger auffällig. Eine Bildschärfung ist dazu gegenläufig. Jede Schärfung hebt das Bildrauschen mit an, eine Rauschreduzierung geht immer auch auf Kosten der Bildschärfe.

┌ **i** ┐

SCHÄRFEN SICHTBAR MACHEN

Mit einem kleinen Trick zeigt Adobe Photoshop Lightroom 2 an, welche Bereiche von der Schärfung betroffen sind: Dabei wird die Taste [ALT] gedrückt und gehalten, während einer der *Schärfungsregler* mit der Maus verschoben oder auch nur festgehalten wird. Das Bild wird dadurch kurz in Schwarzweiß dargestellt, wobei die durch die Reglerstellung geänderten Parameter weiß, alle anderen schwarz eingefärbt werden.

geschärfte Bilder schlecht weiterzuverarbeiten sind. Wird das Bild weiterbearbeitet, sollte eine abschließende Schärfung erst im Bildbearbeitungsprogramm vorgenommen werden. In Adobe Photoshop Lightroom 2 werden Bilder an zwei Stellen im Workflow geschärft:

● im Entwicklungsmodul unter *Details*

● beim Export in ein finales Format

In beiden Fällen sollte eine Schärfung sehr zurückhaltend vorgenommen werden, insbe-

Der Parameter **Maskieren** *auf Maximalstellung, um nur die Bereiche um harte Kontrastkanten zu schärfen und alle anderen Bereiche zu maskieren.*

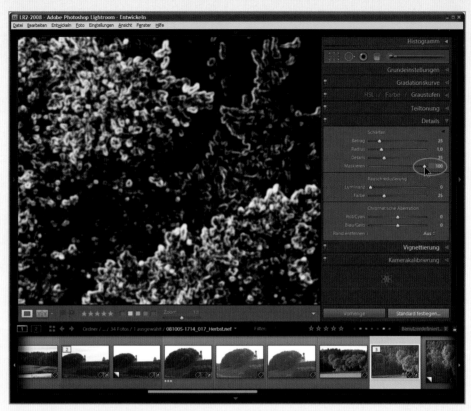

Bei gedrückter Taste [ALT] wird angezeigt, welche Bereiche maskiert (schwarz) und welche Bereiche von der Schärfung betroffen sind (weiß).

sondere, da eine Überschärfung erst in der finalen Ausgabe als solche in Erscheinung tritt. Es ist meist sinnvoll, die Schärfung entweder nur im Entwicklungsmodul oder nur im Export vorzunehmen. Aufgrund der detaillierteren Steuerbarkeit hat sich eine Schärfung nur im Entwicklungsmodul als günstiger erwiesen.

Vor Änderungen der Schärfung sollte die Zoomstufe möglichst hoch eingestellt werden – die Schärfewirkung und auch eine mögliche Überschärfung sind dann einfacher kontrollierbar.

Zurücksetzen

Gerade bei der Arbeit mit dem Schärfungswerkzeug ist es häufig erforderlich, alle Einstellungen des Werkzeugs wieder auf die Ausgangsstellung zurückzusetzen. Dies ist natürlich über den Protokollstapel möglich, in dem alle Modifikationen und Parameter-

änderungen notiert und jederzeit zurückgesetzt werden können.

Einfacher erfolgt das Zurücksetzen durch Druck auf die Taste [ALT]: Die Schaltfläche *Schärfen* wird dann durch *Schärfen zurücksetzen* beschriftet – per Klick darauf erhält das Werkzeug wieder seine Standardeinstellung. Dieses Zurücksetzen per Druck auf Taste [ALT] gilt auch für alle anderen Werkzeuge.

Rauschreduzierung

Digital aufgenommene Bilder rauschen – in niedrigen Empfindlichkeiten (ISO) weniger, in hohen (ab 1000) mehr; bei großen Sensoren (Vollformat) weniger, bei kleineren mehr; bei geringer Pixeldichte (Bildpunkte pro Sensor) weniger, bei hoher Pixeldichte mehr. Rauschen ist technisch gesehen ein ungleiches Verhalten, ein Fehler der einzelnen Bildzellen, die einen Sensor ausmachen. Je stärker das Signal jeder Bildzelle verstärkt werden muss,

*Nikon D200; 80mm;
Blende 3,2, ISO1250*

um hohe Aufnahme-Empfindlichkeiten (ISO-Werte) zu erzielen, desto mehr wird auch das Rauschen verstärkt.

Rauschen tritt bei modernen digitalen Spiegelreflexkameras unter 800 ISO so gut wie nicht mehr (störend) auf; über diesem Wert sehr wohl, und wird daher im Zuge der RAW-Konvertierung per Software zu eliminieren versucht.

Technisch unterschieden wird dabei Luminanzrauschen und Farbrauschen. Luminanzrauschen bezieht sich nur auf den Helligkeitsunterschied und wird daher auch Helligkeitsrauschen genannt. Obwohl (technisch betrachtet) immer vorhanden, tritt es nur selten tatsächlich bildstörend auf. Pro-

blematischer ist das Chrominanzrauschen, in Lightroom *Farbrauschen* genannt, das nahezu in jedem Bild auftritt und mit höheren ISO-Werten, abhängig von Fläche, Auflösung und Qualität des digitalen Sensors, zunehmend störend wirken kann.

Ein Ausschnitt aus dem Beispielbild: **Rauschreduzierung** *in Standardeinstellung.*

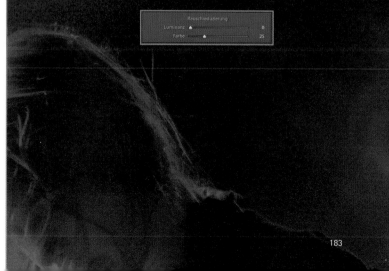

Ein Ausschnitt aus dem Beispielbild: Rausch-reduzierung, insbesondere bei Farbrauschen stark intensiviert.

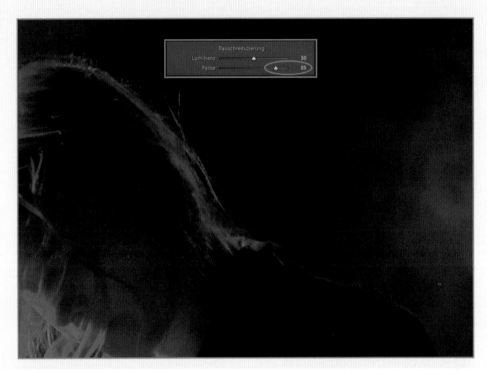

Ein Ausschnitt aus dem gezeigten Beispielbild zeigt das doch schon etwas stärkere Rauschen, das bei ISO1250 auftritt und gerade in detailärmeren Bildpassagen hervortritt.

Reduziert wird Luminanz- und Farbrauschen durch leichte lokale Unschärfen – eine gleichzeitige Bildschärfung schwächt daher die Wirkung einer Rauschreduzierung ab.

Bei aktivierter *Rauschreduzierung* wird der gezeigte Bildauschnitt etwas detailärmer, dafür aber so gut wie rauschfrei.

Chromatische Aberration

Chromatische Aberration, genauer: Transversale chromatische Aberration, ist ein Farbfehler von Objektiven, der aus der je nach Lichtfarbe unterschiedlichen Lichtbrechung herrührt und sich im Bild als dünner, roter oder blauer Farbsaum an sehr harten oder sehr filigranen Helligkeitskanten äußert. Der Fehler wird nur in einer höheren Vergrößerung sichtbar. In Adobe Photoshop Lightroom 2

können diese Farbbereiche dann entsprechend verschoben oder reduziert und somit dieser optische Fehler ausgeglichen werden.

Die Korrekturmöglichkeit für die Chromatische Aberration, eine Rot- oder Blau-Verschiebung, die durch ungleiche Brechung dieser Farben im Objektiv herrührt und durch Gegensteuern mit Cyan oder Gelb ausgeglichen wird.

Chromatische Aberration zeigt sich als Rot-Saum oder Blau-Saum; korrigiert wird sie daher durch Verschieben in die Komplementärfarbe: Der Rot-Saum wird durch Cyan korrigiert; ein Blau-Saum durch Gelb.

Ist der Fehler besonders hartnäckig, kann ein Saum an harten Kanten auch komplett entfernt werden. Im Normalfall sollte dies jedoch nicht erforderlich sein.

Vignettierung

Objektiv-Vignettierung ist ebenfalls ein Objektivfehler, der zu einer ungleichmäßigen Helligkeitsverteilung von der Bildmitte zum Rand hin führt – meist wahrnehmbar als Abschattung, insbesondere in den Bildecken.

Mit der **Objektivkorrektur** *werden Randabschattungen eines Objektivs ausgeglichen.*

Lightroom kann dies ausgleichen, indem es ein Bild um einen Mittelpunkt (mit einstellbarer Größe) um einen Betrag (mit einstellbarer Helligkeit) zu den Rändern hin aufhellt oder abdunkelt.
In Adobe Photoshop Lightroom 2 kann dieser Effekt aber auch gezielt – und kreativ – herbeigeführt werden, um damit rund oder oval auslaufende Ränder zu erzeugen. Dieser Effekt kann – im Gegensatz zur Objektivkorrektur – auch auf freigestellte, d. h. beschnittene Bilder angewandt werden.

Mit der Funktion **Nach Freistellen** *werden kreative Randabschattungen und abgerundete Rahmen erzeugt.*

- *Betrag* regelt die Farbe des neu erzeugten Rahmens, wobei der Wert *-100* einen schwarzen Rahmen, *+100* einen weißen Rahmen erzeugen.

- *Mittelpunkt* regelt die Größe des verbleibenden Bildes: *0* erzeugt ein relativ kleines (Rest-)Bild; *100* erzeugt ein sehr großes (Rest-)Bild, bei dem der Beschnitt an den Ecken kaum noch erkennbar ist.

- *Rundheit* regelt die Form des Rahmens und damit des verbleibenden Bildes: *+100* erzeugt ein kreisförmiges Bild; *-100* erzeugt ein rechteckiges Bild mit abgerundeten Ecken.

- *Weiche Kante* regelt den Verlauf und Übergang zwischen Bild und Rahmen, der bei *0* sehr hart, bei *100* sehr weich und fließend erfolgt.

Ein relativ weicher Übergang von Bild zu Rahmen durch **Weiche Kante = 25**; *hell-transparenter Rahmen durch* **Betrag = +75**; *leichte Ovalform des Rahmens durch* **Rundheit = +75**; *gerade noch bildfüllendes Restbild durch* **Mittelpunkt = 25**.

Ein schwarzer Rahmen durch **Betrag = 0**.

Eine vollständige Ovalform durch **Rundheit = 0**.

Die kreative Vignettierung durch die Funktion *Nach Freistellen* kann bei gelegentlichem Anwenden zu netten Effekten führen – typisch für einen RAW-Konverter müssen derartige Funktionen allerdings nicht sein, da entsprechende Effekte durch eine Bildbearbeitung wie Photoshop oder spezialisierte Programme besser und umfangreicher parametrisierbar erzeugt werden können.

Kamerakalibrierung

Kamerakalibrierung bietet die Möglichkeit, Adobe Photoshop Lightroom 2 individuell auf einen Kameratyp (sogar auf eine individuelle Kamera) und deren Farbverhalten abzustimmen. Der Einstellbereich *Kamerakalibrierung* bietet die auch von der Farboptimierung bekannten Regler für *Farbton* und *Sättigung* in den

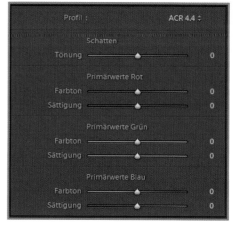

primären Farbbereichen RGB (Rot, Grün und Blau), außerdem die Möglichkeit zur Modifikation der Tönung in den Schattenbereichen.

Standard festlegen

Ist eine Kameraeinstellung gefunden, die typische Farbabweichungen dieser Kamera korrigiert, so kann diese Einstellung als Basis-

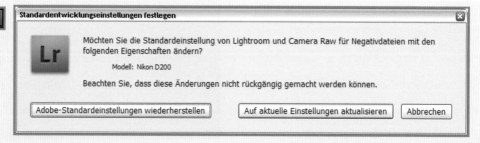

Die Rückfrage bei Einrichtung einer neuen, kameraindividuellen Standardeinstellung.

Standard in Adobe Photoshop Lightroom 2 festgelegt werden. Durch Drücken der Taste Taste [ALT] erscheint rechts unten im rechten Bedienfeld des *Entwicklungsmoduls* die Schaltfläche *Standard festlegen*, wo vorher die Schaltfläche *Zurücksetzen* war.

Beim Anklicken dieser Schaltfläche wird nach einer Rückfrage die aktuelle Einstellung der Kamerakalibrierung als Systemstandard eingerichtet.

Kameraprofile

Noch viel besser als die nur sehr näherungsweise und per Augenschein mögliche Kamerakalibrierung ist die Verwendung von vorproduzierten oder eigenen Kameraprofilen.

Kameraprofile für eine Vielzahl aktueller digitaler Spiegelreflexkameras werden von Adobe zum Download angeboten (*http://labs.adobe. com/wiki/index.php/DNG_Profiles*).

Nach Installation sind diese Kameraprofile über den Menüpunkt *Adobe Standard (beta 1)* zugänglich, wobei dieser Menüpunkt, egal, welchen Kameratyp er repräsentiert, immer gleich benannt ist.

```
ACR 4.4
ACR 3.3
✓ Adobe Standard beta 1
  Camera D2X Mode 1 beta 1
  Camera D2X Mode 2 beta 1
  Camera D2X Mode 3 beta 1
  Camera Landscape beta 1
  Camera Neutral beta 1
  Camera Portrait beta 1
  Camera Standard beta 1
  Camera Vivid beta 1
  Nikon D200 Color Checker Profile by KO
```

Das Auswahlmenü der vorbereiteten und eigenen Kameraprofile.

Über den Adobe DNG Profile Editor – leider aber nicht direkt in Adobe Photoshop Lightroom 2 – können sehr präzise eigene Kameraprofile erstellt werden: Im abgebildeten *Profile*-Menü der Punkt *Nikon D200 Color Checker Profile by KO*. Hierzu wird mit der zu vermessenden Kamera die schon mehrfach erwähnte Farbtafel GretagMacbeth Color Checker abgelichtet und das Bild dann im DNG Profile Editor in Adobe Camera Raw ausgemessen.

Der Adobe DNG Profile Editor kann ebenfalls von der angegebenen Webadresse (*http://labs. adobe.com/wiki/index.php/DNG_Profiles*) heruntergeladen werden.

Aus diesen Messdaten kann ein kameraindividuelles Profil abgespeichert und in Adobe Photoshop Lightroom 2 geladen werden.

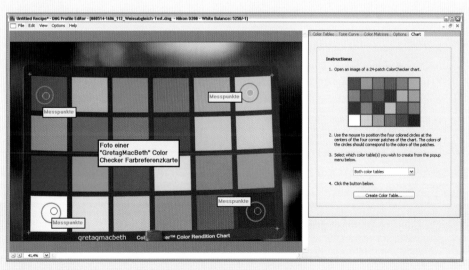

Der Adobe DNG Profile Editor (kostenloses Zusatzprogramm von Adobe) vermisst automatisch eine mit der zu kalibrierenden Kamera aufgenommene Norm-Farbkarte und erstellt daraus ein Kameraprofil.

Automatik:
ein Bild – viele Bilder

Nach diesem ausführlichen Durchlauf des Arbeitsablaufs einer RAW-Bildbearbeitung erscheint es – nicht ganz zu Unrecht – als aufwendige Sache, mehrere Bilder zu bearbeiten, gar alle Bilder einer Sitzung oder eines Aufnahme-Events (Fest, Hochzeit, Urlaub).
Adobe Photoshop Lightroom 2 bietet auch hier einfach zu handhabende, direkte Unterstützung – und die folgenden Möglichkeiten, Entwicklungsparameter eines Bildes auf andere zu übertragen. Diese Möglichkeiten stehen, teilweise in geringfügig unterschiedlicher Ausprägung, sowohl in der Bibliothek als auch im Entwicklungsmodul zur Verfügung.

- *Kopieren & Einfügen*
  Hat man ein Bild ausgearbeitet und alle Parameter optimiert, so werden die Einstellungen über die Tastenkombination Strg+Umschalt+C kopiert.
  Eine Dialogbox fragt, welche Parameter kopiert werden sollen.
  Danach können sie über die Tastenkombination Strg+Umschalt+V allen ausgewählten Bildern zugewiesen werden.
  Nur im Entwicklungsmodus steht hierfür auch die Menüfolge *Einstellungen → Einstellungen kopieren* und *Einstellungen einfügen* zur Verfügung und kann auf den Filmstreifen (unten) oder das nächste geladene Bild angewendet werden.

- *Vorherige*
  Im Menü *Einstellungen* bietet der Punkt *Vorherige Einstellungen einfügen* (Strg+Alt+V) die Möglichkeit, alle Parameter des vorher bearbeiteten Bildes anzuwenden (nur im Bibliotheksmodus).

- *Synchronisieren*
  Die Entwicklungseinstellungen des aktuell markierten Fotos werden anderen ausgewählten Bildern zugewiesen.

- *Vorgaben*
  Eine *Vorgabe* ist die Zusammenfassung von einigen, vielen oder allen Optimierungsparametern eines Bildes unter einem Namen. Dieser Name und damit die Entwicklungseinstellungen sind von vielen Positionen von Lightroom aus verfügbar; selbst erstellte und benannte Vorgaben können auch in einer Datei abgelegt und weitergereicht werden. Eine neue Vorgabe wird über die Tastenkombination Strg+Umschalt+N, die Menüfolge *Entwickeln → Neue Vorgabe* oder per Klick auf das + bei *Vorgaben* im linken Bedienfeld des Entwicklungsmoduls angelegt (nur im Entwicklungsmodul möglich). In einer Dialogbox kann auch hier wieder angegeben werden, welche Parameter in die Vorgabe aufgenommen werden sollen. Zudem wird nun aber der Name der Vorgabe (und ggf. der Ordner) erfragt.
  Die neue Vorgabe steht dann sofort im *Vorgaben*-Feld (linkes Bedienfeld des Entwicklungsmodus) zur Verfügung und kann auf beliebige Bilder angewandt werden. Aber auch im Bibliotheksmodus steht diese Parametersammlung als Name einer Vorlage sofort zur Verfügung und kann z. B. über die Funktion *Spraydose* beliebigen Bildern zugewiesen werden. Auch beim Import neuer Bilder kann die Vorlage bereits zugewiesen werden.

Alle diese Möglichkeiten können schnell eingesetzt und auf diese Weise viele Bilder gleichzeitig mit einheitlichen Parameterstellungen optimiert werden, die dann entweder als Ausgangssituation für weitere Optimie-

rungen genommen werden oder – falls schon optimal – direkt in JPG- oder TIFF-Export, eine Diashow, einen Ausdruck oder eine Webpräsentation münden können.

Das Entwicklungsmodul

Das Entwicklungsmodul bietet – von den Grundeinstellungen wie *Weißabgleich*, *Belichtung* oder *Aufhelllicht* über *Gradationskurve* und *Farbeinstellungen* bis hin zu *Schärfung*, *Rauschunterdrückung* und schließlich *Kamerakalibrierung* – enorm viele und dennoch schlüssig und zielgerichtet anwendbare Möglichkeiten, digitale Bilder, insbesondere RAW-Bilder, zu optimieren.

Gerade bei RAW-Bildern ist diese Optimierung in einigen der Punkte zwingend erforderlich – vor einem Zuviel, weil die vielen schönen Regler nun mal da sind, sei ausdrücklich gewarnt.

Export

Jede Optimierung der RAW-Bilder im Entwicklungsmodul, aber auch schon ihr Import in Adobe Photoshop Lightroom 2 – und bei RAW-Bildern ist auch mit dem Import eine erste Optimierung verbunden – ändert nicht die Bilddateien selbst, sondern protokolliert eine Liste der Modifikationen (im Katalog oder in einer externen XMP-Datei), die zunächst nur für die Bildschirmdarstellung in die Bilddatei eingearbeitet wird. Die RAW-Datei wird nie geändert.

Erst beim Export in ein anderes Format – JPG, TIFF, PSD oder DNG – werden die Änderungen in die RAW-Datei (oder eine andere Datei im Ausgangsformat) eingerechnet und das Zielformat erzeugt.

Die Lightroom-Philosophie:
Alles selbermachen

In vielen reinen RAW-Konvertern ist es erstes Ziel des Arbeitsablaufs, die RAW-Dateien in ein allgemeingültiges externes Format wie TIFF oder JPEG zu bringen, um sie in diesem Format dann mit anderen Anwendungen weiter zu verarbeiten oder abzulegen. Erst mit dieser Konvertierung wird der Prozess als abgeschlossen betrachtet.

Nicht so bei Adobe Lightroom: Lightroom betrachtet sich als abgeschlossenes System für digitales (RAW-)Bildmaterial. Bilder bleiben so lange wie möglich in Lightroom und im RAW-Format. Dafür bietet Lightroom auch umfangreich ausgebaute Module, die viele externe Anwendungen, etwa für Präsentationen, Ausdruck oder Web-Alben, überflüssig machen.

Der Export und die Ablage in Externformaten stehen daher, im Gegensatz zu anderen RAW-Konvertern, nicht im Vordergrund und sind eher unhandlich, aber dennoch leistungsfähig implementiert.

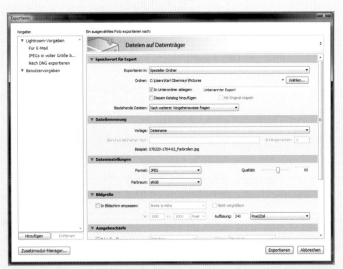

Die Einstellungen zum Export aus Lightroom in andere Formate. Die Summe der Einstellungen kann – wie so oft in Lightroom – in einer Vorgabe zusammengefasst werden und steht dann immer schnell zur Verfügung.

Exportieren

Exportieren...

Der *Export* steht als direkt zugängliche Schaltfläche nur im Modul *Bibliothek* (links unten) zur Verfügung. Im Modul *Entwickeln*, in dem ein *Export*-Button ebenfalls gern gesehen wäre, kann der Export nur über das Menü *Datei/Exportieren* ([Strg]+[Umschalt]+[E]) ausgelöst werden.

Beim Export wird das Bild als Summe aller Änderungen:

- in ein geeignetes Dateiformat konvertiert. Zur Verfügung stehen JPEG, PSD, TIFF, DNG und Original – jeweils mit formatspezifischen Unteroptionen

- in den gewünschten Farbraum, die gewünschte Bittiefe und Auflösung umgerechnet

- in den Metadaten reduziert

- an einer geeigneten Stelle gespeichert

- unter einem geeigneten Namen abgelegt

- wenn gewünscht, nach dem Export direkt einer anderen Anwendung übergeben, etwa um die Bilder auf CD zu brennen oder per E-Mail zu verschicken

Zudem ist der Exportdialog sehr offen für weitere Anwendungen (Plug-ins) , wovon eine Vielzahl zur Verfügung steht. Damit können dann Rahmen um und Texte in Bilder gebaut werden (wie bei vielen Bildern dieses Buches) oder Bilder direkt in eine Reihe von Onlinediensten und Systemen übertragen werden.

Die jeweiligen Einstellungen lassen sich wiederum als *Vorgabe* zusammenfassen, etwa besonders hochauflösende TIFFs für den Druck oder minimierte JPGs für die schnelle Weitergabe, sodass die Daten nicht immer erneut eingegeben werden müssen.

Dateibenennung

Lightroom bietet mit dem Export auch die Möglichkeit, die Datei umzubenennen. Sicher nicht wünschenswert ist hier die Vergabe eines vollkommen neuen Dateinamens – zu groß könne die Verwirrung werden, wenn erneut auf die ursprüngliche RAW-Datei zurückgegriffen werden soll und die Verbindung über den Dateinamen nicht mehr hergestellt werden kann. Ein leicht geänderter oder erweiterter Dateiname hingegen ist häufig sehr sinnvoll – insbesondere, wenn mehrere Exportversionen einer RAW-Datei erzeugt werden sollen. Der Exportdialog bietet diese Möglichkeit, indem als Vorlage bei der Dateibenennung das Muster

verwendet wird. Lightroom blendet dann in der Export-Dialogbox ein Eingabefeld für einen *Benutzerdefinierten Text* ein, der zusätzlich an den Dateinamen angehängt wird. An diesen Namen wird zudem *_LR2export* angehängt.

Dateiformate

Für die unterschiedlichen Exportformate können hier formatspezifische Eigenschaften eingestellt werden.

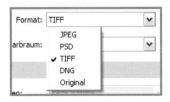

FARBRAUM

Als Faustregel kann gelten: Zur Weiterverarbeitung eines TIFF-Bildes Farbraum AdobeRGB oder ProPhoto RGB (noch größer als AdobeRGB) und Bittiefe 16 Bit/Komponente; zur Ausgabe als möglichst vielfach einsetzbares JPG Farbraum sRGB und Bittiefe 8 Bit/Komponente.

Bildeinstellungen

Hier sind die wichtigsten Einstellungen zu Farbraum und Größe der exportierten Bilder zu finden.

Wie immer in Adobe Lightroom, wenn der Fortschritt eines länger laufenden Prozesses anzuzeigen ist, ist dies in der linken oberen Ecke an einem kleinen Balken und dem Dateinamen ablesbar.

Bilder, die exportiert, d. h. eigentlich nur in ein anderes, endgültiges Bildformat konvertiert wurden, sind nicht automatisch wieder in Adobe Lightroom sichtbar. Sie müssen wieder explizit importiert oder in einen Ordner exportiert werden, der für automatischen Import definiert wurde.

Die nächsten Module

Auch für die Module *Diashow, Drucken* und *Web* werden die RAW-Bilder konvertiert; dabei wird jedoch nicht der Export aus Lightroom angestoßen, sondern die Bilder werden implizit, innerhalb der jeweiligen Module, konvertiert und für den jeweiligen Ausgabezweck aufbereitet.

[8]

AUSGABEMODULE

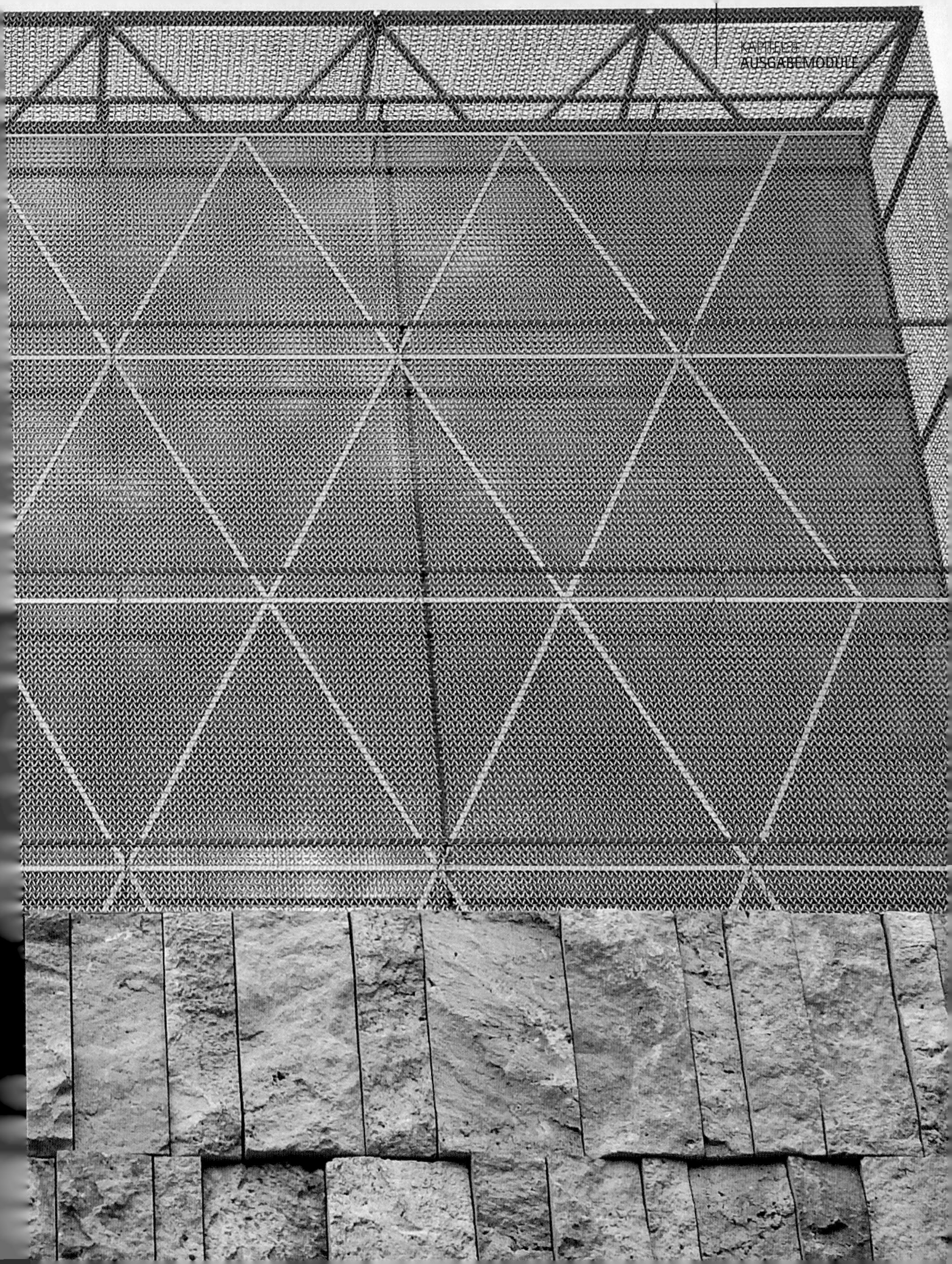

8

Ausgabemodule

Ausgabemodule

Mit den Präsentations- und Ausgabemodulen und ihrer nahtlosen Integration in Lightroom ist Adobe ein großer Wurf gelungen.

Das bieten diese Module:

- **Diashow**
  Präsentieren der Bilder am Bildschirm oder über einen Beamer, einschließlich Weitergabe der kompletten Bildschirmpräsentation.
- **Drucken**
  Hochwertig gestalteter Ausdruck der Bilder.
- **Web**
  Erzeugen einer Präsentation der Bilder für Webseiten im Internet einschließlich Zusammenstellung von Vorschaubildern und Hochladen der Bilder auf eine vorhandene Webseite

Der Zubehörmarkt für Digitalfotografen ist übervoll mit kleinen oder größeren Hilfsprogrammen zur Beamerpäsentation, zum Ausdruck oder für die Internetpräsentation. Es gibt sowohl kleine kostenlose Werkzeuge wie auch größere, kommerzielle Anwendungen. Viele dieser Werkzeuge, gerade auch die kostenlosen, sind leistungsfähig, einfach zu bedienen und liebevoll aufgebaut – etwa das hervorragende Programm JAlbum zur Webpräsentation von Bildern.

Immer jedoch handelt es sich um Teile eines Werkzeugkastens. Und auch wenn viele Anzeigeprogramme einen Ausdruck noch einigermaßen hinbekommen, für die Beamerpräsentation (Diashow) und die Internetpräsentation sind jeweils eigene Tools erforderlich mit all ihren Eigenheiten, eigener Benutzeroberfläche, eigener Bedienlogik, Lizenz- und Updatepolitik. Und die Anwendung, die für den Ausdruck hervorragend einzusetzen ist, leistet oft für Web oder Präsentation nichts mehr; ein Präsentationsprogramm tut sich vielleicht sehr schwer mit hochwertig gestalteten Ausdrucken oder einer Internetpräsentation.

In Lightroom sind all diese Werkzeuge eng integriert und miteinander verzahnt unter einer einheitlichen Benutzeroberfläche und Bedienlogik – in kaum gekannter, umfangreicher Konfigurierbarkeit und dennoch, dank sofortiger Anzeige jeder Änderung, einfach und übersichtlich bedienbar. Es macht Freude, mit diesen Modulen zu arbeiten.

Konfigurationsmöglichkeiten der Ausgabemodule

Was präsentiert, ausgedruckt oder online gestellt werden soll, wird im Modul *Bibliothek* ausgewählt und idealerweise dort bereits zu einer *Sammlung* (Taste [Strg-N]) zusammengestellt.

Alle Module sind in ihrer Konfigurierbarkeit umfangreich, aber dennoch nahezu selbsterklärend, da jede Parameteränderung dynamisch und sofort im großen Bildfenster sichtbar wird. Da gibt es kein Rätselraten, wie es wohl hinterher aussehen wird – und auch hier kann jede persönliche Einstellung als Vorgabe hinterlegt und dann immer wieder abgerufen werden. Das lädt ein zum kreativen Spielen.

Das linke Bedienfeld in Diashow, Drucken und Web

In allen drei ausgabebezogenen Modulen ist das linke Bedienfeld nahezu identisch.

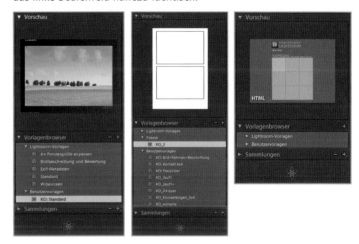

Das linke Bedienfeld der Module **Diashow**, **Drucken** *und* **Web**: *links die schnelle Vorschau auf das ungefähre Aussehen, in der Mitte Gestaltungsvorlagen und rechts die Sammlungen der Bilder.*

- Im linken Bedienfeld der Module *Diashow*, *Drucken* und *Web* werden – wie auch in den Modulen *Bibliothek* und *Entwickeln* – die Vorlagen verwaltet; mit Lightroom gelieferte Vorlagen (die als Ausgangsmaterial brauchbar sind) und selbst angelegte Benutzervorlagen. Wie die Ausgabe unter der jeweiligen Gestaltungsvorlage aussehen wird, zeigt immer die Vorschau ganz oben im linken Bedienfeld.

- Welche Bilder von *Diashow*, *Drucken* oder *Web* zu präsentieren sind, wird in *Sammlungen* ausgewählt. Hier sind die im Modul *Bibliothek* zusammengestellten *Sammlungen* zur flexiblen Bildauswahl zugänglich.

Das linke Bedienfeld wird nach einer anfänglichen Auswahl von *Vorlage* und *Sammlung* in allen drei Modulen kaum mehr benötigt und kann daher getrost dauerhaft oder dynamisch ausgeblendet werden.

Auch im rechten Bedienfeld gibt es viele Ähnlichkeiten:

- Die Erkennungstafel, das kleine Bild, Text oder Logo links oben am Bildschirm, lässt sich in allen Ausgaben (*Diashow*, *Drucken* und *Web*) in konfigurierbarer Größe einblenden.

- Linien, Bildrahmen, Farben und Hintergrund werden in allen drei Modulen auf sehr ähnliche Weise eingefügt.

- In allen drei Modulen werden Texte und Beschriftungen flexibel und teilautomatisiert eingebracht.

Alle Einstellungen können, einmal zusammengestellt, als Vorlage für eine spätere Wiederverwendung abgelegt werden.

Workflow zur Ausgabe aus Diashow, Drucken und Web

Die grundlegenden Schritte zur Erstellung einer Ausgabe in *Diashow*, *Drucken* und *Web* sind für alle drei Module gleich:

[1] Optimieren der Bilder im *Entwicklungsmodus*.

[2] Zusammenstellen der gewünschten Bilder im *Bibliotheksmodus* (sehr nützlich ist die Zusammenstellung in einer *Sammlung*).

[3] Wechsel in das gewünschte Präsentationsmodul (*Diashow*, *Drucken* oder *Web*).

[4] Auswahl einer Vorlage im linken Bedienfeld (die mitgelieferten Vorlagen decken sehr gut alle Basisanforderungen ab, sind in der Gestaltung aber wenig individuell).

AUSGABEN DAUERN!

Achtung: Ausgaben dauern! Bei jeder Ausgabemethode (*Diashow*, *Drucken*, *Web*) beginnt Lightroom erst einmal damit, die Bilder aus dem RAW-Format heraus in ein für die Ausgabe geeignetes Format zu konvertieren – und das nimmt Zeit in Anspruch.

[5] Individuelle Gestaltung von *Diashow*, *Druck* oder *Web* mithilfe der umfangreichen Einstellmöglichkeiten im rechten Bedienfeld.

[6] Ablegen der eigenen, individuellen Einstellungen für *Diashow*, *Druck* oder *Web* als Benutzervorlage (Strg-N). Diese Vorlage kann dann in Zukunft verwendet und damit der Schritt 5 übersprungen werden.

In jedem Fall gelingt es den Ausgabemodulen in Adobe Lightroom, unnötige Fehlausgaben zu vermeiden, da alle drei Module in Echtzeit eine Vorschau auf das später ausgegebene Erscheinungsbild präsentieren. Jede kleine Änderung in Dimensionen, Farben oder Beschriftung ist sofort im Hauptfenster sichtbar – und nicht erst, wie so oft, in der finalen Ausgabe.

Das Modul Diashow

Das Modul *Diashow* ist das erste von drei Ausgabemodulen aus Adobe Photoshop Lightroom 2, sieht man von den Ausgabemöglichkeiten über die Exportschnittstelle ab. Ausgaben der Diashow erfolgen – umfangreich konfigurierbar – auf einen (Zweit-)Bildschirm, in eine PDF-Datei oder in JPG-Dateien. Ausgegeben werden die in der Bibliothek per Filter oder als Sammlung ausgewählten Bilder.

Der Schwerpunkt liegt dabei auf der reinen Bildpräsentation. Eine umfangreiche Show mit musiksynchroner Bildpräsentation, individueller Einzelbildstandzeit und Sprachzuspielung ist damit nicht möglich, wohl aber eine optisch aufwendig und umfangreich gestaltete Bildvorstellung, auch mit Musikuntermalung. Läuft Lightroom auf dem Hauptbildschirm eines Dual-Monitor-Systems, so wird die Präsentation standardmäßig auf dem Zweitbildschirm bzw., falls angeschlossen, auf einem Beamer abgespielt.

Die optische Gestaltung der Diashow ist vielfältig und dennoch intuitiv gestaltbar, obwohl die Bezeichnungen für die einzelnen Einstellbereiche nahezu austauschbar sind. Insbesondere beim Punkt *Überlagerungen* wird erst auf den zweiten Blick klar, dass hiermit Texteinblendungen im Bild oder Rahmen gemeint sind. Stört der Anwender sich daran

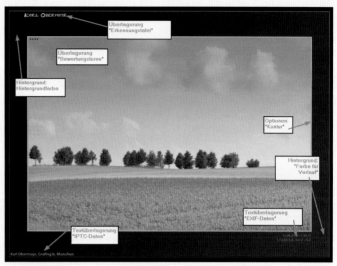

Das Musterbild aus einer fertigen Präsentation mit den wichtigsten Gestaltungs- und Beschriftungselementen.

nicht, findet er hier eine einfache und nützliche Möglichkeit, kleine Textinformationen automatisch mit dem Bild anzuzeigen.

Hier alle Einstellungen im rechten Bedienfeld des Moduls *Diashow*:

Präsentation des Bildes auf der Seite
Zoomen: Passt das Bild in einen vorgegebenen Layout-Rahmen ein.
ACHTUNG: Das Bild kann dabei verzerrt oder beschnitten werden!
Kontur: Rahmen, der direkt um das Bild gelegt wird.
Schlagschatten: Schatten, den das Bild auf den Hintergrund wirft.
Nur sichtbar und damit sinnvoll bei hellem Hintergrund.

Präsentation des Bildes auf der Seite
Größe eines Layout-Rahmens, dessen Grenzen die Bilder der Präsentation nicht überschreiten dürfen.
Mit *Zoomen* im Einstellbereich *Optionen* kann festgelegt werden, dass Bilder diesen Rahmen in jedem Fall vollständig füllen müssen – dies führt zu Verzerrungen und Beschneidungen des Bildes.

Zusatzinformationen auf der Seite

Einbeziehen der *Erkennungstafel* und Modifikationen ihres Erscheinungsbildes.

Anzeige der Bewertung des Bildes (Anzahl Sterne).

Textinformationen und automatische Einbeziehung von IPTC- und EXIF-Daten.

Positionen und Größen der Überlagerungen können mit der Maus festgelegt werden.

Neue Textüberlagerungen werden über die Schaltfläche ABC in der Werkzeugleiste (unten) des Hauptbildschirms oder Taste [Strg+T] eingegeben.

Beim Einfügen von *Textüberlagerungen* bietet Adobe Photoshop Lightroom 2 automatische Haltepunkte, die dafür sorgen, dass eine Textüberlagerung immer relativ zum Haltepunkt ausgegeben wird, unabhängig von der Bildgröße.

Eine Beschriftung in der linken unteren Ecke des Bildes bleibt damit in der linken unteren Ecke, auch wenn ein viel kleineres, größeres oder schmaleres Bild ausgegeben wird.

Hintergrund für die Bilder der Präsentation

Ein Verlauf zieht sich von der unten gewählten Hintergrundfarbe in die Verlaufsfarbe und kann in Deckkraft und Verlaufsrichtung justiert werden. *Hintergrundfarbe* ist automatisch Schwarz, wenn nichts anderes eingestellt wird.

Ein *Hintergrundbild* ist in nahezu jedem Fall ungünstig, da es vom Hauptbild ablenkt. Oft wirkt sogar ein Verlauf bereits störend.

Generell sollte darauf geachtet werden, den Hintergrund (Farbe und Ausgestaltung) so dezent wie möglich zu halten.

Anfangs- und Schlussbild

Vor das erste und hinter das letzte Bild kann eine (mit Ausnahme der *Erkennungstafel*) leere Präsentationsseite, auch in anderer Farbe, geschaltet werden.

Ein Vor- oder Abspann mit individuellen Texten ist dabei nicht möglich. Durch leere Vor- und Nachschaltseiten kann eine Präsentation sehr viel Ruhe und Nachhaltigkeit gewinnen, weil nicht unmittelbar nach dem letzten Bild wieder die Computer-Benutzeroberfläche zu sehen ist, sondern ein leerer Bildschirm (Beamer).

Einstellungen für die Wiedergabe

Festlegung, welcher Bildschirm/Beamer für die Wiedergabe genutzt wird (der mit dem Pfeilzeichen wird genutzt). Der für die Präsentation nicht eingesetzte Bildschirm kann schwarz geschaltet werden.

Standzeit, Übergangszeit und Übergangsfarbe können eingestellt werden – eine andere Übergangsfarbe als Schwarz bzw. der Hintergrundfarbe wirkt jedoch meist eher störend.

Ausgaben

Neben der hohen Flexibilität bei der Gestaltung der Diashow bietet Adobe Photoshop Lightroom 2 auch bei der Ausgabe hilfreiche Varianten. Dabei werden alle Bilder der Auswahl, die auch im Filmstreifen aktuell angezeigt werden, mit einbezogen.

- *Abspielen* gibt die Diashow mit allen (Abspiel-)Einstellungen am aktuellen Bildschirm, einem Zusatzbildschirm oder einem Beamer wieder.

  Ist der andere Bildschirm während der Präsentation nicht dunkel geschaltet, kann die Präsentation über Bedienfelder in der Werkzeugleiste pausieren oder beendet werden; andernfalls wird die Diashow über die Taste [LEER] unterbrochen und über die Taste [ESC] beendet.

  Abspielen

- Mit *JPEG exportieren*" werden alle Seiten der Präsentation, d. h. alle Bilder mit allen Präsentationseinstellungen, Hintergrund und Textüberlagerungen, als einzelne JPG-Dateien einstellbarer Größe und Qualität exportiert.

  Dies ist eine einfache Möglichkeit, Bilder mit Rahmen und Beschriftung als JPG-Dateien zu erhalten, etwa, um diese weiterzugeben oder in anderen Medien zu präsentieren. Für die Druckvorstufe hingegen lassen sich diese Ausgaben kaum nutzen, da dort hochauflösende TIFF-Dateien bevorzugt werden, wie sie in Lightroom über das Export-Modul erzeugt werden.

  JPEG exportieren...

- Der Export in eine PDF-Datei ist die beste Lösung, wenn die Präsentation als vollständige Präsentation, mit automatischem Ablauf und Überblendung, weitergegeben werden soll, um dann auf Systemen präsentiert zu werden, auf denen Adobe Photoshop Lightroom 2 nicht installiert ist. Beim Export entsteht eine einzige PDF-Datei, in der Bilder und die vollständige Präsentationsgestaltung enthalten sind. Diese kann auf jedem beliebigen System über den Adobe Reader wiedergegeben werden. Auf dem Weg über PDF kann die Präsentation auch unverändert ausgedruckt werden (beim Druck aus Lightroom wird das Modul *Drucken* gestartet).

  PDF exportieren...

Das Modul *Diashow* bietet eine schnelle und flexible Möglichkeit, Bilder in einer hochwertigen Präsentation zu veredeln, anzuzeigen und weiterzugeben.

Das Modul Drucken

Das Modul *Drucken* ist weniger eine reine Druckvorbereitung, sondern geht schon in Richtung einer einfachen Layout-Anwendung für Druckseiten mit flexiblen Möglichkeiten zur Anordnung von Bildern auf der Seite für den Ausdruck. Es bietet vielfältig, schnell und übersichtlich gestaltbare Ausdruck-Layouts, vom vollformatigen Einzelbild über Kleinformate bis zum Kontaktbogen. Alle Layouts können zur einfachen Wiederverwendung als Vorlagen gespeichert werden.

Bei allen Drucklayouts unterscheidet Adobe Photoshop Lightroom 2 prinzipiell die Varianten:

- alle Bilder ohne Wiederholungen der Reihe nach (*Einzelbild-Druck*)

- ein Bild pro Seite beliebig oft und in beliebigen Größen wiederholt (*Bildpaket*)

080613-1736_002_AussichtsturmEbersberg | NIKON D200 | 1/1250 Sek. bei ƒ / 8.0 | 80 mm

080502-1108_065_Obstgarten | NIKON D200 | 1/640 Sek bei ƒ / 5.6 | 135 mm

KARL OBERMAYR

080613-1736_002_AussichtsturmEbersberg | NIKON D200 | 1/1250 Sek. bei ƒ / 8.0 | 80 mm

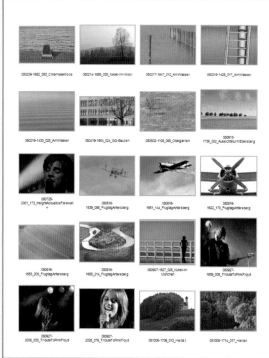

080209-1662_053_ChiemseeMoos   080214-1655_025_Nebel-im-Moor   080217-1647_012_AmWasser   080219-1425_017_AmWasser

080219-1430_025_AmWasser   080419-1904_024_GG-Bauten   080502-1108_065_Obstgarten   080613-1736_002_AussichtsturmEbersberg

080725-2301_173_InsightAcousticFarewell   080816-1539_095_FlugtagAttersberg   080816-1551_144_FlugtagAttersberg   080816-1522_170_FlugtagAttersberg

080816-1652_200_FlugtagAttersberg   080816-1655_214_FlugtagAttersberg   080907-1527_025_Kunst-in-München   080927-1939_005_TributeToPinkFloyd

080927-2006_033_TributeToPinkFloyd   080927-2026_076_TributeToPinkFloyd   081005-1709_013_Herbst   081005-1714_017_Herbst

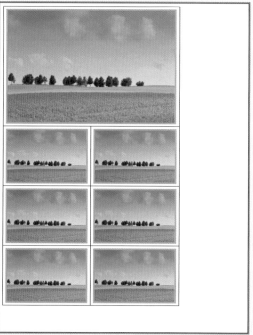

Vier typische von unendlich vielen möglichen Druck-layouts: Vollformat, Kleinformat, Kontaktbogen; Bildpaket mit Wiederholungen eines Einzelbildes.

Diese Unterscheidung wirkt sich auf die Einstellmöglichkeiten und Parameter im rechten Bedienfeld des Moduls *Drucken* aus.

Hier alle Einstellungen im rechten Bedienfeld des Moduls *Drucken* für die Layoutvariante *Einzelbild*:

	**Ein Bild nach dem anderen oder ein Bild mehrfach** Hier wird die grundlegende Unterscheidung eingestellt, ob ein Bild (das aktuell selektierte) auf einer Seite mehrfach wiederholt werden soll oder alle Bilder der Auswahl der Reihe nach gedruckt werden. *Kontaktabzug/Raster*: Alle Bilder der Reihe nach, ggf. mehrere auf einer Seite. *Bildpaket*: Ein Bild mehrfach wiederholt auf der Seite.
	**Präsentation des Bildes auf der Seite** *Zum Füllen zoomen*: Passt das Bild in einen vorgegebenen Layout-Rahmen ein. ACHTUNG: Das Bild kann dabei verzerrt oder beschnitten werden! *Kontur*: Rahmen, der direkt um das Bild gelegt wird. *Drehen*: Passt das Bild mit optimaler Größe in einen Layoutrahmen ein und dreht es dabei, falls erforderlich. Im Gegensatz zu *Kontur* wird das Bild dabei nicht beschnitten.
	**Seitenlayout** Bei *Seitenraster* wird die grundlegende Entscheidung getroffen, wie viele Bilder pro Seite platziert werden: für einem Kontaktabzug typisch wäre etwa *Reihen = 5; Spalten = 4* für ein Einzelbild pro Seite *Reihen = 1; Spalten = 1*
  Anzeige bei eingeschalteten Hilfslinien und Abmessungen	**Hilfslinien** *Hilfslinien* unterstützen das Seitenlayout, indem sie die unter *Layout* eingestellten Maße als Linien anzeigen. Wird auch der Punkt *Abmessungen* eingeschaltet, so werden für jedes Bild die aktuellen Abmessungen im Layout eingeblendet. Hilfslinien und Abmessungen werden übrigens nicht ausgedruckt.

	**Zusatzinformationen auf dem Ausdruck** Die *Erkennungstafel* kann auch auf jeder Druckseite und direkt auf den Bildern ausgegeben werden; sie kann frei platziert, gedreht, von einem Bild (teilweise) überdeckt werden (*Hinter Bild rendern*) und zentriert auf jedes Einzelbild gedruckt werden (*Auf jedes Bild rendern*). Als weitere Textinformationen können nur noch, relativ starr, Seitennummern, Seiteninformationen (Informationen zum Druck), Schnittmarken und, nur wenig konfigurierbar, eine Textinformation (*Fotoinfo*) auf die Seiten platziert werden. Fotoinfo wird an festdefinierter Position zentriert unter jedes Bild gedruckt.
	**Einstellungen für die Ausgabe auf einen Drucker** Zusatzeinstellungen für den Druckertreiber werden über die Schaltfläche *Seite einrichten* am unteren Ende des linken Bedienfeldes vorgenommen.
	**Einstellungen für die Ausgabe in eine JPG-Datei** Neben dem Ausdruck auf (Foto-)Papier ist auch ein „Ausdruck" in eine JPG-Datei möglich – eine Alternative, ein oder mehrere Bilder mit Rahmen und Beschriftung in einer JPG-Datei unterzubringen. Gerahmte und beschriftete Bilder zu exportieren führt allerdings über das Export-Plug-in *LR2/Mogrify* zu deutlich besseren Ergebnissen. Eine direkte Ausgabe in eine PDF-Datei, wie sie insbesondere für Kontaktbögen wünschenswert wäre, ist leider nicht möglich. Ist Adobe Acrobat auf dem System installiert, kann eine PDF-Ausgabe aus dem Druckmodul über einen Ausdruck auf dem Drucker *Adobe PDF* erzielt werden.

Bildpaket

Geringfügig geänderte Einstellmöglichkeiten finden sich im linken Bedienfeld des Druckmoduls, wenn statt des Bilderreihenausdrucks der Layout-Typ *Bildpaket* gewählt wird. Dieser bietet die Möglichkeit, ein besonders wichtiges Bild oder auch nur eine Passbildserie mehrfach auf einer Seite zu platzieren, um auf einfache Weise und ohne Umweg über eine externe Layout-Anwendung zuzugreifen.

Im Layout-Typ **Bildpaket***, bei dem ein Einzelbild beliebig oft und in beliebiger Größe auf der Seite wiederholt wird, wird der Einstellbereich* **Layout** *durch einen Einstellbereich* **Zellen** *ersetzt.*
Dabei stehen vorgefertigte und selbstdefinierte Rahmengrößen auf Schaltflächen zur Verfügung und können per Klick auf die Seite eingefügt werden.
Ein **Auto-Layout** *versucht, die vorgegebenen Bildzellen optimiert (aber nicht immer sehr glücklich) auf der Seite zu verteilen.*

Eine typische Anwendung einer Lightroom-HTML-Galerie – Indexseite und Detailseite.

Das Modul *Drucken* ist in seiner aktuellen Ausbaustufe bereits viel mehr als der Druckdialog, wie er sich in vielen anderen Anwendungen präsentiert. Das *Drucken*-Modul erscheint als Vorstufe einer vollwertigen Layout-Anwendung mit vielen Freiheitsgraden. Für künftige Versionen von Adobe Photoshop Lightroom lässt dies Neugierde und große Erwartung aufkommen.

Das Modul Web

Das Modul *Web* erweitert Adobe Photoshop Lightroom 2 um die Möglichkeit, komplette Webseiten mit ausgewählten Bildern zu erstellen und diese als autarke Webanwendung im Internet zu präsentieren.

Die Gestaltung der Webseiten kann, wie üblich in Lightroom, in sämtlichen Parametern detailliert konfiguriert werden. Dafür stehen neben unterschiedlichen technischen Grundprinzipien umfangreiche Vorlagen zur Verfügung. Aus den Vorlagen können eigene Einstellungen abgeleitet und diese wiederum als Benutzervorlagen abgelegt werden.

Normalerweise besteht eine Webgalerie aus zwei Seitentypen:

- Indexseiten zeigen einen Überblick über alle Bilder.

- Detailseiten zeigen einzelne Bilder in voller Größe.

Hinzu kommen Informationstexte und Schaltflächen zur Navigation zwischen den einzelnen Bildern.

Die Musterseiten aus dem **Web**-Modul von Adobe Photoshop Lightroom 2:
Lightroom FlashGalerie, ...

Technische Grundprinzipien

Für die Darstellung von Webseiten werden prinzipiell – und so auch in Adobe Photoshop Lightroom 2 – zwei unterschiedliche technische Grundprinzipien unterschieden:

- HTML-Seiten sind eine schnelle und sehr weit verbreitete Standard-Technologie zur Präsentation von Informationen und Bildern im Internet, sind in der Darstellungsfreiheit und bei visuellen Effekten jedoch geringfügig eingeschränkt.

- Flash-Galerien nutzen zur Bild- und Seitendarstellung die Technik Adobe Flash, mit der sehr umfangreiche visuelle Effekte möglich sind, die jedoch bei Aufbau und Navigation langsamer ist als reine HTML-Seiten.

Adobe Photoshop Lightroom 2 kann Webgalerien nach beiden technischen Grundprinzipien erzeugen.

,... und **A**irtight **AutoViewer.**

... **A**irtight **SimpleViewer** ...

Viele weitere Vorlagen für Webseiten, als HTML-Seiten oder als Flash-Seiten, können aus dem Internet geladen werden. Eine sehr umfangreiche Sammlung bietet etwa The Turning Gate (*http://theturninggate.net/*). Die einzelnen Einstellungen im rechten Bedienfeld des Web-Moduls:

	**HTML oder Flash** Unter *Engine* kann ausgewählt werden, ob die Webgalerie nur auf HTML oder auch auf Flash basieren soll. HTML hat den Vorteil, schneller zu sein; bei Flash können umfangreichere Präsentationseffekte integriert werden.
	**Textinformationen** Die wichtigsten Beschriftungen der Webgalerie; auch die bekannte *Erkennungstafel* kann hier eingeblendet werden. *Titel der Website* wird nach der Veröffentlichung im Internet auch als Titel im Browserfenster erscheinen und als Name der Seite in der Favoritenliste eingetragen.
	**Farben** Für die gesamte Webanwendung kann hier die Farbpalette zusammengestellt werden. Farbschema *KOOrangeGrey* aus *kuler* (kuler.adobe.com) Wem die eigene Kreativität zur Auswahl harmonisierender Farben fehlt, kann sich bei *Adobe kuler* bedienen, einer umfangreichen Webanwendung aus dem Hause Adobe zur Zusammenstellung harmonisierender Webfarben (*kuler.adobe.com*). Leider können Farbkollektionen aus kuler (noch) nicht direkt in Lightroom geladen werden (wohl aber in Photoshop, Illustrator und InDesign).
	**Erscheinungsbild – so sieht's aus** Die wichtigsten Einstellungen für die HTML-Galerie: Anzahl der Reihen und Spalten auf der Indexseite (hier: *Rasterseite*); Rahmenfarbe der Indexbilder Größe des Einzelbildes auf der Bildseite; Rahmen und Rahmenstärke des Einzelbildes auf der Bildseite *Abschnittsrahmen* sind feine Linien über und unter der Hauptanzeige der Webseite.

	**Noch etwas Text** Die *Bildbeschreibung* wird in der HTML-Galerie zentriert unter dem Vollbild ausgegeben.
	**Ausgeben** Für die Darstellung im Internet müssen die RAW-Bilder (unter Einrechnung aller Optimierungen) nach JPG konvertiert werden – hier wird eingestellt, in welcher JPG-Qualitätsstufe und mit welcher Art von Ausgabeschärfung. Direkt in das Bild kann als Kopierschutzmaßnahme der Name des Fotografen eingeblendet werden. Die Copyright-Information, d. h. den Namen des Fotografen, entnimmt Lightroom den bereits beim Import des Bildes angelegten IPTC-Daten zum Foto. Position und Größe der Anzeige können nicht geändert werden.
	**Die fertig gestaltete Webgalerie** kann per *Exportieren* zunächst in ein Verzeichnis auf dem lokalen Computer generiert und von dort aus erst auf einen Webserver im Internet kopiert werden. *Hochladen* kopiert die fertig gestaltete Webgalerie direkt auf einen Webserver im Internet.
 	**Ab ins Internet** Direkt aus der Anwendung heraus können Daten (per FTP) auf einen Webserver im Internet geladen werden. Die Zugangsdaten und Ordnernamen auf diesem Server können hier eingestellt werden. Mit einem Klick auf *Hochladen* werden die Bilder zunächst aus den RAW-Daten generiert und anschließend direkt auf den Webserver hochgeladen. Dort sind die Dateien sofort über jeden Webbrowser zugänglich.

Webseiten im Internet

Um Webgalerien und damit eigene Fotos im Internet platzieren zu können, ist eigener Webspace erforderlich, auf den per FTP zugegriffen werden kann. Ein geeigneter Webspace kann für geringes Entgelt bei vielen Anbietern (Webhostern) angemietet werden, etwa bei www.ready2host.de, wo ein Starterpaket ca. 1,90 Euro kostet.

Community-Sites wie Flickr oder Picasa können aus dem Web-Modul heraus nicht direkt bestückt werden. Im Internet (Adobe Exchange, www.adobe.com/exchange) werden jedoch eine Reihe von (auch kostenlosen) Plug-ins für die Exportschnittstelle von Adobe Photoshop Lightroom 2 angeboten, über die Bilder dann auch direkt aus Lightroom in diese Galeriesysteme hochgeladen werden können.

Die wichtigsten Bilder aus diesem Buch sind zu Demonstrationszwecken in zwei Lightroom-Webgalerien unter *www.karlobermayr.de/LR2site/HTML* und *www.karlobermayr.de/LR2site/SimpleViewer* zu finden.

9

LIGHTROOM
ERWEITERN

9

Lightroom erweitern

Lightroom erweitern

Dieses Kapitel beschreibt Möglichkeiten zur Erweiterung von Adobe Photoshop Lightroom 2, stellt die wichtigsten Zusatzanwendungen vor und beschreibt deren Integration.

Was Adobe Photoshop Lightroom 2 bei aller Funktionsvielfalt nicht kann, können Andere: Hilfsprogramme und Plug-ins. Lightroom bietet dafür eine Programmierschnittstelle, auf der sich ein reiches Angebot hilfreicher Erweiterungen entwickelt hat. Derartige Erweiterungen können relativ einfach in Adobe Photoshop Lightroom 2 integriert werden. Zwei der populärsten Erweiterungen können

- Bilder mit Rahmen und Texten versehen (LR/Mogrify)

- Bilder an die Online-Fotogalerie *Gallery2* übergeben (*Lightroom to Gallery*)

Weitere Erweiterungen für Adobe Photoshop Lightroom 2 sind bei Adobe Exchange unter der Webadresse *http://www.adobe.com/cfusion/ exchange* → *Lightroom* zu finden.

LR/Mogrify

Viele Anwender von Adobe Photoshop Lightroom vermissen eine Möglichkeit, exportierte Bilder mit Zusätzen wie Stempel, Logo, Namen oder anderen Texten zu versehen, etwa um sie vor der Herausgabe an Kunden zu beschriften oder besonders zu schützen. Zudem sollen Bilder häufig mit

080502-1107_064_Obstgarten | NIKON D200 | 1/640 Sek. bei f / 5.6 | 125 mm

Die Ausgabe mit Beschriftung und Logo aus dem **Drucken**-*Modul von Lightroom.*

Die Ausgabe mit Beschriftung und Logo aus Lightroom mit dem Zusatzmodul LR/Mogrify.

einem Rahmen zusätzlich aufgewertet werden.

Adobe Photoshop Lightroom 2 bietet diese Möglichkeit im Modul *Drucken*, jedoch mit einigen Einschränkungen:

- Texte können nicht auf dem Bild, sondern nur am unteren Rand platziert werden.

- Als Logo kann nur die Erkennungstafel eingeblendet werden.

- Dateien können nicht als TIFF, sondern nur als JPEG ausgegeben werden.

Abhilfe aus diesen Einschränkungen bietet das Erweiterungsmodul LR/Mogrify, das vom

Autor Tim Armes kostenlos (mit der Bitte um eine Spende) über Adobe Exchange zur Verfügung gestellt wird.

Anwendung von LR/Mogrify

LR/Mogrify klinkt sich als Zusatzmodul nahtlos in die Exportschnittstelle von Lightroom ein und ist über diese ansprechbar und konfigurierbar.

LR/Mogrify bietet die folgenden Funktionen und Möglichkeiten (die teilweise auch direkt in Lightroom verfügbar sind):

- Textanmerkungen im Bild
  mit automatischen Bausteinen und manuellen Eingaben

- Logo und Wasserzeichen im Bild
  mit umfangreichen Überlagerungseffekten

- Rahmen um das Bild
  mit bis zu fünf aufeinanderfolgenden und in Breite und Farbe definierbaren Rahmen

- Änderung der Bildgröße

- Schärfung mit Unschärfemaske (ausführlicher als Lightroom)

- Anpassung von Sättigung und Helligkeit

- Änderung des Farbprofils

Wie bei jedem Export von Bildern aus Lightroom wird – nachdem die gewünschten Bilder markiert wurden – die *Export*-Option in Lightroom angewählt.

In diesem Dialog stehen nach der Installation von LR/Mogrify erweiterte Möglichkeiten zur

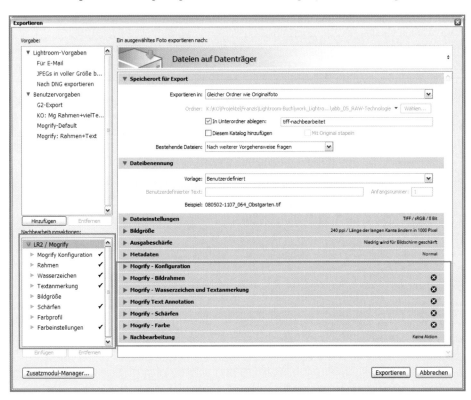

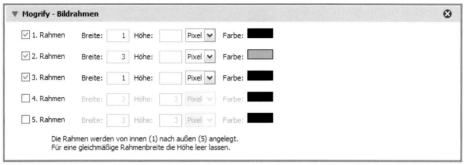

LR2/Mogrify: Definition der Rahmung für jedes Bild

Verfügung, die alle mit *Mogrify* überschrieben sind und, wie üblich unter Lightroom, auf und zugeklappt werden können. In einem weiteren kleinen Fenster innerhalb des Export-Dialogs können die Einzelfunktionen von LR2/Mogrify auch komplett abgeschaltet werden.

Im Bereich *Mogrify – Bildrahmen* kann ein Rahmen festgelegt werden, der aus bis zu fünf aufeinander folgenden, in Breite und Farbe individuell definierbaren Linien besteht.

Dieser Rahmen wird dann um jedes Bild gezeichnet, das mit eingeschaltetem Mogrify aus Adobe Photoshop Lightroom 2 exportiert wird.

Im Bereich *Mogrify – Wasserzeichen* können eine kleine Grafikdatei, ein Logo oder auch ein Stempel, eingestellt werden, die dann an festgelegter Position auf dem Bild platziert werden. Zudem kann der Überlagerungsmodus mit nahezu allen auch aus Photoshop bekannten Varianten eingestellt werden.

Die Grafikdatei wird beim Export unauslöschlich in das Bild integriert und kann dem Fotografen dazu dienen, seine Aufnahme vor einer Veröffentlichung zu individualisieren.

Im Bereich *Mogrify Text Annotation* wird ein Text definiert, der dann, ähnlich wie die Grafikdatei, auf dem exportierten Bild angebracht wird. Auch für den Text lassen sich detailliert Farbe und Schriftart, Deckkraft, Hintergrund, Ausrichtung und Position einstellen.

Zudem kann in einem geräumigen Textfeld nicht nur beliebiger Freitext, sondern mithilfe von Bausteinen eine umfangreiche Sammlung aus Metadaten (Basisdaten, Exif-Daten, IPTC-Daten) eingetragen werden. Die Metadaten müssen natürlich nicht von Hand eingetragen werden, sondern lassen sich aus einer Liste hinter der Schaltfläche *Metadaten* entnehmen.

LR2/Mogrify: Definition einer Grafikdatei, die als Wasserzeichen auf das Bild kopiert werden kann.

LR2/Mogrify: Definition einer Textannotation, die auf jedes Bild aufgedruckt wird.

Aus den Bausteinen

{fileName} | {cameraModel} | {shutterSpeed} bei {aperture} | {focalLength}

resultiert diese Bildbeschriftung

Mit LR2/Mogrify aufgedruckter Beschriftung

Die weiteren Bereiche aus LR2/Mogrify, *Schärfen*, *Farbprofil* und *Farbe*, werden in der Praxis seltener eingesetzt, aber insbesondere *Schärfen* und *Farbprofil* können in bestimmten Fällen doch ein Grund sein, zu diesem Zusatzmodul zu greifen.

Installation von LR/Mogrify

Die Installation von LR2/Mogrify verläuft einfach und unaufwendig – und sie lohnt sich.

LR2/Mogrify basiert auf dem Bildverarbeitungs-Werkzeugkasten *ImageMagick*, genauer gesagt, dem Teilprogramm *Mogrify* aus dieser Sammlung. Dieses muss daher zuerst installiert werden. Von der Webseite *www.imagemagick.org* wird dafür das Paket *ImageMagick-...-Q16-windows-dll.exe* heruntergeladen und per Doppelklick aufwands- und nebenwirkungslos installiert.

Ebenso wird LR2/Mogrify von *timothyarmes. com/lr2mogrify* heruntergeladen und die ZIP-Datei an beliebiger Stelle, am besten aber im Windows-Programme-Verzeichnis, ausgepackt. Es findet sich dann an dieser Stelle ein Verzeichnis *LR2Mogrify.lrplugin*.

Die weiteren Schritte werden bereits wieder in Adobe Photoshop Lightroom 2 vorgenommen,

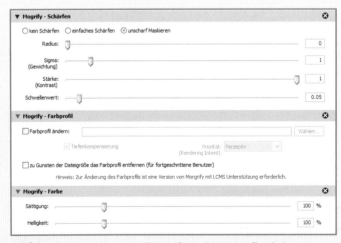

LR2/Mogrify bietet eine wesentlich umfangreichere, konfigurierbare Ausgabe-Schärfung und zudem die Integration eines definierten Farbprofils.

LIGHTROOM
ERWEITERN

wo der *Zusatzmodul-Manager* unter dem Dateimenü geöffnet wird. (Der *Zusatzmodul-Manager* ist auch über das *Export*-Fenster zugänglich.)

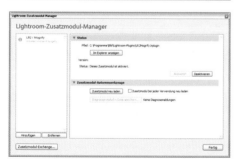

Die Installation von LR2/Mogrify über den **Zusatzmodul-Manager** *aus Adobe Photoshop Lightroom 2.*

Im *Zusatzmodul-Manager* wird über *Hinzufügen* das vorher entpackte Plug-in-Verzeichnis (Name muss auf *lrplugin* enden) ausgewählt und erscheint dann im *Zusatzmodul-Manager* – und auch schon im *Export*-Dialog, wo es, wie oben beschrieben, genutzt werden kann. Vor der Nutzung muss LR2/Mogrify nur noch darauf hingewiesen werden, wo es seine Hauptanwendung, das Programm *Mogrify.exe*, aus der bereits installierten ImageMagick-Sammlung findet. Ist der Pfad zu *Mogrify.exe* eingetragen, kann dieses feine Zusatzmodul sofort genutzt werden. Der Autor des Programms (und Fotograf) Timothy Armes freut sich über eine kleine Unterstützung.

Gallery2-Export

Adobe Photoshop Lightroom 2 bietet – wie bereits beschrieben – eine umfangreiche, konfigurierbare Möglichkeit, Bilder aus Lightroom zu einer Webpräsentation zusammenzustellen und diese auch direkt aus Lightroom auf eine Webseite hochzuladen.

Sehr große Verbreitung haben im Internet aber auch andere Arten von Bildergalerien gefunden: Flickr (*www.flickr.com*) und Picasa (*picasaweb.google.de*) als Angebote großer Unternehmen, aber auch Programme, mit denen ein Online-Album auf einem eigenen Webserver und unter eigenem Domainnamen betrieben werden kann.

Die polulärste und am weitesten verbreitete dieser Anwendungen zum Betrieb eines Online-Fotoalbums ist Gallery2 (*http://gallery. menalto.com/*); jeder, der häufiger Fotoseiten im Internet besucht, wird bereits geraume Zeit auf Seiten verbracht haben, die durch Gallery2 aufbereitet wurden.

Mit einem Plug-in kann ein Online-Album, das über Gallery2 betrieben wird, auch direkt aus Adobe Photoshop Lightroom 2 betrieben werden. Das Plug-in bietet die folgenden Möglichkeiten:

Gallery2 ist ein Open-Source-Programm zur webbasierten Organisation und Präsentation von Bildergalerien. Die Software läuft ausschließlich im Internet, d. h. auf einem Webserver, und wird durch den Webbrowser gesteuert und betrieben. Erforderlich ist für den Betrieb von Gallery2 – wie auch für Webpräsentationen aus dem Web-Modul von Lightroom – ein selbst kontrollierter Webserver, auf dem zumindest PHP und MySQL o. Ä. verfügbar ist. Entsprechende Webpakete sind für wenige Euro pro Monat erhältlich, etwa bei Ready2host (*www.ready2host.de*). Die Software von Gallery2 selbst ist auf einem entsprechenden Webserver schnell installiert und grundlegend eingerichtet. Dafür reichen schon 20-30 Minuten und moderate Computer- und Internetkenntnisse. PHP- oder SQL-Kenntnisse sind nicht erforderlich, das erledigt die Installationssoftware. In Gallery2 muss darauf geachtet werden, dass die Remote-Steuerung aktiviert ist – normalerweise reicht dazu ein kleiner Klick auf der Admin-Seite.

In Gallery2 können Bilder hochgeladen und in Alben organisiert werden. Jeder Besucher einer Gallery2-gesteuerten Webgalerie sieht dort zunächst eine Auswahl der Alben. Nach dem Öffnen eines Albums werden alle Bilder dieses Albums als Vorschaubilder angezeigt. Per Klick wird eines groß angezeigt und Navigationselemente zum Weiter- und Zurückschalten eingeblendet.

Gallery2 ist natürlich völlig unabhängig von Lightroom: Weder benötigt die Online-Anwendung Gallery2 das PC-Programm Lightroom noch benötigt Lightroom Gallery2 – beide können aber ideal kombiniert werden.

- Bilder aus Lightroom können direkt in ein Gallery2-Album hochgeladen werden.

- Die Bilder können in ein neues oder in ein bestehendes Gallery2-Album geladen werden.

- Die Bilder können vor dem Hochladen mit der oben beschriebenen Nachbearbeitung aus LR2/Mogrify und damit mit Rahmen, Logos und Beschriftung versehen werden.

Das Plug-in heißt schlicht *Lightroom to Gallery* und kann von Adobe Exchange (*www. adobe.com/cfusion/exchange* → *Lightroom*) heruntergeladen werden.

Anwendung von Lightroom to Gallery

Nach der Installation (siehe unten) erscheint das Gallery-Plug-in nahtlos in der *Export*-Option von Adobe Photoshop Lightroom 2.

*Die Steuerung des Gallery2-Moduls im **Export**-Dialog von Lightroom.*

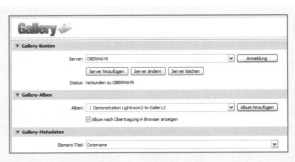

In diesem Dialog stehen die Einstell- und Steuermöglichkeiten der Gallery2-Onlineanwendung zur Verfügung – und es ist nicht viel, was hier erforderlich ist.

Zunächst sind die Anmeldedaten der Gallery2-Installation nötig – das Plug-in muss sich ja am Server anmelden und diesen steuern können. Die Anmeldedaten wurden bei der Installation bzw. Benutzereinrichtung der Gallery2-Installation festgelegt.

Die Schaltfläche *Anmelden* verbindet dann mit Gallery2 und lädt die Liste der dort bereits vorliegenden Alben herunter. Fortschritt und Status der Anmeldung werden in der Hinweiszeile angezeigt.

Im nächsten Schritt wird das Album festgelegt, in das die aktuellen Bilder eingestellt werden sollen.

Dies kann ein bereits bestehendes Album sein – die Liste der bestehenden Alben wird zur Auswahl angeboten. Es kann aber auch direkt im Plug-in über die Schaltfläche *Album hinzufügen* ein neues Album in der Online-Bildergalerie angelegt werden.

Auch die anderen Export-Konfigurationen, insbesondere Einstellungen in LR2/Mogrify für Rahmen und Textanmerkungen, werden berücksichtigt.

Exportieren

Nach diesen kurzen Schritten reicht ein Klick auf *Exportieren*, und die gewählten Bilder werden von Lightroom generiert, hochgeladen und in Gallery2 integriert. Nach Abschluss des Prozesses wird das Online-Album im Webbrowser angezeigt.

Installation des Lightroom-to-Gallery-Plug-ins

Auch die Installation des Lightroom-to-Gallery-Plug-ins verläuft einfach und stressfrei.

Damit Lightroom über das Plug-in auf Gallery2 zugreifen kann, müssen die Anmeldedaten des Gallery2-Servers eingetragen werden. Dies muss natürlich nicht **admin** sein.

Das Anlegen eines neuen Online-Albums im Gallery2-Plug-in.

Das Plug-in wird von *www.adobe.com/cfusion/exchange* → *Lightroom* heruntergeladen und an beliebiger Stelle, am besten aber definiert im Windows-Programme-Verzeichnis, ausgepackt. Es findet sich dann an dieser Stelle ein Verzeichnis *Gallery.lrplugin*.

In Adobe Photoshop Lightroom 2 wird dann nur noch über den *Zusatzmodule-Manager*, wie oben bereits beschrieben, das Gallery2-Plug-in von dieser Stelle installiert und aktiviert. Alle weiteren Schritte erfolgen dann schon wieder in *Exportieren*.

Die erste, oberste Ebene der Gallery2-Bildergalerie: Alle Alben werden mit Titelbild angezeigt.

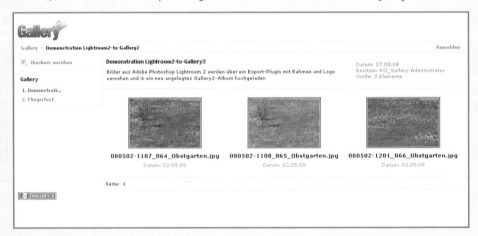

Die zweite Ebene der Gallery2-Bildergalerie: Nach Klick auf das Album wird dieses geöffnet und die Bilder darin werden angezeigt.

Ergebnis: Lightroom-Bilder in Gallery2

Nach dem Hochladen kann *Gallery* im Webbrowser angewählt und die neuen Bilder können angezeigt werden.

Gallery2 selbst kann natürlich noch umfangreich konfiguriert werden, insbesondere lässt sich die meist eher weniger gewünschte Anzeige der Aufnahmedaten ausblenden oder das Aussehen durch Templates komplett verändern. Sehr häufig wird Gallery2 so konfiguriert, dass die Bilder auf dunklem Hintergrund gezeigt werden.

Andere Online-Galerien

Auf ähnliche Weise können auch andere Online-Galeriesysteme direkt aus Lightroom heraus bestückt werden. So gibt es etwa Plug-ins für Flickr (*www.flickr.com*) und Picasa (*picasaweb.google.de*), mit denen Bilder direkt aus Lightroom in diese Bildersammlungen hochgeladen werden können. Zu finden sind diese Hilfsmodule auch bei Adobe Exchange unter *www.adobe.com/cfusion/exchange*.

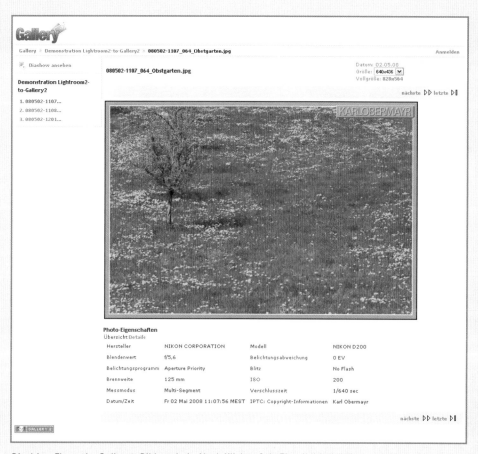

Die dritte Ebene der Gallery2-Bildergalerie: Nach Klick auf ein Einzelbild wird dieses geöffnet und groß angezeigt. Es kann noch eine vierte Ebene mit nochmals größerer Einzelbildanzeige folgen.

Weitere Erweiterungen

Den Möglichkeiten, Adobe Photoshop Lightroom 2 mit Zusatzprogrammen zu erweitern, sind nur wenige Grenzen gesetzt und viele Entwickler haben bereits dazu beigetragen, sehr schöne Lösungen zu schaffen.

Ziemlich weit getrieben hat dies etwa Jeffrey Friedl, der eine Reihe von Lightroom-Export-Plug-ins geschrieben hat, darunter aber auch ein „Piglet" genanntes kleines Tool, mit dem beliebige Programme und Kommandos an den Lightroom-Export angeschlossen werden können (*http://regex.info/blog/lightroom-goodies*). Damit wird es beispielsweise auch möglich, mithilfe eines Shutdown-Kommandos den Rechner nach Export aller Bilder herunterzufahren.

[10]

VERSTECKTE MODIFIKATIONEN

10

Versteckte Modifikationen

Versteckte Modifikationen

Die Anwendungsoberfläche von Adobe Photoshop Lightroom 2 ist relativ einfach bedienbar und bietet dennoch vielfältige und hoch konfigurierbare Möglichkeiten der Interaktion. Manchmal drängt sich dennoch der Wunsch auf, an der einen oder anderen Schraube auch hinter den Kulissen zu drehen. Hier werden einige Tricks dazu gezeigt.

Dringend muss an dieser Stelle darauf hingewiesen werden, dass es sich um Modifikationen am Programm handelt, die vom Hersteller so nicht vorgesehen sind. Alle diese im Folgenden vorgestellten Modifikationen können – unvorsichtig ausgeführt – zur Funktionsunfähigkeit der Anwendung führen, wofür weder Autor noch Verlag eine Haftung übernehmen können.

Oberfläche anpassen

Bei der Arbeit mit Adobe Photoshop Lightroom 2 fällt leider immer wieder auf, dass die Lokalisierung, d. h. die Übersetzung und Anpassung der Programmoberfläche für deutsche Anwender, offensichtlich nicht immer so streng durchkonzipiert und kontrolliert ist wie die Originalversion. Da gibt es falsche Übersetzungen, ungünstige Formulierungen oder sogar auf Grund der Länge abgeschnittene Texte. Das behindert die Arbeit mit Adobe Photoshop Lightroom 2 zwar nicht, mag aber sensible Gemüter doch immer wieder ärgern.

Zu den Ärgernissen gehören etwa:

- in den Grundeinstellungen im Modul *Entwicklung* die Beschriftung *Farbton*, wobei eigentlich *Tonwerte* geändert werden

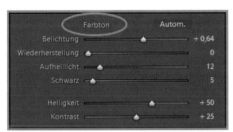

- in den Grundeinstellungen im Modul *Entwicklung* im Menü für voreingestellten Weißabgleich die im Deutschen nicht bekannte Bezeichnung *Wolframlampenlicht* statt einfach nur *Glühlampenlicht*

- der Text *Freistellen und gerade ausrichten*, wobei ein *Freistellen/Geraderichten* auch schon alles sagen würde

- im Modul *Web* ist der Text *Einstellungen für das Hochladen* so lang geraten, dass er nicht mehr ganz ausgegeben werden kann und abgeschnitten wird. *Hochladen* alleine hätte hier auch schon genügt.

Eine Änderung der Texte der Benutzeroberfläche und Anpassung an tatsächlichen deutschen Sprachgebrauch wäre nicht nur möglich, sondern sogar überraschend einfach.

Hierzu muss die einfache Textdatei *TranslatedStrings.txt* geändert werden, die sich im Installationsverzeichnis von Adobe Photoshop Lightroom 2 (normalerweise *C:\Programme\Adobe\Adobe Photoshop Lightroom 2*) und darin im Unterverzeichnis *Resources\de* befindet.

C:\Programme\Adobe\Adobe Photoshop Lightroom 2\Resources\de\TranslatedStrings.txt

Vor Änderungen dieser Systemdatei sollte unbedingt eine Sicherheitskopie dieser Datei angelegt werden!

Diese Datei wird mit einem Texteditor (Notepad oder Textpad, nicht Word) geöffnet und es werden – für die oben beschriebenen Modifikationen an der Benutzeroberfläche – folgende Änderungen vorgenommen:

- In Zeile 356
  wird $$$/AgCameraRawUI/WhiteBalance/Tungsten=Wolframlampenlicht
  durch $$$/AgCameraRawUI/WhiteBalance/Tungsten=Glühlampenlicht
  ersetzt.

- In Zeile 551
  wird $$$/AgDevelop/CameraRawPanel/Basic/Tone =Farbton
  durch $$$/AgDevelop/CameraRawPanel/Basic/Tone=Tonwert
  ersetzt.

- In Zeile 590
  wird $$$/AgDevelop/Crop/Crop&Straighten=Freistellen und gerade ausrichten
  durch $$$/AgDevelop/Crop/Crop&Straighten=Freistellen/Geraderichten
  ersetzt.

- In Zeile 6541
  wird $$$/WPG/Panel/OutputTitle=Einstellungen für das Hochladen
  durch $$$/WPG/Panel/OutputTitle=Hochladen
  ersetzt.

Nach dem Speichern der Datei muss Adobe Photoshop Lightroom 2 neu gestartet werden – die Änderungen sollten dann sichtbar sein.

Zugriffe auf generierte Webseiten auswerten

Bei der Präsentation von Bildern im Internet wäre es meist wünschenswert, einen Überblick darüber zu bekommen, wie häufig auf die Bilder überhaupt zugegriffen wird, woher zugegriffen wird und welche Bilder sich besonderer Beliebtheit erfreuen.

Eine beliebte Möglichkeit, sehr ausführliche Zugriffsstatistiken auf eigene Webseiten zu erhalten, wird von Google unter dem Namen Google Analytics (*www.google.de/analytics*) angeboten. Um diese Möglichkeiten zu nutzen, ist es erforderlich, ein paar Zeilen Programmcode (JavaScript) in jede der zu kontrollierenden Webseiten einzubinden. Dieser kurze Programmcode wird von Google individuell für jede Webpräsenz, die beobachtet werden soll, nach Anmeldung generiert und bereitgestellt. Der Dienst ist kostenlos.

Mit dem *Web*-Modul von Adobe Photoshop Lightroom 2 können sehr ansprechende Bildergalerien für die Präsentation im Internet generiert werden, die auf HTML oder HTML+Flash basieren. Lightroom bietet jedoch keine Möglichkeit, zusätzlichen Programmcode in diese generierten HTML-Seiten einzuschleusen. Dies muss daher systemseitig erfolgen.

Das *Web*-Modul von Adobe Photoshop Lightroom 2 bedient sich für die Webseiten, die, umfangreich konfigurierbar, erzeugt werden, einer Reihe interner Vorlagedateien. Diese vorgefertigten HTML-Dateien werden als Gerüst benutzt und über das *Web*-Modul beim Generieren der Webseiten mit Inhalt gefüllt. Über die Benutzeroberfläche von Adobe Photoshop Lightroom 2 sind diese vorgefertigten Schablonendateien nicht zugänglich.

Zu finden sind diese Webseitenschablonen im Installationsverzeichnis von Adobe Photoshop Lightroom 2 und dort im Unterverzeichnis *shared\webengines\default_html.lrwebengine*

Der vollständige Pfad könnte also etwa lauten:

C:\Programme\Adobe\Adobe Photoshop Lightroom 2\shared\webengines\default_html. lrwebengine

Die vom Web-Modul von Adobe Photoshop Lightroom 2 generierten HTML-Dateien setzen jeweils mehrere Einzeldateien zu einer vollständigen HTML-Datei zusammen, etwa eine Teildatei für den Anfang, eine für den Hauptteil und eine für den Abschluss.

Der Google-Analytics-Programmcode muss in jeder zu beobachtenden HTML-Datei am Ende der Datei, aber noch vor dem abschließenden

```
</body>
</html>
```

stehen.

Dafür bietet sich die Datei *foot.html* an. Diese Datei wird vom Lightroom-System automatisch an das Ende einer jeden generierten HTML-Datei gesetzt.

Im Lieferzustand endet diese Datei wie folgt:

```
<% end %>
</div>
<div class="clear">
</div>
</div>
</body>
</html>
```

Gemäß Google-Anweisung wird der Google-Programmcode vor den beiden abschließenden HTML-Marken eingefügt:

```
<% end %>
</div>
<div class="clear">
</div>
</div>
<!-- Datei foot.html: Hier kann Google-Code
stehen -->
</body>
</html>
```

Wird nach dieser Änderung eine Webgalerie mit der Standardvorlage Lightroom-HTML-Galerie generiert, so enthält jede generierte Seite, egal, ob Übersichtsseite oder Einzelbildseite, den Google-Analytics-Code an der korrekten Stelle, und Zugriffe auf die Seite können über Google-Analytics verfolgt werden. Für die anderen HTML- oder Flash-Galerievorlagen können die entsprechenden Änderungen auf ähnliche Weise durchgeführt werden.

Ballast abwerfen – weniger Module reichen manchmal auch

Adobe Photoshop Lightroom 2 stellt dem Anwender immer die bekannten fünf Module *Bibliothek*, *Entwickeln*, *Diashow*, *Drucken* und *Web* bereit.

Die Lightroom-Modulauswahl mit voller Bestückung.

In manchen Anwendungsszenarien wird Lightroom jedoch nur wegen seiner umfangreichen Bildverwaltung und Bildoptimierungsmöglichkeiten eingesetzt – Module wie *Diashow*, *Drucken* oder *Web* sind dabei oft nicht erforderlich oder ihre Funktionalität wird durch andere Anwendungen abgedeckt.

Die Lightroom-Modulauswahl – verkürzt auf die Module **Bibliothek** *und* **Entwickeln**.

Für derartige Anwendungsszenarien kann Lightroom so konfiguriert werden, dass die nicht benötigten Module nicht mehr mitgeladen werden. Lightroom startet dann wesentlich schneller und ist von überflüssigem Ballast befreit.

Hierzu wird eine relativ triviale Änderung im Installationsverzeichnis von Adobe Photoshop

Lightroom 2 (*C:\Programme\Adobe\Adobe Photoshop Lightroom 2*) vorgenommen.

In diesem Verzeichnis befinden sich die wichtigsten Programmdateien von Lightroom, u. a. auch die Moduldateien *Develop.lrmodule, Export.lrmodule, Import.lrmodule, Library.lrmodule, MultipleMonitor.lrmodule, Print.lrmodule, Slideshow.lrmodule, Web.lrmodule.*

```
Develop.lrmodule
Export.lrmodule
Import.lrmodule
Library.lrmodule
MultipleMonitor.lrmodule
Print.lrmodule
Slideshow.lrmodule
Web.lrmodule
```

```
Develop.lrmodule
Export.lrmodule
Import.lrmodule
Library.lrmodule
MultipleMonitor.lrmodule
Print.lrmodule_SAVE
Slideshow.lrmodule_SAVE
Web.lrmodule_SAVE
```

Im Lightroom-Installationsverzeichnis werden die nicht gewünschten Moduldateien umbenannt.

Es müssen nun einfach nur die Dateien *Print.lrmodule, Slideshow.lrmodule, Web.lrmodule* für Lightroom unzugänglich gemacht werden (ohne sie zu löschen). Dies kann durch Kopieren in ein neues Unterverzeichnis sein, am einfachsten aber durch (reversibles) Umbenennen der Dateien auf Namen wie *Print.lrmodule_SAVE, Slideshow.lrmodule_SAVE, Web.lrmodule_SAVE.*

Wird nach dieser Änderung Adobe Photoshop Lightroom 2 gestartet, so geht das ziemlich schnell und die Module *Diashow, Drucken* und *Web* werden nicht mehr angezeigt. (Über das Menü und Tastenkürzel wird immer noch ein Aufruf an diese Module abgesetzt, der jedoch mit einer Fehlermeldung quittiert wird.)

Weitere Lightroom-Konfigurationen

Anwendern, die nun wirklich Gefallen an der internen Umkonfiguration von Lightroom gefunden haben, sei Jeffrey's Lightroom Goodies unter der Webadresse *http://regex.info/blog/lightroom-goodies/* empfohlen.

Jeffrey Friedl hat dort eine ganze Reihe von Expertentools zusammengestellt, mit denen Lightroom erweitert und umkonfiguriert werden kann.

Besonders hervozuheben ist dabei Jeffrey's Lightroom Configuration Manager, mit dem sich insbesondere die Schriften und Schriftgrößen der Benutzeroberfläche anpassen lassen.

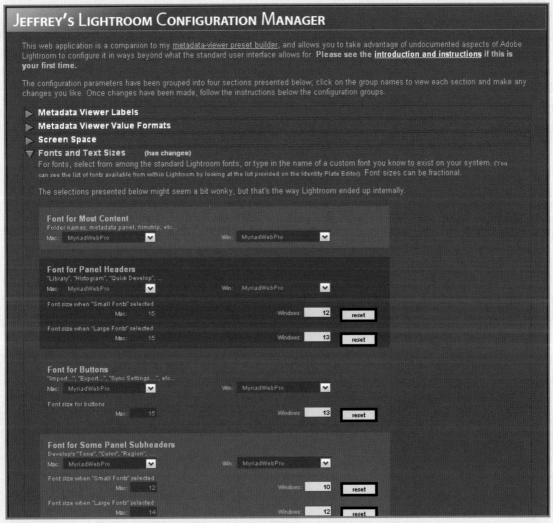

Jeffrey's Lightroom Configuration Manager (http://regex.info/blog/2007–03–13/395 *und*
http://regex.info/Lightroom/Config/) *zur Rekonfiguration der Lightroom-Benutzeroberfläche.*

[11]

HILFREICHES

ZUM SCHLUSS

Hilfreiches zum Schluss

Tastaturkommandos

Gerade bei einem Bildbearbeitungsprogramm wie Adobe Photoshop Lightroom 2, wo typischerweise nahezu ausschließlich mit der Maus gearbeitet wird, bringt es große Erleichterung, Beschleunigung der Arbeit und Konzentration auf die Arbeitsinhalte, wenn häufig benötigte Aktionen und Werkzeuge mit der Tastatur statt mit der Maus geschaltet werden. Die Maus bleibt dann frei für die Arbeit am Bild und im Hauptarbeitsbereich.

Der Anwender sollte von Anfang an bemüht sein, zumindest die wichtigsten, grundlegendsten und einfachsten Tastaturkommandos in die Finger zu bekommen – Kombinationen von drei Sondertasten mit nachfolgendem Buchstabenkommando wird man sich kaum einprägen.

Hier aufgelistet sind zunächst die wichtigsten Tastaturkommandos, deren zügige Beherrschung die Arbeit mit Adobe Photoshop Lightroom 2 deutlich vereinfacht und beschleunigt, die am häufigsten vorkommenden sind wiederum hervorgehoben dargestellt. Anschließend folgt eine vollständige Liste mit allen bekannten Tastaturkommandos, für den Fall, dass der Übersichtsliste doch das eine oder andere Kommando fehlt.

Die wichtigsten Tastaturkommandos

Wer alle Tastaturkommandos der folgenden Tabelle beherrscht, wird Adobe Photoshop Lightroom 2 virtuos und schnell anwenden. Die Auswahl, welche Kommandos wichtig sind, muss jedoch zwangsläufig subjektiv bleiben. In der darauf folgenden Tabelle finden Sie daher alle bekannten Tastaturkommandos von Adobe Photoshop Lightroom 2.

Modul *Bibliothek*

Exportieren	B	Strg+Umschalt+E
Schnellsammlung anzeigen	B	Strg+B
Rückgängig	B	Strg+Z
Wiederholen	B	Strg+Y
Alles auswählen	B	Strg+A
Auswahl aufheben	B	Strg+D
Suchen	B	Strg+F
Filter aktivieren	B	Strg+L
Vorheriges Foto	B	Strg+Links
Nächstes Foto	B	Strg+Rechts
Zur Schnellsammlung hinzufügen	B	B
Raster-Vollbild-Lupe durchlaufen	B	Eingabe
In Stapel gruppieren	B	Strg+G
Stapel ein/aus	B	S
Nach links drehen (gegen UZS)	B	Strg+,
Nach rechts drehen (im UZS)	B	Strg+.
Virtuelle Kopie anlegen	B	Strg+T
Markiert	B	P
Unmarkiert	B	U
Abgelehnt	B	X
Markierung ein/aus	B	#
Bewertung festlegen/(mit Weiterschalten)	B	0-5 / Umschalt+0-5
Farbbeschriftung festlegen/(weiter)	B	6-9 / Umschalt+6-9
Entwicklungseinstellungen zurücksetzen	B	Strg+Umschalt+R
Einstellungen kopieren	B	Strg+Umschalt+C
Einstellungen einfügen	B	Strg+Umschalt+V
Foto löschen	B	Rücktaste
Fotos aus Katalog entfernen	B	Alt+Rücktaste
Abgelehnte Fotos löschen	B	Strg+Rücktaste
Filterleiste anzeigen	B	M
Zoomansicht ein/aus	B	Z
Einzoomen	B	Strg+Y
Auszoomen	B	Strg+-
Rasteransicht	B	G
Lupenansicht (Detailansicht)	B	E
Vergleichsansicht	B	C
Überblicksansicht/Auswahlansicht	B	N
In *Entwickeln* öffnen	B	D
In *Entwickeln* freistellen	B	R

Ansichtsstile durchlaufen (Raster)	B	J
Informationsansichten durchlaufen (Vollbild)	B	I
Seitliche Bedienfelder ein-/ausblenden	B	Tab
Alle Bedienfelder ein-/ausblenden	B	Umschalt+Tab
Beleuchtungsmodi durchlaufen	B	L
Sekundäranzeige umschalten (Fenster)	B	F11
Sekundäranzeige in Vollbild	B	Umschalt+F11
Sekundäranzeige: Raster	B	Umschalt+G
Sekundäranzeige: Lupe-Normal	B	Umschalt+E

Modul *Entwickeln*

Neuer Schnappschuss	E	Strg+N
Freistellen zurücksetzen	E	Strg+Alt+R
Seitenverhältnis beibehalten	E	A
Freistellen - gleiches Seitenverhältnis	E	S
Lupe	E	D
Vorher/Nachher: Links/Rechts	E	Y
Geteilter Bildschirm	E	Umschalt+Y
Weißabgleichs-Werkzeug	E	W
Verlaufsfilter	E	M
Korrekturpinsel	E	K
Entwickeln: Bereichsreparatur		
Auswahlkreis anzeigen/verbergen	E	H
Aktiven Auswahlkreis löschen	E	Rücktaste
Verschiebehand	E	Leertaste
Entwickeln: Korrekturpinsel/Verlaufsfilter		
Werkzeuganzeige ein/aus	E	H
Pinsel/Verlaufsfilter anwenden	E	Eingabe
Aktiven Pinsel/Verlaufsfilter löschen	E	Rücktaste
Verlaufsfilter beschränken	E	Umschalt+Mausbewegung
Verlaufsfilter invertieren	E	, (Apostroph)
Aus der Mitte größer ziehen	E	Alt+Mausbewegung

Modul *Diashow*

Diashow ausführen	Dia	Eingabe
Diashow beenden	Dia	Esc
Nächstes Dia	Dia	Rechts
Vorheriges Dia	Dia	Links

Vollständige Liste aller Tastaturkommandos

Entnommen und zusammengestellt ist die Liste aus der verfügbaren Dokumentation, aus den Angaben in den Menüs und der Vorarbeit von Ian Lyons, der eine englische Fassung auf seiner Webseite publiziert. Auf Grund der unterschiedlichen Tastaturlayouts kann es allerdings vereinzelt zu Inkompatibilitäten kommen.

Modul *Bibliothek*	
Bibliothek: Datei	
Katalog öffnen	Strg+O
Fotos vom Datenträger importieren	Strg+Umschalt+I
Exportieren	Strg+Umschalt+E
Mit *Vorher* exportieren	Strg+Umschalt+Alt+E
Zusatzmodul-Manager...	Strg+Umschalt+Alt+, (Komma)
Schnellsammlung anzeigen	Strg+B
Schnellsammlung speichern	Strg+Alt+B
Schnellsammlung löschen	Strg+Umschalt+B
Als Zielsammlung festlegen	Strg+Umschalt+Alt+B
Seite einrichten	Strg+Umschalt+P
Drucken	Strg+P
Beenden	Strg+Q
Bibliothek: Bearbeiten	
Rückgängig	Strg+Z
Wiederholen	Strg+Y
Alles auswählen	Strg+A
Auswahl aufheben	Strg+D
Nur aktives Foto auswählen	Strg+Umschalt+D
Auswahl des aktiven Fotos aufheben	<
Markierte Fotos auswählen	Strg+Alt+A
Auswahl der unmarkierten Fotos aufheben	Strg+Umschalt+Alt+D
Voreinstellungen	Strg+U
Katalogeinstellungen	Strg+Alt+,
Bibliothek: Bibliothek	
Neue Sammlung	Strg+N
Neuer Ordner	Strg+Umschalt+N
Suchen	Strg+F
Filter aktivieren	Strg+L
Foto umbenennen	F2
Vorheriges ausgewähltes Foto	Strg+Links
Nächstes ausgewähltes Foto	Strg+Rechts

Bibliothek: Foto	
Zur Schnellsammlung hinzufügen	B
In der Lupenansicht öffnen	Eingabe
Im Explorer anzeigen	Strg+R
Im zweiten Fenster sperren	Strg+Umschalt+Eingabe
In Adobe Photoshop CS3 öffnen	Strg+E
In externer Anwendung öffnen	Strg+Alt+E
In Stapel gruppieren	Strg+G
Stapel aufheben	Strg+Umschalt+G
Stapel ein/aus	S
An Stapelanfang verschieben	Umschalt+S
Im Stapel nach oben verschieben	Umschalt+,
Im Stapel nach unten verschieben	Umschalt+.
Nach links drehen (gegen UZS)	Strg+,
Nach rechts drehen (im UZS)	Strg+.
Virtuelle Kopie anlegen	Strg+T
Markiert	P
Unmarkiert	U
Abgelehnt	X
Markierung ein/aus	#
Markierungsstatus erhöhen	Strg+Auf
Markierungsstatus verringern	Strg+Ab
Bewertung festlegen/(mit Weiterschalten)	0-5 / Umschalt+0-5
Bewertung verringern	,
Bewertung erhöhen	.
Farbbeschriftung festlegen / (weiter)	6-9 / Umschalt+6-9
Stichwort festlegen	Alt+1 bis Alt+9
Stichwörter hinzufügen	Strg+K
Entwicklungseinstellungen zurücksetzen	Strg+Umschalt+R
Einstellungen kopieren	Strg+Umschalt+C
Einstellungen einfügen	Strg+Umschalt+V
Vorherige Einstellungen einfügen	Strg+Alt+V
Einstellungen synchronisieren	Strg+Umschalt+S
Automatischer Weißabgleich	Strg+Umschalt+U
Automatischer Farbton	Strg+Alt+U
In Graustufen umwandeln	V
Foto löschen	Rücktaste
Fotos aus Katalog entfernen	Alt+Rücktaste
Abgelehnte Fotos löschen	Strg+Rücktaste

Bibliothek: Metadaten	
Stichwortkürzel festlegen	Strg+Alt+Umschalt+K
Stichwortkürzel hinzufügen	Umschalt+K
Malen aktivieren	Strg+Alt+K
Nächster Stichwortsatz	Alt+0 (Null)
Metadaten kopieren	Strg+Umschalt+Alt+C
Metadaten einfügen	Strg+Umschalt+Alt+V
Metadaten in Datei speichern	Strg+S

Bibliothek: Ansicht	
Werkzeugleiste ein-/ausblenden	T
Filterleiste anzeigen	M
Zoomansicht ein/aus	Z
Einzoomen	Strg+Y
Auszoomen	Strg+-
Rasteransicht	G
Lupenansicht (Detailansicht)	E
Vergleichsansicht	C
Überblicksansicht/Auswahlansicht	N
In Entwickeln öffnen	D
In Entwickeln freistellen	R
Korrekturpinsel in Entwickeln	K
Weißabgleich in Entwickeln einstellen	W
Ansicht-Optionen	Strg+J
Extras anzeigen	Strg+Umschalt+H
Kennzeichen anzeigen	Strg+Umschalt+Alt+H
Ansichtsstile durchlaufen	J
Informationen anzeigen	Strg+I
Informationsansichten durchlaufen	I

Bibliothek: Fenster	
Frei gestaltete Diashow	Strg+Eingabe
Navigator ein-/ausblenden	Ctrtl+Umschalt+0
Katalog ein-/ausblenden	Ctrtl+Umschalt+1
Ordner ein-/ausblenden	Ctrtl+Umschalt+2
Sammlungen ein-/ausblenden	Ctrtl+Umschalt+3
Histogramm ein-/ausblenden	Strg+0
Ad-hoc-Entwicklung ein-/ausblenden	Strg+1
Stichwörter festlegen ein-/ausblenden	Strg+2
Stichwortliste ein-/ausblenden	Strg+3
Metadaten ein-/ausblenden	Strg+4

Seitliche Bedienfelder ein-/ausblenden	Tab
Alle Bedienfelder ein-/ausblenden	Umschalt+Tab
Modulauswahl anzeigen	F5
Filmstreifen anzeigen	F6
Linke Modulbedienfelder anzeigen	F7
Rechte Modulbedienfelder anzeigen	F8
Ansichtsmodus Normal	Strg+Alt+F
Vollbildschirm (Bedienfelder ausblenden)	Strg+Umschalt+F
Ansichtsmodi durchlaufen	F
Gedämpfte Beleuchtung	Strg+Umschalt+L
Beleuchtungsmodi durchlaufen	L
Sekundäranzeige umschalten (Fenster)	F11
Sekundäranzeige in Vollbild	Umschalt+F11
Vorschau des zweiten Bildschirms	Strg+Umschalt+F11
Sekundäranzeige: Raster	Umschalt+G
Sekundäranzeige: Lupe-Normal	Umschalt+E
Sekundäranzeige: Lupe-Gesperrt	Strg+Umschalt+Eingabe
Sekundäranzeige: Vergleichen	Umschalt+C
Sekundäranzeige: Auswählen	Umschalt+N
Sekundäranzeige: Diashow	Strg+Umschalt+Alt+Eingabe
Sekundäranzeige: Filteransicht anzeigen	Umschalt+M
Sekundäranzeige: Einzoomen	Strg+Umschalt+Y
Sekundäranzeige: Auszoomen	Strg+Umschalt+-
Sekundäranzeige: Miniaturen vergrößern	
Sekundäranzeige: Miniaturen verkleinern	Umschalt+-
Zurück	Strg+Alt+Links
Vorwärts	Strg+Alt+Rechts
Bibliothek	Strg+Alt+1
Entwickeln	Strg+Alt+2
Diashow	Strg+Alt+3
Drucken	Strg+Alt+4
Web	Strg+Alt+5
Zurück zum vorherigen Modul	Strg+Alt+PfeilOben
Bibliothek: Hilfe	
Lightroom Hilfe	F1
Hilfe zum aktuellen Modul	Strg+Alt+/
Tastaturbefehle zum aktuellen Modul	Strg+<

Bibliothek: Diverse

Umschaltfeststeller: Automatisches Weiterschalten bei Markieren oder Auszeichnen

Alt+Klick Bereichsname in seitlichem Bedienfeld: Schaltet Solomodus ein/aus

Strg+Klick Bereichsname in seitlichem Bedienfeld: öffnet/schließt alle Bereiche

Umschalt+Klick: öffnet/schließt einzelne Bereiche in seitlichem Bedienfeld

Strg+Klick Rasterbild: Hebt alle Bildauswahlen auf

Alt+Doppelklick Rasterbild: Öffnet Rasterbild in Entwicklung

Alt+Klick Rasterbild-Flagge: Markiert als Abgelehnt

Klick Rasterbild-Flagge: Markierung ein/aus

Modul Entwickeln

Entwickeln: Datei

Katalog öffnen	Strg+O
Fotos vom Datenträger importieren	Strg+Umschalt+I
Exportieren	Strg+Umschalt+E
Mit Vorher exportieren	Strg+Umschalt+Alt+E
Zusatzmodul-Manager...	Strg+Umschalt+Alt+, (Komma)
Schnellsammlung anzeigen	Strg+B
Schnellsammlung speichern	Strg+Alt+B
Schnellsammlung löschen	Strg+Umschalt+B
Als Zielsammlung festlegen	Strg+Umschalt+Alt+B
Seite einrichten	Strg+Umschalt+P
Drucken	Strg+P
Beenden	Strg+Q

Entwickeln: Bearbeiten

Rückgängig	Strg+Z
Wiederholen	Strg+Y
Alles auswählen	Strg+A
Auswahl aufheben	Strg+D
Voreinstellungen	Strg+U
Katalogeinstellungen	Strg+Alt+,

Entwickeln: Entwickeln

Neuer Schnappschuss	Strg+N
Neue Vorgabe	Strg+Umschalt+N
Neuer Vorgabeordner	Strg+Alt+N
Vorheriges Foto	Strg+Links
Nächstes Foto	Strg+Rechts

Entwickeln: Foto	
Zur Schnellsammlung hinzufügen	B
Im Explorer anzeigen	Strg+R
In Adobe Photoshop CS3 öffnen	Strg+E
In externer Anwendung öffnen	Strg+Alt+E
Virtuelle Kopie anlegen	Strg+T
Nach links drehen (gegen UZS)	Strg+,
Nach rechts drehen (im UZS)	Strg+.
Bewertung festlegen/(mit Weiterschalten)	0-5 / Umschalt+0-5
Markiert	P
Unmarkiert	U
Abgelehnt	X
Markierung ein/aus	#
Markierungsstatus erhöhen	Strg+PfeilOben
Markierungsstatus verringern	Strg+PfeilUnten
Bewertung verringern	,
Bewertung erhöhen	.
Farbbeschriftung festlegen/(weiter)	6-9 / Umschalt+6-9
Metadaten in Datei speichern	Strg+S
Foto löschen	Rücktaste
Fotos aus Katalog entfernen	Alt+Rücktaste
Abgelehnte Fotos löschen	Strg+Rücktaste
Entwickeln: Einstellungen	
Alle Einstellungen zurücksetzen	Strg+Umschalt+R
Einstellungen kopieren	Strg+Umschalt+C
Einstellungen einfügen	Strg+Umschalt+V
Vorherige Einstellungen einfügen	Strg+Alt+V
Einstellungen synchronisieren	Strg+Umschalt+S
Automatischer Weißabgleich	Strg+Umschalt+U
Automatischer Farbton	Strg+U
In Graustufen umwandeln	V
Freistellen zurücksetzen	Strg+Alt+R
Seitenverhältnis beibehalten	A
Freistellen - gleiches Seitenverhältnis	S
Nachher-Einstellungen für Vorher kopieren	Strg+Umschalt+Alt+Links
Vorher-Einstellungen für Nachher kopieren	Strg+Umschalt+Alt+Rechts
Vorher/Nachher-Einstellungen vertauschen	Strg+Umschalt+Alt+Pfeil oben

Entwickeln: Ansicht	
Werkzeugleiste ein-/ausblenden	T
Zoomansicht aktivieren/deaktivieren	Z
Einzoomen	Strg+Y
Auszoomen	Strg+- (minus)
Lupe	D
Vorher/Nachher: Links/Rechts	Y
Vorher/Nachher: Oben/Unten	Alt+Y
Nur vorher	<
Geteilter Bildschirm	Umschalt+Y
Freistellen (Beschneiden)	R
Bereich entfernen	N
Weißabgleichs-Werkzeug	W
Verlaufsfilter	M
Korrekturpinsel	K
Zielkorrektur: Ohne	Strg+Umschalt+Alt+N
Zielkorrektur: Gradationskurve	Strg+Umschalt+Alt+T
Zielkorrektur: Farbton	Strg+Umschalt+Alt+H
Zielkorrektur: Sättigung	Cmd+Umschalt+Alt+S
Zielkorrektur: Luminanz	Strg+Umschalt+Alt+L
Zielkorrektur: Graustufen-Kanalanpassung	Strg+Umschalt+Alt+G
Bibliothek: Rasteransicht	G
Bibliothek: Lupenansicht	E
Bibliothek: Vergleichsansicht	C
Werkzeugüberlagerung: Immer anzeigen	Strg+Umschalt+H
Freistellungsüberlagerungen durchlaufen	O
Freistellungsüberlagerungen Ausrichtung	Umschalt+O
Belichtungswarnungen anzeigen	J
Informationen anzeigen	Strg+I
Informationsansichten durchlaufen	I
Entwicklungsansicht-Optionen	Strg+J
Entwickeln: Fenster	
Frei gestaltete Diashow	Strg+Eingabe
Navigator ein-/ausblenden	Ctrtl+Umschalt+0
Vorgaben ein-/ausblenden	Ctrtl+Umschalt+1
Schnappschüsse ein-/ausblenden	Ctrtl+Umschalt+2
Protokoll ein-/ausblenden	Ctrtl+Umschalt+3
Histogramm ein-/ausblenden	Strg+0
Grundeinstellungen ein-/ausblenden	Strg+1

Gradationskurve festlegen ein-/ausblenden	Strg+2
HSL/Farbe/Graustufen ein-/ausblenden	Strg+3
Teiltonung ein-/ausblenden	Strg+4
Details	Strg+5
Vignettierung	Strg+6
Kamerakalibrierung	Strg+7
Seitliche Bedienfelder ein-/ausblenden	Tab
Alle Bedienfelder ein-/ausblenden	Umschalt+Tab
Modulauswahl anzeigen	F5
Filmstreifen anzeigen	F6
Linke Modulbedienfelder anzeigen	F7
Rechte Modulbedienfelder anzeigen	F8
Ansichtsmodus Normal	Strg+Alt+F
Vollbildschirm (Bedienfelder ausblenden)	Strg+Umschalt+F
Ansichtsmodi durchlaufen	F
Gedämpfte Beleuchtung	Strg+Umschalt+L
Beleuchtungsmodi durchlaufen	L
Sekundäranzeige umschalten (Fenster)	F11
Sekundäranzeige in Vollbild	Umschalt+F11
Vorschau des zweiten Bildschirms	Strg+Umschalt+F11
Sekundäranzeige: Raster	Umschalt+G
Sekundäranzeige: Lupe-Normal	Umschalt+E
Sekundäranzeige: Lupe-Gesperrt	Strg+Umschalt+Eingabe
Sekundäranzeige: Vergleichen	Umschalt+C
Sekundäranzeige: Auswählen	Umschalt+N
Sekundäranzeige: Diashow	Strg+Umschalt+Alt+Eingabe
Sekundäranzeige: Filteransicht anzeigen	Umschalt+M
Sekundäranzeige: Einzoomen	Strg+Umschalt+Y
Sekundäranzeige: Auszoomen	Strg+Umschalt+-
Sekundäranzeige: Miniaturen vergrößern	
Sekundäranzeige: Miniaturen verkleinern	Umschalt+-
Zurück	Strg+Alt+Links
Vorwärts	Strg+Alt+Rechts
Bibliothek	Strg+Alt+1
Entwickeln	Strg+Alt+2
Diashow	Strg+Alt+3
Drucken	Strg+Alt+4
Web	Strg+Alt+5
Zurück zum vorherigen Modul	Strg+Alt+PfeilOben

Entwickeln: Hilfe	
Lightroom-Hilfe	F1
Hilfe zum aktuellen Modul	Strg+Alt+/
Tastaturbefehle zum aktuellen Modul	Strg+<
Entwickeln: Bereichsreparatur	
Auswahlkreis kleiner/größer	] / [
Auswahlkreis anzeigen/verbergen	H
Auswahlkreis Größe ändern	Begrenzungslinie mit der Maus ziehen
Aktiven Auswahlkreis löschen	Rücktaste
Verschiebehand	Leertaste
Entwickeln: Korrekturpinsel / Verlaufsfilter	
Werkzeuganzeige ein/aus	H
Pinselgröße kleiner/größer	] / [
Randschärfe kleiner/größer	Umschalt+] / [
Pinsel/Verlaufsfilter anwenden	Eingabe
Aktiven Pinsel/Verlaufsfilter löschen	Rücktaste
Im Lösch-Modus arbeiten	Alt (gedrückt halten beim Pinseln)
Maske ein/aus	A
Überlagerung ein/aus	O
Überlagerungsfarben durchlaufen	Umschalt+O
Verlaufsfilter beschränken	Umschalt+Mausbewegung
Verlaufsfilter invertieren	, (Apostroph)
Aus der Mitte größer ziehen	Alt+Mausbewegung
Entwickeln: Diverse	

Umschaltfeststeller: Automatisches Weiterschalten bei Markieren oder Auszeichnen

Alt+Klick Bereichsname in seitlichem Bedienfeld: Schaltet Solomodus ein/aus

Strg+Klick Bereichsname in seitlichem Bedienfeld: öffnet/schließt alle Bereiche

Umschalt+Klick: öffnet/schließt einzelne Bereiche in seitlichem Bedienfeld

Alt+KlickKopieren: Übergeht Kopieren-Dialog

Alt+Klick Synchronisieren: Schaltet Auto-Sync ein/aus

Rechtsklick: Kontextmenü bei Vorgaben, Schnappschuss, Verlauf

Modul Diashow

Diashow: Datei

Katalog öffnen	Strg+O
Fotos vom Datenträger importieren	Strg+Umschalt+I
Exportieren	Strg+Umschalt+E
Mit Vorher exportieren	Strg+Umschalt+Alt+E
Zusatzmodul-Manager...	Strg+Umschalt+Alt+, (Komma)
Schnellsammlung anzeigen	Strg+B
Schnellsammlung speichern	Strg+Alt+B
Schnellsammlung löschen	Strg+Umschalt+B
Als Zielsammlung festlegen	Strg+Umschalt+Alt+B
Seite einrichten	Strg+Umschalt+P
Drucken	Strg+P
Beenden	Strg+Q

Diashow: Bearbeiten

Rückgängig	Strg+Z
Wiederholen	Strg+Y
Alles auswählen	Strg+A
Auswahl aufheben	Strg+D
Zur Schnellsammlung hinzufügen	B
Bewertung festlegen/mit Weiterschalten)	0-5 / Umschalt+0-5
Bewertung verringern	,
Bewertung erhöhen	.
Markiert	P
Unmarkiert	U
Abgelehnt	X
Markierung ein/aus	#
Markierungsstatus erhöhen	Strg+PfeilOben
Markierungsstatus verringern	Strg+PfeilUnten
Farbbeschriftung festlegen / (weiter)	6-9 / Umschalt+6-9
Voreinstellungen	Strg+U
Katalogeinstellungen	Strg+Alt+,

Diashow: Diashow

Neue Vorlage	Strg+N
Neuer Vorlagenordner	Strg+Umschalt+N
Diashow-Einstellungen speichern	Strg+S
Hilfslinien ein/ausblenden	Strg+Umschalt+H
PDF-Diashow exportieren	Strg+J

JPEP-Diashow exportieren	Strg+Umschalt-J
Textüberlagerung hinzufügen	Strg+T
Nach links drehen (gegen UZS)	Strg+,
Nach rechts drehen (im UZS)	Strg+.
Diashow: Abspielen	
Diashow ausführen	Eingabe
Diashow mit allen Fotos ausführen	Umschalt+Eingabe
Vorschau Diashow	Alt+Eingabe
Diashow beenden	Esc
Nächstes Dia	Rechts
Vorheriges Dia	Links
Diashow: Ansicht	
Werkzeugleiste ein/ausblenden	T
Hilfslinien ein/ausblenden	Strg+Umschalt+H
Bibliothek: Rasteransicht	G
Bibliothek: Lupenansicht	E
Bibliothek: Vergleichsansicht	C
Gehe zu Entwicklung	D
In *Entwickeln* freistellen	R
Korrekturpinsel in Entwickeln	K
Diashow: Fenster	
Frei gestaltete Diashow	Strg+Eingabe
Navigator ein-/ausblenden	Ctrtl+Umschalt+0
Vorlagen ein-/ausblenden	Ctrtl+Umschalt+1
Sammlungen ein-/ausblenden	Ctrtl+Umschalt+2
Optionen	Strg+1
Layout	Strg+2
Überlagerungen	Strg+3
Hintergrund	Strg+4
Titel	Strg+5
Playback	Strg+6
Seitliche Bedienfelder ein-/ausblenden	Tab
Alle Bedienfelder ein-/ausblenden	Umschalt+Tab
Modulauswahl anzeigen	F5
Filmstreifen anzeigen	F6
Linke Modulbedienfelder anzeigen	F7
Rechte Modulbedienfelder anzeigen	F8
Ansichtsmodus *Normal*	Strg+Alt+F

Vollbildschirm (Bedienfelder ausblenden)	Strg+Umschalt+F
Ansichtsmodi durchlaufen	F
Gedämpfte Beleuchtung	Strg+Umschalt+L
Beleuchtungsmodi durchlaufen	L
Sekundäranzeige	(siehe oben)
Zurück	Strg+Alt+Links
Vorwärts	Strg+Alt+Rechts
Bibliothek	Strg+Alt+1
Entwickeln	Strg+Alt+2
Diashow	Strg+Alt+3
Drucken	Strg+Alt+4
Web	Strg+Alt+5
Zurück zum vorherigen Modul	Strg+Alt+PfeilOben
Strg+Klick Bereichsname in seitlichem Bedienfeld: öffnet/schließt alle Bereiche	
Umschalt+Klick: öffnet/schließt einzelne Bereiche in seitlichem Bedienfeld	

Modul Drucken

Drucken: Datei

Katalog öffnen	Strg+O
Fotos vom Datenträger importieren	Strg+Umschalt+I
Exportieren	Strg+Umschalt+E
Mit Vorher exportieren	Strg+Umschalt+Alt+E
Zusatzmodul-Manager...	Strg+Umschalt+Alt+, (Komma)
Schnellsammlung anzeigen	Strg+B
Schnellsammlung speichern	Strg+Alt+B
Schnellsammlung löschen	Strg+Umschalt+B
Als Zielsammlung festlegen	Strg+Umschalt+Alt+B
Seite einrichten	Strg+Umschalt+P
Drucken	Strg+P
Beenden	Strg+Q

Drucken: Bearbeiten

Rückgängig	Strg+Z
Wiederholen	Strg+Y
Alles auswählen	Strg+A
Auswahl aufheben	Strg+D
Zur Schnellsammlung hinzufügen	B
Bewertung festlegen/(mit Weiterschalten)	0-5 / Umschalt+0-5
Bewertung verringern	,

Bewertung erhöhen	.
Markiert	P
Unmarkiert	U
Abgelehnt	X
Markierung ein/aus	#
Markierungsstatus erhöhen	Strg+PfeilOben
Markierungsstatus verringern	Strg+PfeilUnten
Farbbeschriftung festlegen/(weiter)	6-9 / Umschalt+6-9
Voreinstellungen	Strg+U
Katalogeinstellungen	Strg+Alt+,
Drucken: Drucken	
Neue Vorlage	Strg+N
Neuer Vorlagenordner	Strg+Umschalt+N
Druckmoduleinstellungen speichern	Strg+S
Erste Seite	Strg+Umschalt+Links
Vorherige Seite	Strg+Links
Nächste Seite	Strg+Rechts
Letzte Seite	Strg+Umschalt+Rechts
Nach links drehen (gegen UZS)	Strg+,
Nach rechts drehen (im UZS)	Strg+.
Drucken: Diverse	
Umschaltfeststeller: Automatisches Weiterschalten bei Markieren oder Auszeichnen	
Alt+Klick Bereichsname in seitlichem Bedienfeld: Schaltet Solomodus ein/aus	
Strg+Klick Bereichsname in seitlichem Bedienfeld: öffnet/schließt alle Bereiche	
Umschalt+Klick: öffnet/schließt einzelne Bereiche in seitlichem Bedienfeld	
Drucken: Ansicht	
Werkzeugleiste ein/ausblenden	T
Hilfslinien ein/ausblenden	Strg+Umschalt+H
Seitenanschnitt	Strg+Umschalt+Y
Ränder und Bundstege	Strg+Umschalt+M
Bildzellen	Strg+Umschalt+T
Abmessungen	Strg+Umschalt+U
Lineale anzeigen/verbergen	Strg+R
Informationen anzeigen/verbergen	I
Bibliothek: Rasteransicht	G
Bibliothek: Lupenansicht	E
Bibliothek: Vergleichsansicht	C
Gehe zu Entwicklung	D

In *Entwickeln* freistellen	R
Korrekturpinsel in *Entwickeln*	K
Drucken: Fenster	
Frei gestaltete Diashow	Strg+Eingabe
Navigator ein-/ausblenden	Ctrtl+Umschalt+0
Vorlagen ein-/ausblenden	Ctrtl+Umschalt+1
Sammlungen ein-/ausblenden	Ctrtl+Umschalt+2
Layout Engine	Strg+1
Bildeinstellungen	Strg+2
Layout	Strg+3
Hilfslinien	Strg+4
Überlagerungen	Strg+5
Druckauftrag	Strg+6
Seitliche Bedienfelder ein-/ausblenden	Tab
Alle Bedienfelder ein-/ausblenden	Umschalt+Tab
Modulauswahl anzeigen	F5
Filmstreifen anzeigen	F6
Linke Modulbedienfelder anzeigen	F7
Rechte Modulbedienfelder anzeigen	F8
Ansichtsmodus *Normal*	Strg+Alt+F
Vollbildschirm (Bedienfelder ausblenden)	Strg+Umschalt+F
Ansichtsmodi durchlaufen	F
Gedämpfte Beleuchtung	Strg+Umschalt+L
Beleuchtungsmodi durchlaufen	L
Sekundäranzeige	(siehe oben)
Zurück	Strg+Alt+Links
Vorwärts	Strg+Alt+Rechts
Bibliothek	Strg+Alt+1
Entwickeln	Strg+Alt+2
Diashow	Strg+Alt+3
Drucken	Strg+Alt+4
Web	Strg+Alt+5
Zurück zum vorherigen Modul	Strg+Alt+PfeilOben
Drucken: Hilfe	
Lightroom-Hilfe	F1
Hilfe zum aktuellen Modul	Strg+Alt+/
Tastaturbefehle zum aktuellen Modul	Strg+<

Modul Web

Web: Datei

Katalog öffnen	Strg+O
Fotos vom Datenträger importieren	Strg+Umschalt+I
Exportieren	Strg+Umschalt+E
Mit *Vorher* exportieren	Strg+Umschalt+Alt+E
Zusatzmodul-Manager...	Strg+Umschalt+Alt+, (Komma)
Schnellsammlung anzeigen	Strg+B
Schnellsammlung speichern	Strg+Alt+B
Schnellsammlung löschen	Strg+Umschalt+B
Als Zielsammlung festlegen	Strg+Umschalt+Alt+B
Seite einrichten	Strg+Umschalt+P
Drucken	Strg+P
Beenden	Strg+Q

Web: Bearbeiten

Rückgängig	Strg+Z
Wiederholen	Strg+Y
Alles auswählen	Strg+A
Auswahl aufheben	Strg+D
Zur Schnellsammlung hinzufügen	B
Bewertung festlegen/(mit Weiterschalten)	0-5 / Umschalt+0-5
Bewertung verringern	,
Bewertung erhöhen	.
Markiert	P
Unmarkiert	U
Abgelehnt	X
Markierung ein/aus	#
Markierungsstatus erhöhen	Strg+PfeilOben
Markierungsstatus verringern	Strg+PfeilUnten
Farbbeschriftung festlegen/(weiter)	6-9 / Umschalt+6-9
Voreinstellungen	Strg+U
Katalogeinstellungen	Strg+Alt+,

Web: Web

Neue Vorlage	Strg+N
Neuer Vorlagenordner	Strg+Umschalt+N
Webgalerie-Einstellungen speichern	Strg+S
Erneut laden	Strg+R
Web-Fotogalerie exportieren	Strg+J
Vorschau (im Webbrowser)	Strg+Alt+P

Web: Hilfe	
Lightroom-Hilfe	F1
Hilfe zum aktuellen Modul	Strg+Alt+/
Tastaturbefehle zum aktuellen Modul	Strg+<
Web: Ansicht	
Werkzeugleiste ein-/ausblenden	T
Bibliothek: Rasteransicht	G
Bibliothek: Lupenansicht	E
Bibliothek: Vergleichsansicht	C
Gehe zu Entwicklung	D
In *Entwickeln* freistellen	R
Korrekturpinsel in *Entwickeln*	K
Web: Fenster	
Frei gestaltete Diashow	Strg+Eingabe
Navigator ein-/ausblenden	Ctrtl+Umschalt+0
Vorlagen ein-/ausblenden	Ctrtl+Umschalt+1
Sammlungen ein-/ausblenden	Ctrtl+Umschalt+2
Engine	Strg+1
Site-Informationen	Strg+2
Farbpalette	Strg+3
Aussehen	Strg+4
Bildinformationen	Strg+5
Ausgabeeinstellungen	Strg+6
Einstellungen für das Hochladen	Strg+7
Seitliche Bedienfelder ein-/ausblenden	Tab
Alle Bedienfelder ein-/ausblenden	Umschalt+Tab
Modulauswahl anzeigen	F5
Filmstreifen anzeigen	F6
Linke Modulbedienfelder anzeigen	F7
Rechte Modulbedienfelder anzeigen	F8
Ansichtsmodus *Normal*	Strg+Alt+F
Vollbildschirm (Bedienfelder ausblenden)	Strg+Umschalt+F
Ansichtsmodi durchlaufen	F
Gedämpfte Beleuchtung	Strg+Umschalt+L
Beleuchtungsmodi durchlaufen	L
Sekundäranzeige	(siehe oben)
Zurück	Strg+Alt+Links
Vorwärts	Strg+Alt+Rechts
Bibliothek	Strg+Alt+1

Entwickeln	Strg+Alt+2
Diashow	Strg+Alt+3
Drucken	Strg+Alt+4
Web	Strg+Alt+5
Zurück zum vorherigen Modul	Strg+Alt+PfeilOben
Web: Diverse	
Umschaltfeststeller: Automatisches Weiterschalten bei Markieren oder Auszeichnen	
Alt+Klick Bereichsname in seitlichem Bedienfeld: Schaltet Solomodus ein/aus	

Lightroom- und RAW-FAQ

Frage:

Irgendwie sehen die originalen JPGs, so wie sie direkt aus der Kamera kommen, doch besser aus als die RAW-Dateien; und diese muss ich dann auch noch erst durch den Konverter jagen, damit ich JPGs bekomme. Ich glaube, ich sollte wieder JPG fotografieren.

Antwort:

Wenn die JPG-Bilddateien, so wie sie aus der Kamera kommen, gefallen, und nicht mehr weiterverarbeitet (auch nicht beschnitten) werden sollen, kann die JPG-Generierung auch direkt durch die Kamera erfolgen.

In beiden Fällen durchlaufen die Bilddaten einen RAW-Konverter-Prozess: Im JPG-Fall läuft dieser Prozess gleich direkt in der Kamera, wo mit internen Voreinstellungen aus den rohen Sensor-Daten (RAW-Daten) und den Messwerten der Kamera (Weißabgleich) JPG gewonnen wird.

Im anderen Fall läuft dieser Prozess in einem externen Programm, wo die Bilddaten zunächst in wesentlich neutralerer Anmutung angezeigt werden und dann vom Bearbeiter „in Form gebracht" werden. Will man ein Aussehen wie die JPG-Bilder direkt aus der Kamera erreichen, sollten typischerweise Weißabgleich und Belichtung eingestellt und – für den JPG-aus-der-Kamera-Look – Sättigung und Schärfe hochgezogen werden.

Frage:

Meine Kamera bietet über die internen Einstellungen viele Möglichkeiten zur Bildoptimierung, vom Weißabgleich über die Farbverstärkung bis hin zur Schärfung. Wirken sich diese Optimierungen auch auf die RAW-Datei aus?

Antwort:

Nein, in die RAW-Datei sind diese Änderungen nicht eingearbeitet und die RAW-Datei benötigt diese Parameter auch nicht.

Manche Kamerahersteller (etwa Nikon) betten diese Parameter jedoch als geschützte Zusatzinformationen in die RAW-Daten ihrer Kameras ein, wo sie nur durch den vom Hersteller vertriebenen RAW-Konverter (bei Nikon: Capture NX) wieder ausgelesen werden können.

In jedem Fall sind jedoch alle Parameter verlustfrei änderbar, sodass auch die eingebetteten Optimierungen nur Vorschlagscharakter besitzen. Die Sensordaten werden immer gespeichert, ohne dass ein Weißabgleich oder andere Korrekturwerte mit eingerechnet werden.

Frage:

Was unterscheidet eigentlich TIFF und RAW?

Man hört immer, einzig das RAW sei im Unterschied zu JPG umfassend zu bearbeiten. TIFF ist jedoch ebenfalls ein verlustfrei komprimierbares Bildformat, jedoch im Unterschied zu RAW von praktisch jedem Bildbetrachtungs- und -bearbeitungsprogramm lesbar. Zudem kann JPG ja auch von jedem Bildbearbeitungsprogramm nach TIFF konvertiert werden.

Warum also nicht in JPG fotografieren, nach Bedarf nach TIFF konvertieren und bearbeiten?

Antwort:

RAW ist das generische, interne Format einer jeden(!) digitalen Kamera – vom Handy bis zur großen Spiegelreflexkamera. Diese RAW-Daten werden, wenn JPG ausgegeben wird, immer bereits in der Kamera konvertiert – und dabei fast immer auch „angehübscht" (geschärft, farblich intensiviert).

Auch wenn das, was dabei herauskommt, oft schon ganz gut aussieht, ist es im Vergleich zum RAW-Format immer mit einem Verlust an Information verbunden. Dieser Informationsverlust auf dem Weg von RAW nach JPG hat zwei Gründe: 1. Von den vielen möglichen Ausarbeitungen eines RAW (heller/dunkler, Farbverschiebung, Lichter, Schatten, ...) wurde nur eine gewählt, alle anderen verworfen. 2. JPG ist ein komprimiertes Bildformat, das bei der Komprimierung immer auch Informationen verwirft (ein sogenanntes verlustbehaftetes Speicherformat). Bei der Umwandlung von JPG nach TIFF sind also all diese Informationen unwiederbringlich verloren – das TIFF-Format enthält dann auch nur die Bildinformation, die im JPG vorhanden war. Der große Vorteil von JPG, geringe Datenmenge und universelle Anzeigemöglichkeit, wird durch die Nachteile der unwiederbringlich verlustbehafteten Speicherung ausgeglichen.

Hinweis: Einige Digitalkameras können auch TIFF ausgeben. Das ist zwar dann immer noch ein bereits in der Kamera von RAW nach TIFF konvertiertes Bild, bietet aber wesentlich mehr Bearbeitungsmöglichkeiten als JPG.

Frage:

Ich will mehr aus meinen Bildern herausholen, was ja nur mit dem RAW-Format möglich ist. Kann ich meine JPG-Bilder in das RAW-Format konvertieren?

Nein, es ist prinzipiell nicht möglich, JPG oder irgendein anderes Bildformat (wieder) in ein RAW-Format zu konvertieren. Dafür gibt es viele Gründe. Der wichtigste ist, dass auf dem Weg vom RAW nach JPG – und diesen Weg hat jedes mit einer beliebigen Digitalkamera aufgenommene JPG hinter sich – das Bild zwar im Hinblick auf Farbe und Schärfe optimiert wird, dabei aber sehr viel von seinem ursprünglichen Informationsgehalt aufgibt. Dieser Informationsgehalt, der für weitergehende Optimierungen erforderlich ist, ist unwiederbringlich verloren und kann aus dem JPG nicht mehr gewonnen werden. Ein weiterer Grund: RAW ist nur der Oberbegriff eines Dateiformats, das die rohen, unbearbeiteten Sensordaten einer Digitalkamera enthält. Genau genommen gibt es so viele unterschiedliche RAW-Formate, wie es Sensortypen von Digitalkameras gibt (das dürften so ca. 120 sein). In welches RAW-Format sollte also konvertiert werden?

Frage:

In Lightroom kann ich Photoshop und eine weitere Anwendung als externen Editor anbinden und Bilder als TIFF zur externen Bearbeitung übergeben. Ich würde aber gerne JPG aus Lightroom heraus an ein externes Programm übergeben. Wie gehe ich vor?

Antwort:

Bei der Übergabe an einen externen Editor kann JPG nicht als Austauschformat angegeben werden. Es ist auch wenig sinnvoll; JPG ist für eine Weiterverarbeitung denkbar ungeeignet. Dennoch mag es manchmal Gründe dafür geben.
Über die Export-Schnittstelle von Lightroom (*Exportieren*) kann ein Bild als JPG exportiert werden. Dort lässt sich zudem (ganz unten in der Dialogbox) eine Anwendung einrichten, die anschließend an den Export automatisch aufgerufen wird und die Bilder übernimmt. Hier wird Photoshop oder ein anderer externer Bildeditor eingestellt.

Frage:

Wenn ich ein RAW-Bild in Adobe Photoshop Lightroom 2 öffne, werden mir die Vorschaubilder angezeigt und diese sehen eigentlich schon ganz gut aus. Nach kurzer Zeit ändert sich jedoch das Vorschaubild oder die Vollansicht wird manchmal etwas blasser, bekommt einen Farbstich, weicht stärker von der realen Aufnahmesituation ab und gefällt mir nicht mehr so gut. In anderen RAW-Konvertern ist dies ähnlich. Was ist da passiert?

Antwort:

Dieses Verhalten ist normal, gut und richtig.
Unmittelbar nach dem Öffnen zeigen RAW-Konverter nur ein einfaches, kleines, gleich bei der Aufnahme von der Kamera schon in die RAW-Datei integriertes JPG-Vorschaubild an. Dieses Vorschaubild ist nur für einen ersten Überblick über die Bilder im Vorschau-Modus brauchbar; schon für eine bildschirmgroße Darstellung ist es qualitativ zu schwach (obwohl es Software gibt, die diese Vorschaubilder extrahieren kann – sinnvolle Verwendungen dafür gibt es kaum).
Nach der ersten, schnellen Anzeige dieser integrierten JPG-Vorschaubilder beginnt das Anzeigeprogramm, die Bilder aus den RAW-Daten zu errechnen und sie zunächst im Übersichtsmodus klein oder auch bereits bildschirmfüllend anzuzeigen. Das Bild wird also – ohne Rückgriff auf das JPG-Vorschaubild – noch einmal errechnet, wobei naturgemäß

eine andere, typischerweise konservativere Interpretation der Bilddaten entsteht. Diese Bilddaten dienen dann als Ausgangsmaterial für die eigene kreative Bearbeitung der Bildparameter im RAW-Konverter.

Frage:

Nachdem ich ein RAW-Bild in Adobe Photoshop Lightroom 2 optimiert, bearbeitet und als JPG oder TIFF abgespeichert habe, sieht es bei der Betrachtung in einem einfachen Anzeigeprogramm, in einem Webbrowser oder auch in Photoshop plötzlich ganz anders aus; meist sind die Farben anders, entweder wirken sie blasser oder sogar kräftiger.

Antwort:

Dieses Problem hängt normalerweise mit unterschiedlichen Farbraumeinstellungen der am Bildprozess beteiligen Geräte und Programme zusammen. Im Idealfall sollte an allen Geräten (Kamera, Bildschirm) und an jeder beteiligten Software (Windows, Grafikkarte, Anzeigeprogramme, Photoshop) der gleiche Farbraum eingestellt sein.

In den meisten Fällen können zumindest die Farbräume *sRGB* und *AdobeRGB* eingestellt werden – unterscheiden sich die Farbraumeinstellungen in unterschiedlichen Phasen des Arbeitsablaufs zwischen Kamera und finalem Anzeigeprogramm, so resultiert daraus eine unsaubere, oft überraschende Farbdarstellung.

An Kameras voreingestellt ist normalerweise der Farbraum *sRGB* – und es sollte darauf geachtet werden, dass dieser Farbraum dann auch im RAW-Konverter, in Windows (*Anzeige-Eigenschaften* → *Erweitert*İ*Farbe*), im Bildbearbeitungsprogramm und, wenn möglich, im Hardware-Setup des Bildschirms eingestellt ist.

Etwas größer und damit auch für die digitale Fotografie besser geeignet und empfohlen ist der Farbraum *AdobeRGB*. Wird die Kamera auf diesen Farbraum umgestellt, so sollte dieser Farbraum auch im RAW-Konverter, in Photoshop bzw. anderen weiterverarbeitenden Anwendungen und in Windows selbst eingestellt werden.

Nikon- und Canon-Kameras zeigen den verwendeten Farbraum an der Dateinamensstruktur der Bilddateien an. Dateien nach dem Muster *DSC_1234.xxx* sind im Farbraum *sRGB* aufgenommen, das Muster *_DSC1234.xxx*, also mit einem Unterstrich am Anfang des Dateinamens, weist auf den Farbraum *AdobeRGB* hin.

Bei Unsicherheiten über den zu verwendenden Farbraum und seine Einstellung in allen beteiligten Komponenten sollte *sRGB* gewählt werden, geübteren und qualitätsbewussten Anwendern sei die Verwendung des Farbraums *AdobeRGB* empfohlen.

Frage:

Zur Änderung des Kontrasts bietet Adobe Photoshop Lightroom 2 offensichtlich zwei Funktionen an, den einfachen Schieberegler **Kontrast** *und den* **Bereich Gradationskurve.** *Was ist besser?*

Antwort:

Besser ist der Arbeitsbereich *Gradationskurve*, weil dort der Kontrast wesentlich feiner und detaillierter in bis zu vier unterschiedlichen Bereichen, direkt in der Gradationskurve oder in den darunterliegenden Schiebereglern, eingestellt werden kann. Der einfache Regler *Kontrast* hingegen bietet nur die Möglichkeit, die Kurve insgesamt steiler (oder flacher) zu stellen.

*Woher weiß ich, welcher Weißabgleich
richtig ist?*

Bei *richtig* muss hier zwischen *technisch
richtig* und *kreativ richtig* unterschieden
werden.

Technisch richtig ist ein Weißabgleich, wenn
Weiß weiß und *Grau* grau ist. Das erreicht
man am besten durch Einsatz einer Farb-
referenz- oder Graustufenkarte (wie sie
auch diesem Buch beiliegt), die man dann
mit dem Weißabgleich-Werkzeug des RAW-
Konverters ausmisst und den Weißabgleich
darauf einstellt. In diesem Buch ist dies ausführlich beschrieben.

Kreativ richtig ist der *technisch richtige*
Weißabgleich damit noch lange nicht. Bei
technisch richtigem Weißabgleich wird
jede Lichtstimmung neutralisiert und ein
Sonnenuntergang leuchtet nicht mehr in
Gelb-Rot-Orange, sondern Dunkelweiß; ein
blaues Bühnenlicht wird zu Neutralgrau.

Kreativ richtig ist ein Weißabgleich, wenn
eine Lichtstimmung so wiedergegeben wird,
wie der Fotograf sie wahrgenommen hat –
messbar oder automatisierbar ist das allerdings nicht, sondern erfordert gefühlvolles
Verschieben der Regler für Weißabgleich und
Tönung.

Für einen korrekten **Weißabgleich** *benötigt man eine Farbreferenzkarte, bei der
die mittlere graue Fläche vermessen wird,
bzw. nur eine Graukarte. Jetzt habe ich
gehört, dass man so eine Graukarte auch
zur Optimierung der* **Belichtungsmessung**
einsetzen kann. Was ist da nun richtig?

Beides ist richtig – obwohl es sich um unterschiedliche Dinge handelt, die nicht ver-
wechselt werden sollten:

Für den *Weißabgleich*, der eigentlich ein
Neutralfarbabgleich oder ein Grauabgleich
ist, wird eine präzise auf *neutral* normierte
graue Farbfläche benötigt, die typischerweise beim ersten Bild einer Aufnahmereihe
und unter gleichen Lichtbedingungen mitfotografiert und anschließend im RAW-Konverter als Ziel für den Weißabgleich mithilfe
einer Weißabgleich-Pipette verwendet wird
(die Farbwerte für R, G und B müssen gleich
sein). Die Helligkeit der grauen Farbfläche
ist dabei nebensächlich (es darf auch ein
normiertes Weiß sein), wichtig ist die farb-
liche Neutralität. Eine entsprechende Weiß-
abgleichkarte liegt diesem Buch bei. Dies ist
keine einmalige Einstellung an Kamera oder
Konverter: Bei jeder Änderung der Lichtsituation, bei jeder Aufnahmesession, muss
wiederum diese Karte mitfotografiert und
im RAW-Konverter vermessen werden.

Für die *Belichtungsmessung* kann ebenfalls
eine Graukarte herangezogen werden, diese
sollte dann eine normierte Neutralgraukarte
oder 18%-Graukarte sein. Eine derartige
Karte wird verwendet, um sie in der Aufnahmesituation mit der Kamera anzumes-
sen und die Belichtungsdaten (Blende und
Zeit, ggf. ISO) dann entsprechend einzustellen. Die Farbneutralität dieser Karte ist
weniger wichtig, wichtig ist ein Reflexions-
verhalten von 18 %.

Mit einer Neutralgraukarte mit einem Reflexi-
onsverhalten von 18 % können beide Probleme gelöst werden.

Frage:

Kann ich die Metadaten, die ich in Adobe Photoshop Lightroom 2 zusätzlich zu den Exif-Daten erfasse (IPTC, Bewertungen, Stichwörter), auch anderen Anwendungen zugänglich machen?

Antwort:

Normalerweise werden diese Daten von Lightroom in der internen Datenbank (Katalog) abgelegt und erst beim Export nach JPG oder TIFF mit in die Datei geschrieben (an einer genormten Position im Datei-Header). Die Daten können dort von anderen Anwendungen gelesen werden.

Solange es noch RAW-Dateien in der Verwaltung von Adobe Photoshop Lightroom 2 sind, kann jedoch keine andere Anwendung, etwa Adobe Bridge, diese Metadaten sehen (außer, die andere Anwendung kann Lightroom-Kataloge lesen, wie z. B. DxO Optics Pro 5.2.1).

Abhilfe schafft hier eine Einstellung in Adobe Photoshop Lightroom 2, die dafür sorgt, dass alle Metadaten in einer externen XMP-Datei abgelegt werden. XMP ist ein von Adobe entwickeltes, auf XML aufsetzendes Format zur Ablage von Metadaten. Typischerweise wird pro Bild eine XMP-Datei mit gleichem Namen wie das Bild und der Endung *.xmp* erzeugt. Hierzu werden die gewünschten Bilder selektiert und der Menüpunkt *Metadaten → Metadaten in Datei(en) speichern* (oder einfach Taste [Strg+S] angewählt. Dauerhaft voreingestellt wird dieses Verhalten für den gesamten Katalog durch *Bearbeiten → Katalogeinstellungen → Metadaten → Änderungen automatisch in XMP speichern*. Neben jeder Bilddatei liegt dann eine XMP-Datei mit allen Metadaten; diese kann auch von anderen Anwendungen (etwa Adobe Bridge) gelesen oder sogar geändert werden.

Frage:

Kann ich RAW-Dateien geokodieren, d. h. GPS-Positionsdaten der Aufnahme in der Datei hinterlegen?

Antwort:

Ja und nein, weil keine Anwendung, sondern nur die Kamera selbst RAW-Daten erzeugen oder abspeichern kann. Einige Kameras können mit speziellen GPS-Modulen (für Nikon etwa GEO PIC II, N2 di-GPS mini, DP-GPS N1) verbunden werden, deren Daten direkt zum Zeitpunkt der Aufnahme von der Kamera ausgelesen und in die Original-RAW-Datei integriert werden.

Geodaten können aber auch parallel zur Aufnahme und ohne Verbindung zur Kamera über sog. Geologger (etwa Wintec WBT 201) aufgezeichnet werden. Sogenannte Geomapping-Anwendungen (wie etwa RoboGeo oder auch das schon mehrfach erwähnte Downloader Pro) können GPS-Positionsdaten anhand des Zeitstempels auch nach der Aufnahme noch Bildern zuordnen. Auch bei den wichtigsten RAW-Formaten, etwa Nikons NEF, ist dies möglich, ohne das RAW-Bild in irgendeiner Weise zu verändern.

RoboGEO trägt die Geokoordinaten direkt in die RAW-Datei ein, wobei diese Daten ohne Veränderung der eigentlichen Bilddaten isoliert nur in den EXIF-Block der Dateien geschrieben werden. Downloader Pro erzeugt zu jedem RAW-Bild eine XMP-Datei, die die Geokoordinaten enthält. In beiden Fällen können die Geokoordinaten von Adobe Photoshop Lightroom 2 problemlos gelesen und als zusätzliche Metadaten verwaltet werden.

Das (geokodierte) Bild aus Adobe Photoshop Lightroom 2 (hier zusätzlich mit automatisch aufgedruckten Positionsdaten).

Die Geokoordinaten des Bildes als letzter Eintrag im Bereich **Metadaten**.

In Adobe Photoshop Lightroom 2 wird dann im Bereich *Metadaten* ein weiteres Feld *GPS* eingetragen; der Pfeil hinter den Daten startet unmittelbar die bevorzugte Geo-Applikation, typischerweise Google Maps, und zeigt die Aufnahmeposition direkt an.

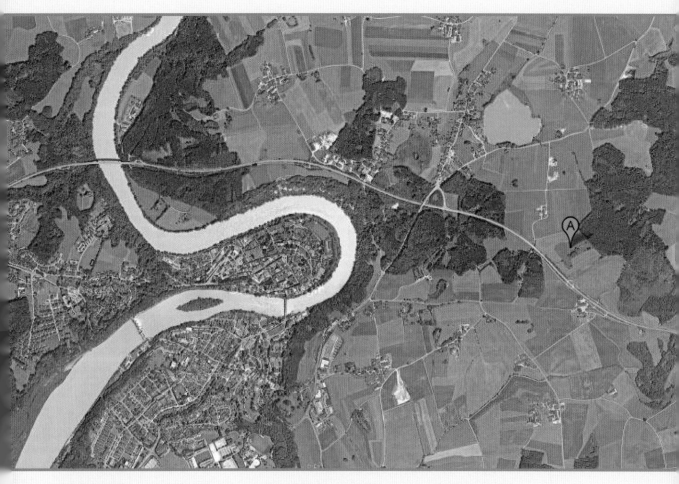

Die Aufnahmeposition, wie sie nach Klick auf das kleine Pfeilsymbol neben den Geokoordinaten in Google Maps angezeigt wird.

Fotoglossar

Viele Begriffe aus der Fotografie werden in Büchern, Zeitschriften, Internet-Foren oder anderen Medien immer wieder verwendet, ohne sie zu erklären oder auch nur darauf hinzuweisen, was es damit auf sich hat. Hier werden kurze Erklärungen der am häufigsten verwendeten Fachausdrücke aufgelistet, ohne den Anspruch auf wissenschaftliche Tiefe und Detailtreue. Ziel ist es, aus der Fotografenpraxis einen kurzen Hinweis darauf zu geben, was ein bestimmter Ausdruck bedeutet.

Aberration

Meist als „Chromatische Aberration" oder „Transversale Chromatische Aberration" bezeichnet; Objektivfehler, der jedoch auch bei höherwertigen Objektiven auftritt und nur extrem aufwendig optisch beherrschbar ist; erkennbar an leichten Farbsäumen, die an harten, kontrastreichen Kanten entstehen; entsteht durch eine ungleiche Lichtbrechung der unterschiedlichen Lichtfarben.

Artefakt

In der Fotografie meist als „JPG-Artefakt" wahrgenommen; Fehler im fertigen Bild, der durch übermäßig komprimierte und ggf. auch mehrfach wiederholte Speicherung (und damit Komprimierung) im JPG-Format entsteht; wahrnehmbar insbesondere an Flächen und Verläufen.

Auflösung

Anzahl von Bildpunkten (Pixel), die ein Sensor aufnehmen kann und die damit in einem digitalen Bild enthalten sind. Fälschlicherweise oft als wichtigstes Merkmal für die Qualität von digitalen Kameras gehalten. Heute üblich sind 6 ~ 10 Megapixel im Bereich der Kompaktkameras, 10 ~ 24 Megapixel im Bereich digitaler Spiegelreflexkameras; sog. Mittelformat-Kameras (Mamya, Hasselbladt) oder Großbildkameras liegen noch weit darüber.

Autofokus

Automatische Scharfstellung mithilfe motorischer Verstellung von Einzellinsen oder Linsengruppen im Objektiv; meist über Messung des Motivkontrasts im Strahlengang der Kamera, durch Abgleich mehrerer Einzelbilder; Messung erfolgt nur bei Kompaktkameras über den Bildsensor, bei Spiegelreflexkameras über eigenständige, sehr hoch entwickelte Messeinrichtungen im Kameraboden; Scharfstellung typischerweise durch hoch entwickelte Stellmotoren im Objektiv, für ältere Objektive aber auch durch Systeme in der Kamera.

Bajonett

Heute nahezu ausschließlich eingesetztes Koppelungsstück zwischen Objektiv und Kamera, bei dem ein Objektiv durch eine kleine Drehung (ca. 45 Grad) fest an der Kamera einrastet und eine definierte mechanische und elektrische Verbindung herstellt; Bajonettverschlüsse unterschiedlicher Hersteller sind nicht kompatibel; so drehen etwa die Marktführer Canon (rechts) und Nikon (links) in unterschiedliche Richtungen.

Banding

Sensorfehler, eher selten und kaum bemerkbar; horizontale Streifenbildung im Bild, insbesondere in sehr flächigen Bereichen.

Belichtung

zentraler Vorgang der Fotografie, unverändert seit der Erfindung der Fotografie: Eine bestimmte Lichtmenge fällt für eine bestimmte Zeitdauer auf ein lichtempfindliches Medium.

Belichtungsautomatik

Automatische Umsetzung der aus der Belichtungsmessung gewonnenen Werte in eine Belichtungszeit und eine hierzu passende, korrelierende Blende.

Belichtungsmessung

Ein Sensor einer Digitalkamera (früher der Film) kann immer nur eine bestimmte Menge Licht aufnehmen und zu einem optimalen Bild umsetzen; diese Lichtmenge wird durch die Kombination aus Belichtungszeit und Blende definiert; die Belichtungsmessung ermittelt die Helligkeit des Motivs und zeigt diese als Kombination von Belichtungszeit und Blende an; Belichtungsmessung erfolgt entweder durch einen kameraunabhängigen Handbelichtungsmesser oder durch in die Kamera integrierte Belichtungsmess-Systeme.

Belichtungsprogramm

Automatik in der Kamera, mit der die Werte für Belichtungszeit und Blende, gelegentlich auch der Empfindlichkeit (ISO) in Abhängigkeit vom jeweils anderen Parameter, eingestellt werden; eine Zeitautomatik stellt die Belichtungszeit in Abhängigkeit von einer vorgegebenen Blende automatisch ein; eine Blendenautomatik stellt die Blende in Abhängigkeit von einer fest vorgegebenen Belichtungszeit automatisch ein; eine Programmautomatik stellt sowohl Belichtungszeit als auch Blende anhand einer vorgegebenen (internen) Skala in Abhängigkeit von der Motivhelligkeit ein; darüber hinaus gibt es meist weitere Motiv-Programme (Sportprogramm, Nachtprogramm, Portraitprogramm), die jedoch nichts anderes als Programmautomatiken mit unterschiedlichen Prioritäten sind.

Belichtungsreihe
Reihe von Aufnahmen mit unterschiedlicher Belichtung, ohne den Kamerastandpunkt zu ändern (Stativ!). Moderne Kameras können Belichtungsreihen automatisch durchführen und ändern dabei über 3, 5, 7 oder noch mehr Bilder hinweg normalerweise die Belichtungszeit oder auch die Blende. Belichtungsreihen werden bei belichtungstechnisch besonders schwierigen Motiven oder als Ausgangsmaterial für die DRI-Technik (HDR) genutzt. In ähnlicher Weise kann auch eine Weißabgleichsreihe durchgeführt werden. Bei Spiegelreflexkameras mit sehr hoher Bildfrequenz können Belichtungsreihen mitunter sogar ohne Stativ durchgeführt werden.

Belichtungszeit
Zeitdauer, während der bei der Belichtung Licht auf den Sensor fällt; bestimmt in erster Linie, zusammen mit der Blende, die korrekte Lichtmenge, die auf dem Sensor eine korrekte Belichtung hervorruft; über die Belichtungszeit (sehr kurze Zeiten) können Bewegungen eingefroren oder (längere Zeiten) verwischt werden (Mitzieheffekte); bei zu langen Belichtungszeiten (abhängig von der Brennweite) können Verwackelungsprobleme entstehen, weil die Kamera nicht ruhig genug gehalten werden kann (Stativ benutzen).

Beugung
Technisch bedingte Abbildungsproblematik eines Objektivs; führt dazu, dass ein Objektiv seine beste Abbildungsqualität nicht schon bei seiner offensten Blende, sondern erst beim Schließen um mindestens 3 Werte erreichen kann; mit Schließen der Blende steigt neben der allgemeinen Abbildungsleistung aber auch die Tiefenschärfe.

Bildfrequenz
Anzahl der Aufnahmen, die eine Kamera pro Sekunde aufnehmen kann; typischer Wert 3 ~ 10 bei aktuellen digitalen Spiegelreflexkameras.

Bildstabilisator
Siehe *Verwackelungsschutz*

Blende
Vorrichtung im Objektiv, um das einfallende Licht so zu verringern, dass sich zusammen mit einer gewählten Belichtungszeit eine optimale Lichtmenge für die Erfassung durch den Sensor ergibt. Normalerweise aus ringförmig angeordneten, sichelförmigen Lamellen; zudem beeinflusst eine Blende entscheidend die Abbildungsqualität des Objektivs (die meist bei mittlerer Blende am besten ist) und steuert die Tiefenschärfe (Bereich vor und hinter dem Schärfepunkt, der noch als scharf angesehen werden kann).

Blitz-Synchronisation
Auslösung eines an der Kamera montierten Blitzgeräts zum richtigen Zeitpunkt; der richtige Zeitpunkt ist dann, wenn der erste (öffnende) Vorhang den Sensor schon ganz freigegeben hat, der zweite (schließende) Vorhang aber noch nicht begonnen hat, den Sensor wieder zu verdecken; typischer, weit verbreiteter Wert 1/60 Sek., bei modernen digitalen Spiegelreflexkameras mit schnellen Verschlüssen aber auch 1/250 Sek. und höher.

Blooming
„Überlaufen" einer Sensorzelle mit Ladungsübergang auf die Nachbarzelle bei zu viel Lichteinfall von Spitzlichtern des Motivs; führt zum sog. Ausfressen der Lichter.

Bokeh

Fachausdruck für Ebenmäßigkeit des Unschärfebereichs bei der Abbildung eines Motivs durch ein Objektiv; tritt insbesondere bei längeren Brennweiten (Tele-Objektive) und sehr weit geöffneter Blende auf; gewünscht ist ein sehr gleichmäßiger, weicher Unschärfebereich.

Brennweite

Eigenschaft eines optischen Systems; in der Fotografie ausschließlich bezogen auf Bildwinkel und Bildausschnitt, der durch ein Objektiv auf den Sensor abgebildet wird; die Brennweite wird üblicherweise nicht bezogen auf die (kleinere) Sensorgröße einer digitalen Spiegelreflexkamera angegeben, sondern historisch bedingt als „Kleinbildäquivalent"; digitale Spiegelreflexkameras haben, abhängig von der Sensorgröße, einen sog. Verlängerungsfaktor, meist ca. 1,5.

Brennweitenverlängerung

Umrechnungsfaktor für Objektiv-Brennweiten bei Verwendung an digitalen Spiegelreflexkameras; abhängig von der Sensorgröße der Digitalkamera; typische Werte 1,2 ~ 1,5; ein 50mm-Objektiv wird damit an einer Kamera mit Wert 1,5 zu einem 75mm-Objektiv; aus historischen Gründen werden Brennweiten auch an Digitalkameras immer bezogen auf KB (Kleinbild, 24x36mm) angegeben.

CCD-Sensor

Charged Coupled Devices; Sensortyp in Digitalkameras.

Chromatische Aberration
Siehe *Aberration*

CMOS-Sensor

Complementary Metal Oxide Semiconductor; Sensortyp in Digitalkameras.

CMYK

Cyan-Magenta-Yellow-Black; subtraktives Farbmodell, das insbesondere im modernen Vierfarbdruck eingesetzt wird; die vier Grundfarben werden dabei übereinander gedruckt, wobei durch unterschiedliche Farbdichten der Einzelfarben jede Zielfarbe erreicht werden kann.

Demosaicing

Prozess im Rahmen der Konvertierung von RAW-Daten, bei dem die Mosaik-Struktur des Sensors aufgelöst und in einzelne Farbwerte umgerechnet (interpoliert) wird.

DRI

Dynamic Range Increase; siehe *HDR*

Empfindlichkeit

Auch Filmempfindlichkeit oder ISO-Wert; Reaktionsvermögen von Film oder Sensor auf einfallendes Licht; gemessen in ISO, typischer Wert ISO100, typischer Bereich ISO50 ~ ISO3200, bei modernen Sensoren auch sehr viel höher. Mit steigender Empfindlichkeit (steigender ISO-Zahl) wird die Bildqualität schlechter, weil Rauschen auftritt.

EV, EV-Wert

Exposure Value; siehe *Lichtwert*

EXIF-Daten

Zusatzdaten zu einem Bild, die insbesondere von digitalen Kameras, aber auch von Scannern oder Bildbearbeitungsprogrammen aufgezeichnet und zusammen mit dem Bild (in der Bilddatei) abgelegt werden. Enthalten Daten der Aufnahme (Datum und Uhrzeit, Zeit, Blende, Programm, Blitz etc.) und Angaben zu Kamera, Objektiv und Fotograf. Daten können zu Bildverwaltungszwecken und Dateinamensgebung herangezogen werden.

Farbkarte

Mit genormten Farbflächen und Graufläche bedruckte Karte (ca. DIN A4 groß, aber auch andere Formate), die mitfotografiert wird und zur Einstellung der korrekten Farbwiedergabe in nachfolgenden Prozessen herangezogen werden kann. Grauflächen dienen zur Bestimmung des korrekten Weißabgleichs.

Farbraum

Farbbereich, den ein bestimmtes optisches System verarbeiten bzw. ein bestimmtes Verfahren darstellen kann. Im Bereich der digitalen Bildgebung herrscht der Farbraum RGB vor, im Druckbereich der Farbraum CMYK.

Farbrauschen

Siehe auch Rauschen; systemimmanentes Problem digitaler Sensoren, insbesondere in hohen Empfindlichkeitsbereichen; äußert sich durch Entstehen von farbigen Bildpunkten, wo eigentlich nur Dunkelheit vorherrschen sollte; tritt zusammen mit Helligkeitsrauschen auf.

Farbtemperatur

Bezeichnung für die am Aufnahmeort vorherrschende Lichtfarbe; wird in den Weißabgleich der Kamera bzw. des RAW-Konverters einbezogen; wird in Kelvin (K) gemessen und eingestellt; eine mittlere Farbtemperatur (Tageslicht) liegt bei 5500 K, sehr warmes Licht (Glühlampenlicht) bei 2600~3000 K, bedeckter Himmel, Nebel und Dunst bei ca. 7500 K.

Farbtiefe

Menge von Farbabstufungen, die von einem digitalen Bildverfahren aufgenommen und verarbeitet werden kann; übliche Farbtiefe ist 8 Bit und damit 256 unterschiedliche Zustände pro Bildpunkt; hochwertigere Aufnahme- und Weiterverarbeitungsverfahren arbeiten mit eine Farbtiefe von 16 Bit (65.536 Zustände pro Bildpunkt).

Gamut

Farbumfang, den ein bestimmtest Gerät, aber auch ein Ausgabemedium wie Papier, darstellen kann.

Gegenlichtblende

Ring- oder Tubus-förmiger Vorsatz auf Objektiven, um seitlichen Streulichteinfall zu verhindern. Normalerweise Bestandteil der Standardausstattung eines Objektivs; sollte immer verwendet werden. Gegenlicht (wie der Name impliziert) kann der Aufsatz jedoch nicht verhindern.

Graukarte

Mit genormten Grauflächen bedruckte Karte, die in einer gegebenen Aufnahme- und Lichtsituation mitfotografiert wird, um die korrekte Farbtemperatur (Weißabgleich) für nachfolgende Prozesse zu ermitteln und sicherzustellen. Die Farbfläche *Grau 18%* kann als mittlere Helligkeit auch zur Ermittlung der korrekten Belichtung herangezogen werden.

HDR

High Dynamic Range (hoher Dynamikumfang), oft auch als DRI (Dynamic Range Increase, Steigerung des Dynamikumfangs) bezeichnet; Verfahren, um den im Bild wiederzugebenden Tonwertumfang deutlich zu erhöhen und damit den dunklen Bereichen (Tiefen) und hellen Bereichen (Lichter) eines Bildes mehr Zeichnung zu verleihen. Für das Verfahren werden 3, 5 oder gar 7 Aufnahmen unterschiedlicher Helligkeit, die in einer Belichtungsreihe gewonnen wurden, mit einer speziellen Software so überlagert, dass sich die dunkelsten Bereiche der hellen Bilder und die hellsten Bereiche der dunklen Bilder im finalen Bild ergänzen. Häufig eingesetzt bei Innenaufnahmen oder Nachaufnahmen. Oft mit massiv übersteuerter Dynamikanhebung zur Erzielung des HDR-Effekts.

Helligkeitsrauschen

Siehe auch Rauschen; systemimmanentes Problem digitaler Sensoren, insbesondere in hohen Empfindlichkeitsbereichen; äußert sich durch Entstehen von helleren Bildpunkten, wo eigentlich nur Dunkelheit vorherrschen sollte; tritt zusammen mit Farbrauschen auf.

Histogramm

Diagramm, das die Helligkeitsverteilung in einem Bild anzeigt; im günstigsten Fall eine ebenmäßige Kurve (Hügel), die ganz links (dunkelste Stellen im Bild) und ganz rechts (hellste Stellen im Bild) bei null liegt; schlägt die Kurve rechts oder links deutlich höher als bei null an, ist dies ein deutlicher Hinweis darauf, dass das Bild ungünstig belichtet ist und Helligkeitswerte nicht erfasst sind. Das Histogramm ist eine wichtige Anzeige, die sowohl von der Kamera als auch vom Bildbearbeitungsprogramm bzw. RAW-Konverter geleistet werden muss und vom Fotografen stets zu beachten ist.

Integralmessung

Einstellung der Belichtungsmessung, bei der die Bildhelligkeit vollflächig über das gesamte (abgebildete) Motiv hinweg gemessen und ein Mittelwert für die Belichtung errechnet wird; siehe auch *Spotmessung* und *Mittenbetonte Messung*.

Interpolation

Farbinterpolation; Errechnung eines Wertes aufgrund von gesicherten Annahmen; in der Digitalfotografie muss die Farbe interpoliert werden, da ein Sensor nur Helligkeitsunterschiede und damit nur Graustufenbilder aufnehmen kann.

ISO

Siehe *Empfindlichkeit*

ISO-Automatik

Die Kameraautomatik regelt neben Belichtungszeit und Blende auch die Empfindlichkeit (in definierbaren Grenzen); mitunter kann bei unveränderten Werten für Belichtungszeit und Blende nur mithilfe automatischer Anpassung des ISO-Wertes fotografiert werden; zu hohe ISO-Werte verschlechtern die Bildqualität durch stärkeres Rauschen.

JPEG

Auch JPG; populärstes Dateiformat der digitalen Fotografie; Vorteile: JPG-Dateien können von allen Digitalkameras erzeugt werden, sind relativ platzsparend und können von allen Computersystemen, Anzeigeprogrammen und Weiterverarbeitungssystemen genutzt werden; Nachteile: JPG ist ein abgeschlossenes, finales Format; JPG-Daten werden beim Speichern in einer Weise komprimiert, die nicht mehr verlustfrei dekomprimiert werden kann; mit jedem Bearbeitungs- und Speicherprozess verliert ein JPG-Bild an Qualität. JPG hat keinerlei Reserven, ist also daher für Prozesse der Bildbearbeitung nicht geeignet.

Kleinbild

24 x 36 mm; Größe der Aufnahmefläche des meistverwendeten Filmformats vor der digitalen Zeit; Bezugsgröße bei der Angabe der Brennweite von Objektiven; Sensorflächen von Digitalkameras sind meist deutlich kleiner, entsprechen sie der Kleinbild-Aufnahmefläche, spricht man von Vollformat Mittelformat: 4,5 x 6 cm oder 6 x 6 cm Großformat: 9 x 12 cm und darüber.

Leitzahl

Maß für die Leistungsfähigkeit eines Blitzgeräts. Berechnet sich als Produkt aus der Entfernung zum Motiv und der für die korrekte Belichtung erforderlichen Blende. Typische Leitzahlwerte liegen zwischen ca. 20

(schwach) und ca. 50 (starkes Blitzgerät). Bei Vergleichen muss die Filmempfindlichkeit (normalerweise ISO 100) und die Reflektorstellung des Blitzgeräts (normalerweise 50 mm KB) mit angegeben und in Betracht gezogen werden. Studio-Blitzgeräte werden nicht nach Leitzahl, sondern nach Wattsekunden gemessen.

Lichtwert

(siehe auch EV-Wert) Beziehung von Blende und Belichtungszeit, die zu einer korrekten Belichtung eines Bildes führt. Je höher der Blendenwert, desto länger muss die Belichtungszeit sein, um (bei gleicher Motivhelligkeit) die gleiche Belichtung zu erzielen. Der Lichtwert wird in der Fotografie so gut wie nie als absolute Zahl (Lichtwert 12) verwendet, sondern es wird nur seine Änderung betrachtet. Mit einer Änderung der Belichtung um einen Lichtwert (EV-Wert) ist also entweder die Änderung der Blende um einen Wert (von 8 auf 11) oder die Änderung der Belichtungszeit um einen Wert (von 1/250 auf 1/125) gemeint. Im erweiterten Sinne muss auch die Empfindlichkeit mit einbezogen werden, wo die Änderung um einen Wert (ISO 200 auf ISO 400) ebenfalls der Änderung der Belichtung um einen EV-Wert entspricht.

Live-Bild

Live-View; direkte Anzeige des aktuellen Bildes auf dem Kameradisplay schon vor der Aufnahme. Bei Spiegelreflexkameras technisch wesentlich aufwendiger als bei Kompaktkameras, da das einfallende Licht eigentlich nur im Moment der Aufnahme auf den Sensor fällt, dieser aber vorher durch den Spiegel verdeckt wird; Kompaktkameras enthalten keinen Spiegel und damit entsteht auch dieses Problem nicht. Gelöst wird das Problem bei Spiegelreflexkameras durch teildurchlässige Spiegel.

Mehrfeldmessung

Messung der Belichtung an mehreren, je nach Kamera auch sehr vielen Messpunkten; damit kann mehr oder weniger das gesamte Motiv auf einmal ausgemessen werden, statt mit einer Spotmessung unterschiedliche Punkte anzupeilen, das Messergebnis wird wesentlich genauer und Problemfälle können vermieden werden.

Mittenbetonte Messung

Einstellung der Belichtungsmessung, bei der die Bildhelligkeit mit Schwerpunkt auf einer (einstellbar großen) Bildmitte gemessen wird; siehe auch *Integralmessung* und *Spotmessung*.

Moiré

Bildfehler, der bei der Darstellung von sehr feinen Strukturen (Linien, Punkte) entsteht und sich als – in der Realität nicht vorhandenes – Muster in der Abbildung zeigt. Sehr schwierig und normalerweise nur durch leichte Unschärfe kontrollierbar.

Motivklingel

Akustisches Signal an der Kamera bei Erscheinen eines optimalen Motivs; vielfach gefordertes Merkmal, insbesondere an hochwertigeren Kompaktkameras und Spiegelreflexkameras der Einsteigerklasse; bis jetzt nicht realisiert.

Motivprogramm

Belichtungs-Programmautomatik, bei der die Werte für Blende, Belichtungszeit und ggf. auch noch Empfindlichkeit (ISO) automatisch gewählt werden und dabei Kombinationen gewählt werden, die für das voreingestellte Motiv besonders günstig sind. Typisch sind *Sportprogramm* (besonders kurze Belichtungszeiten); *Nachtprogramm* (Vermeiden einer Angleichung an Standardhelligkeit durch

Unterbelichtung) oder *Portraitprogramm"* (Priorität offene Blende).

Pixel

Bildpunkt; kleinste Bildeinheit in einem digitalen Bildsystem; bei Sensoren einzelne Sensorzellen; bei Monitoren einzelne Bildpunkte; die Summe aller Bildpunkte eines Systems (Sensor, Bilddatei, Monitor) wird häufig als dessen Auflösung bezeichnet (wobei bei Auflösung von Sensor oder Monitor auch immer die Fläche in Betracht gezogen werden muss, auf der die Summe der Bildpunkte zu liegen kommt).

Plug-in

Kleines Hilfs- oder Zusatzprogramm, das nicht getrennt von einem Hauptprogramm verwendet wird, sondern direkt in ein Hauptprogramm integriert wird und dessen Funktionsumfang erweitert. Plug-ins gibt es für viele der größeren Anwendungen wie Adobe Photoshop oder Adobe Photoshop Lightroom 2 über Adobe Exchange. (*www.adobe.com/exchange*).

Rauschen

Fehler bzw. systemimmanentes Problem des Sensors einer Digitalkamera, der daraus resultiert, dass auch Sensorpunkte, die bei einer Belichtung kein Licht aufnehmen, elektrische Werte liefern, was als unkontrolliertes Rauschen im Bild, insbesondere in dunklen Bereichen, sichtbar wird; steigt mit höherer Empfindlichkeit (ISO-Werte) an, weil damit eigentlich nur alle Sensordaten noch verstärkt werden; steigt ebenfalls an mit höherer Packungsdichte der Bildpunkte eines Sensors und führt damit zu meist starkem Rauschen von Kompaktkameras mit kleinen Sensoren und hoher nomineller Auflösung; unterschieden werden Helligkeitsrauschen und Farbrauschen.

RAW-Format

Vom Sensor abgegriffene und in der Kamera nicht mehr veränderte oder weiterverarbeitete Bilddaten; bieten mehr Spielraum für hochwertige und kreative Nachbearbeitung, erfordern dadurch aber mehr Aufwand und in jedem Fall ein RAW-Konvertierungsprogramm auf einem Computer; typische Alternative ist das JPG-Format, in dem die RAW-Konvertierung bereits in der Kamera abläuft.

RGB

Red-Green-Blue (Rot-Grün-Blau); additives Farbmodell, bei dem Lichter in unterschiedlichen Stärken gemischt werden; in der digitalen Bildverarbeitung mit Sensoren und Monitoren vorherrschendes Farbsystem.

Schärfentiefe

Siehe *Tiefenschärfe*

Sensor

Lichtempfindliche Fläche in digitalen Kameras; besteht aus vielen Millionen einzelner Bildpunkte (Sensorpunkte), deren Anzahl die nominelle Auflösung der Kamera bestimmt; in vielen Schichten aufgebaut; kann prinzipiell nur Helligkeitswerte und keine Farben unterscheiden; Farben können nur mithilfe eines Filters (Bayer-Filter) errechnet werden. Unterschieden werden CCD-Sensoren und CMOS-Sensoren.

Sensorformat

Größe des Sensors einer Digitalkamera; zwischen 5,8 x 4,3 mm in sehr einfachen Kompaktkameras bis 24 x 36 mm (Vollformat) in hochwertigen Spiegelreflexkameras; bei sehr aufwendigen Kameras auch darüber; vorherrschend im Spiegelreflexbereich ist der halbformatige Sensor, etwa in APS-C-Größe, mit ca. 22 x 15 mm; die Sensorgröße bestimmt die sog. Brennweitenverlängerung (in Bezug auf

Kleinbild-Objektive). Bei der APS-C-Größe beträgt diese ca. 1,5, bei Vollformat-Sensoren entsteht keine Brennweitenverlängerung.

Sensor-Reinigung

Automatische Reinigung des Bildsensors, meist durch Mikro-Vibration durch Ultraschall; Standard in neueren und hochwertigeren digitalen Spiegelreflexkameras; nicht erforderlich bei digitalen Kompaktkameras, da deren Sensor staubsicher gekapselt ist (kein Objektivwechsel); manuelle Reinigung des Bildsensors mit speziellem Zubehör und Reinigungsflüssigkeit oder mit Blasebalg möglich.

Spiegelreflex-Kamera

Namensgebend für die Kameraklasse ist der Spiegel im Strahlengang, der das durch das Objektiv einfallende Licht zunächst auf den Sucher leitet und erst beim Auslösen, im Moment der Belichtung, aus dem Strahlengang hochklappt und Licht auf den Sensor passieren lässt. Durch das Spiegelreflexprinzip ist in dieser Kameraklasse die Objektivabbildung identisch auch im Sucher sichtbar; der Spiegel verhindert jedoch auch die direkte Anzeige des Motivs auf dem Display schon vor der Aufnahme; LiveView-Kameras arbeiten daher mit einem teildurchlässigen Spiegel.

Spiegelvorauslösung

Halbautomatisches Hochklappen des Spiegels einer Spiegelreflexkamera schon deutlich vor der Auslösung, um Verwackelungen durch den Spiegelschlag zu vermeiden; kann bei hochwertigeren Spiegelreflexkameras durch eine gesonderte Funktion eingestellt werden; sinnvoll nur bei Verwendung eines stabilen Stativs.

Spotmessung

Einstellung der Belichtungsmessung, bei der die Bildhelligkeit in einem Punkt (Spot) in der Bildmitte gemessen wird; dient zur präzisen Ausmessung auch mehrerer Bildpunkte, ist aber für die Standard-Automatikfotografie nicht immer sinnvoll; siehe auch *Integralmessung* und *Spotmessung*.

Strahlengang

Weg, den das Licht durch das Objektiv bis zum Auftreffen auf den Sensor nimmt; in den Strahlengang einer Spiegelreflexkamera ist der Spiegel eingeschwenkt, der das Licht nach oben in den Sucher und nach unten in die Scharfstell-Module wirft. Im Strahlengang liegt auch der Verschlussvorhang, der den Sensor erst im Moment der Belichtung freigibt.

Synchronisation

Siehe *Blitzsynchronisation*

Tiefenschärfe

Bereich vor und hinter einem Schärfepunkt, der noch als optimal scharf angesehen werden kann; wird beeinflusst durch die Blende im Objektiv; je geschlossener die Blende (höhere Blendenzahl), desto größer die Tiefenschärfe.

Tiefpassfilter

Entspricht Anti-Alias-Filter; flächiger Filter unmittelbar vor dem eigentlichen Sensor, der für eine gleichmäßige Lichtverteilung in der Vorstufe der Farbinterpolation sorgt.

TIFF

Tagged Image File Format; vorherrschendes Bildformat in der digitalen Bildverarbeitung; kann im Gegensatz zu JPG beliebig häufig gespeichert und wieder bearbeitet werden; ideales Zielformat bei der RAW-Konvertierung, wenn Bilder weiterbearbeitet oder gedruckt werden sollen; kann von einigen digitalen Spiegelreflexkameras direkt ausgegeben werden.

TTL-Messung

Thru-The-Lens, also Messung durch das Objektiv. Messung bezieht sich insbesondere auf Entfernung, Belichtung und Blitzbelichtung; heute Standard bei allen Kameras.

Verwackelungsschutz

(Shake reduction) Mit längeren Belichtungszeiten läuft der Fotograf immer mehr Gefahr, durch Bewegungen mit der Hand oder auch Vibrationen am Stativ eine Aufnahme zu verwackeln. Moderne Kameras (Spiegelreflexkameras wie Kompaktkameras) können diesem Verwackeln entgegensteuern, indem sie einzelne Elemente entweder im Objektiv oder in der Kamera selbst (Sensor) gegenläufig zur Verwackelung bewegen. Damit kann die Verwackelungsgrenze um 3 bis 4 EV-Werte (Belichtungsstufen) verschoben werden.

Verzeichnung

Abbildungsfehler von Objektiven, der zur gekrümmten (gebogenen) Darstellung von geraden Linien führt; unterschieden wird kissenförmige (zur Bildmitte hin gebogen) und tonnenförmige (zum Bildrand hin gebogen) Verzeichnung; kann durch Software, teilweise auch bereits im RAW-Konverter, ausgeglichen werden.

Vignettierung

Abschattungen bzw. dunklere Zonen von der Bildmitte zu den Rändern hin; häufiger Objektivfehler, oft aber auch verursacht durch zu eng sitzende oder zu lange Gegenlichtblenden. Bildbearbeitungssoftware oder RAW-Konverter bieten meist Funktionen, um Vignettierung auszugleichen.

Weißabgleich

Eliminieren von Farbfehlern durch Definition, was als „Weiß" bzw. als neutral zu sehen ist; Justieren der Kamera auf die während der Aufnahme herrschenden Farbtemperatur (Lichtfarbe); Einstellung an der Spiegelreflexkamera oder in der RAW-Entwicklung; meist mit relativ hoher Zuverlässigkeit per Automatik; für präzise Einstellung ist das Mitfotografieren eines Targets (Farbkarte oder Graustufenkarte) erforderlich. Allzu präziser Weißabgleich in besonderen Lichtstimmungen eliminiert die Lichtstimmung.

INDEX

INDEX

INDEX

INDEX

INDEX

INDEX

BILDNACHWEIS

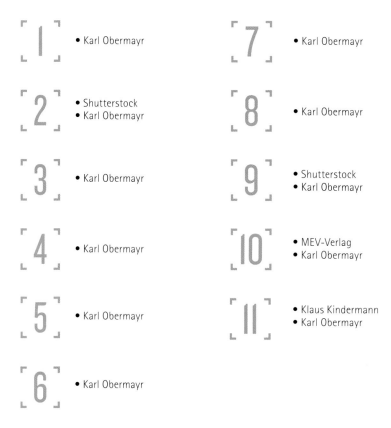

1 • Karl Obermayr

2 • Shutterstock
• Karl Obermayr

3 • Karl Obermayr

4 • Karl Obermayr

5 • Karl Obermayr

6 • Karl Obermayr

7 • Karl Obermayr

8 • Karl Obermayr

9 • Shutterstock
• Karl Obermayr

10 • MEV-Verlag
• Karl Obermayr

11 • Klaus Kindermann
• Karl Obermayr